孤獨世紀

衝擊全球商業模式，
危及生活、工作與健康的疏離浪潮

諾瑞娜・赫茲——著
聞若婷——譯

THE LONELY CENTURY

NOREENA HERTZ

Coming Together in a World that's Pulling Apart

各界好評

世界頂尖經濟學家檢視了為何這個高度連結的世界，人們卻感覺如此疏離；以及該如何解決這場孤獨危機？本書最精華是論證了社區、學校、職場重要關鍵橋梁角色在於家庭與友誼。

——華頓商學院教授、《擁抱B選項》作者　亞當．葛蘭特

引人入勝、切合時局的扛鼎之作。本書直指我們這世代的核心問題。蹲踞埋伏腦海深處的困擾被揪出來見光，竟能稍稍緩解一點孤獨感。讀吧，傳給朋友吧，如果你能找到一個朋友的話。

——《黑鏡》主創　查理．布魯克

驚人地呼應當前世局，簡直讓人無法移開眼，一頁頁看得停不下來，直到卷末。

——金球獎、艾美獎得獎女星　吉蓮．安德森

諾瑞娜．赫茲在《孤獨世紀》提出令人信服的觀點，說明我們在這個動盪不安的時代該如何在許多隔閡間搭起橋梁。這本書以激昂的主張和深入的研究，爲想要建立更健康、更緊密的世界的人提供一盞明燈。

——《哈芬登郵報》共同創辦人暨《從容的力量》作者 雅莉安娜．哈芬登

極具原創力、說服力和啓發力，《孤獨世紀》既是指標之作，也充滿閱讀樂趣。只要你想搞懂我們這個錯綜複雜的時代，並釐清我們在朝哪個方向前進，這本書都是必讀。它注定要成爲經典，我再怎麼強力推薦都嫌不夠。

——紐約大學經濟學教授「末日博士」魯比尼

《孤獨世紀》是爲此時此刻量身打造之書。赫茲爲新一代的領導者示範，我們該怎麼把維持社交距離的時代，變成對抗孤獨瘟疫的轉捩點。我強烈推薦它。

——倫敦大學學院創新與公共價值經濟學教授暨《增長的悖論》作者 瑪麗安娜．馬祖卡托

諾瑞娜・赫茲在這本激勵人心的野心之作中，侃侃而談橫掃全球的孤獨瘟疫的起因和後果。書中飽含駭人的事實、吸睛的故事和大膽的想法，只要你關心在新冠疫情後我們要創造什麼樣的世界，此書都必須一讀。

——牛津大學新經濟思維研究所　卡爾・弗雷

這本令人不忍釋卷的絕妙好書，論及二十一世紀盛行的孤獨以及它無遠弗屆的影響力。書中揭露孤獨既是政治問題也是個人問題，從極端主義政治的興起、我們社群的活力到我們如何與所愛的人相處，孤獨都扮演舉足輕重的角色。書中針對我們能夠如何再度拉近距離提出強而有力的觀點，因此終歸來說，這是一本充滿希望的書，來得正是時候且重要無比。

——《一本你希望父母讀過的書（孩子也會慶幸你讀過）》作者

菲莉帕・派瑞

社交連結對我們的身心健康至關重要，但孤獨在全球都日益嚴重，尤其是爲了防止新冠疫情擴散而施行若干措施之後。諾瑞娜・赫茲在這本令人動容的書中描述了孤獨對生理、心理、經濟和社會的影響，而且不只用生花妙筆檢視證據，更向政府、企業、社會和個人振臂疾呼，希望大家採取行動，讓孤獨危機能夠緩和下來，建立更包容、更和善的世界。

——劍橋大學心理學教授　莎拉潔妮・布雷克摩爾

我們活在這個時代，已經忘了一項跟希伯來聖經一樣古老的基本眞理：我們天生就不該離群索居。諾瑞娜・赫茲在《孤獨世紀》中不但認知到這項事實，還用具啓發性、引人入勝且令人信服的方式，分析孤獨瘟疫所帶來的危險。它不但會危及我們個人的健康和快樂，更妨礙我們重振社會活力，以及克服當今挑戰的集體能力。

——猶太拉比　強納森・薩克斯

我們周圍滿是通訊科技和社交媒體，孤獨感卻在嚴重耗損我們的經濟、健康和民主。諾瑞娜・赫茲罕見地結合了嚴謹的研究和犀利的洞見，詳細解釋我們所處的孤獨世紀有何種不同面向，並提出從個人及社會角度能如何改善。我強力推薦本書！

——史丹佛大學教授暨《第二次機器時代》共同作者　艾瑞克・布林優夫森

精采萬分，充滿關於我們生活中人性連結力量的迷人故事。這本引人入勝的重磅之作，讓我感覺長了智慧也多了希望！

——電影與電視節目製作人　布萊恩·葛瑟

這本書迷人而具原創性，講述我們這個時代其中一個重大挑戰：在全球都愈來愈嚴重的孤獨危機，並且提出明晰且具啓發性的因應之道。

——牛津大學研究員暨《沒有工作的世界》作者　丹尼爾·薩斯金

目次

各界好評 003

第一章＼／＼
這是孤獨世紀 017
——
你穿粉紅色很好看／什麼是孤獨？（孤獨量表）
我們如何走到這一步？／同類相殘

第二章＼／＼
孤獨會殺人 043
——
孤獨的身體／哈雷迪教徒健康之謎
社群有益健康／群居動物
孤單，孤單，徹徹底底孤單／助人者的快感

第三章＼／＼
孤獨的老鼠 069
—
鼠與人／孤獨與不容忍的政治
孤獨與民粹主義者的新時代／孤獨與不信任的政治
邊緣化的孤獨／孤獨與喪失地位和尊嚴
兜售社群／移民武器化

第四章＼／＼
孤獨的城市 103
—
這裡沒有人微笑／更無禮、更短促、更冷淡
反社交／你為什麼應該和咖啡師聊天？
無根的社區／一個人生活……
一個人吃飯……／鍛鍊我們的民主素養

第五章＼／＼
零接觸時代 125
—
有敵意的建築／隱藏式排擠

第六章＼／＼
我們的螢幕，我們的自我 149
—
打了類固醇的萬花筒狂熱／在一起，卻很孤單
你看那隻狗狗／分裂的自我
如何察言觀色？／無螢幕的生活
數位吃角子老虎／愈來愈酸的人們
相信別人比較受歡迎／公開遭拒與恥辱
愛我的網路化身／改變是可能的

第七章＼／＼
一個人在辦公室 199
—
開放式空間與孤獨／數位接管職場
激勵善意／十分的工作，零分的玩樂
隨時處於開機狀態／有薪水的照顧假

第八章＼／＼
數位之鞭 235
—
電腦說不行／你的每一次呼吸
躲避雷達偵測／勞工本來就是被管的啦
我給你四顆星／被操縱的經濟
機器人要來了／無人能倖免

第九章＼／＼
性×愛×機器人 277
錢可以買到的抱抱／她逗我笑
對無生命體的眷戀／戰友
社交機器人要來了……／我們大家的好朋友
我們來談談性／Alexa 的新技能是「刻薄」嗎？
讓我跟我的機器人獨處／跟我有什麼關係？

第十章＼／＼
孤獨經濟 319
這麼多的孤獨之人／小店的最後一次交易
商業化社群／WeWashing 是新的漂綠嗎？
我，不是我們／社群是買不來的，你得親身參與
排外的社群

第十一章

世界快要瓦解，我們必須團結　357

讓資本主義與關懷和同情重新連結／改變資本主義的計算方式
讓人們感覺被看見、被聽見／實踐民主
營造多元社群／未來在我們手中

致謝　389

編按：本書所援引的相關文獻，可至「圓神書活網」（www.booklife.com.tw）搜尋本書頁面，下載全書注釋，對照閱讀。

獻給丹尼

感謝一切

第一章

＼
／
＼

這是孤獨世紀

我蜷著身子貼住他，胸膛抵著他的背，我們的呼吸同步，四足交纏。我們已經用這樣的姿勢同床共枕超過五千個夜晚。

可是現在我們在不同的房間睡覺。白天，我們隔著兩公尺跳雙人舞。擁抱、撫摸、親吻，我們日常表達感情的簡要動作，現在都遭到禁止。「離我遠一點。」這是我新的溫情叮嚀。我一直在咳嗽，感覺渾身痠痛不舒服，我深怕如果離我丈夫太近會傳染他，所以我保持距離。

這天是二〇二〇年三月三十一日，我家就和全世界三分之一人口——二十五億人一樣，處於封鎖狀態。

有這麼多人困在家中，被迫遠端工作（前提是你還有工作），遭禁止探訪朋友或所愛的人，一天頂多只能出門一次，「保持社交距離」「隔離」「居家檢疫」，孤獨感和疏離感直線飆升也是無可避免的結果。

封鎖令頒布僅僅兩天後，我最好的朋友就傳訊息給我：「隔離快把我逼瘋了。」到了第四天，我那高齡八十二歲的父親用 WhatsApp 表示：「我像一片孤雲隨風飄盪。」放眼全球，才強制施行保持社交距離短短幾天，負責情緒健康救助專線的人員便回報來電數量大幅飆升，甚至有顯著的比例是來自感覺孤獨的人。「媽咪不抱我，也不靠近我。」一個孩子向英國求助號碼「兒童專線」的志工傾訴煩惱。在德國，到了三月中時，救助專線的來電數量比原本多了百分之五十，其中一位接聽電話的心理學家注意到：「大部分的來電者害怕孤獨，更甚於染疫。」

然而，孤獨世紀的起點並不在二〇二〇年的第一季。新冠肺炎來襲前，早就有許多人感覺孤獨、疏離、破碎已久。

我們怎麼會變得如此孤獨？又必須做些什麼才能重新與他人連結？這正是本書要談的主題。

你穿粉紅色很好看

二〇一九年九月二十四日。我坐在窗邊，背靠著漂亮的粉紅色牆面，等待著。我的手機叮了一聲，是波特妮——她會遲到幾分鐘。

「沒關係，」我回傳訊息，「妳選的這家店很棒。」我說的是眞心話。光看那些美得毫不費力、如瞪羚般優雅、手臂下夾著時尚模特兒個人作品集的顧客，就知道位在曼哈頓諾荷區名爲「恰恰抹茶」的這間餐廳有多麼時髦。

不久後，她到了。四肢修長，運動員般健美，她掃視店內，看到我時漾開笑容。「嘿，我超喜歡妳的洋裝。」她說。

以四十美元的時薪而言，此番讚美在我意料之內。是這樣的：波特妮是我向名爲好友出租的公司租來陪我一下午的「朋友」。這間公司的創始人是來自紐澤西的創業家史考特・羅森包姆（Scott Rosenbaum）。他看到這個概念在日本竄紅起來，而今他的業務範圍遍及全球數十個國家，公司網站上有超過六十二萬個柏拉圖式的朋友可供僱用。

來自佛羅里達小鎮的二十三歲姑娘波特妮考上布朗大學時，並沒有想過要走上這樣的職涯道路。然而，由於她找不到環境科學（她在大學的主修科目）方面的工作，又擔心付不出就學貸款，她便說服自己，把自己的陪伴租出去是務實的做法，情感勞動只是她的另一項生財技能。她沒把自己租出去時（平均來說她每星期會出租個兩、三次），她會幫新創公司在社交媒體上貼文，以及透過零工平台 TaskRabbit 接下跑腿服務。

見面之前，我還滿緊張的，我不確定「朋友」是不是暗指性伴侶，甚至擔心只看過檔案照片會認不出她。不過見面幾分鐘後我就放下心來，確定這裡說的朋友不帶任何性暗示。

接下來兩、三個小時，我們在曼哈頓市中心漫步，聊 #MeToo 現象以及她的偶像露絲・貝德・金斯伯格（Ruth Bader Ginsberg）大法官，並在麥克納利・傑克森書店聊我們最愛的書，有時候我甚至會忘記自己是付了錢請波特妮來作陪。雖然她不像是個老朋友，不過確實是個有趣、可望成爲朋友的人。

就在兩人融洽相處的指數開始下滑時，我們來到百老匯大道的連鎖服飾店Urban Outfitters，這時她才眞正大展魅力。她臉上一直掛著笑容，跟我打打鬧鬧地翻揀一大疊T恤，然後勇敢地加入我的行列，開始試戴各種像兒童蠟筆顏色的漁夫帽。顯然這些帽子眞的很適合我，雖然我猜不論眞相如何，她都會這麼說。

我向波特妮打聽其他僱用她的人，也就是跟我一樣的友誼消費者。她告訴我，有一個講話輕柔的女人不想一個人去參加宴會；有個從德里來的科技業人士，剛搬到曼哈頓工作，由於不認識任何本地人，想要找人一起吃晚餐；有個在銀行工作的人，在她生病時主動說要帶雞湯來給她喝。

「如果請你爲你典型的顧客總結出一項特質，你覺得是什麼？」我問她。她的回答是：「三十到四十歲感到孤獨的專業人士。這類人工作時間很長，似乎沒有時間交很多朋友。」

⋮

這正是我們這個時代的指標，而且我稱之爲「孤獨經濟」的模式已經誕生，它能支持感覺孤單的人——如今我可以像點一個漢堡般，拿手機點幾下就訂購陪伴——但有時候也會利用他們。不過在這個前所未見的孤獨世紀——二十一世紀，並不是只有僱用波特妮的那些過勞的專業人士在受苦：孤獨的觸手伸得遠遠更長。

早在新冠病毒挾著面對面接觸的殺傷力，引發一波「社交衰退」之前，美國成人中每五人就有三人自認為很孤獨了。

歐洲的情況與此類似。在德國，三分之二的人口認為孤獨是個嚴重問題。荷蘭國民幾乎有三分之一承認自己覺得孤獨，其中十分之一認為程度嚴重。在瑞典，多達四分之一的人口說他們經常感到孤獨。在瑞士，每五個人中有兩人反映他們有時候、經常或總是感到孤獨。

在英國，這個問題變得非常重大，以至於二〇一八年，首相甚至任命「寂寞部部長」（Minister for Loneliness）。

每八個英國人中有一個人，連一個可以依靠的親近朋友都沒有，這跟區區五年前的十分之一相比上升了不少。四分之三的公民不知道鄰居的名字，英國有百分之六十的受僱者表示在職場感到孤獨。亞洲、澳洲、南美洲和非洲的相關資料也同樣令人憂心。

長達數月的封鎖、自我隔離和保持社交距離更無可避免地使問題惡化。不分男女老幼、單身已婚、貧富貴賤，無一倖免。全世界的人都感到孤獨、失去連結、感到疏離，我們身在一場全球性的孤獨危機中，不管躲到哪裡，沒有人可以免疫。

⁝⁝

離曼哈頓諾荷區約一萬公里外，齊藤太太剛剛甦醒。她的臉頰圓潤，身材嬌小，亮晶晶的眼神很親切，身爲寡婦，又是兩個孩子的母親，她對孤獨感再熟悉不過了。她爲財務問題深深發愁，因爲她的退休金不足以供應生活所需，沒有先生可以依靠，兩個孩子又忙到不管她，她經常覺得一切都只能靠自己。應該說，她原本是這麼認爲的，直到她採取激烈但並非沒有前例可循的行動。

齊藤太太現在被關入栃木縣的女子監獄裡，除了她以外，還有許多日本老年人刻意選擇牢獄生活。在日本，近二十年來超過六十五歲以上的犯罪者增加了三倍。這個年齡分組中有百分之七十的人會在五年內再犯。獄方管理人員上野純子（Junko Ageno）深信，孤獨就是這股趨勢的關鍵驅動力——這是她監管的受刑人告訴她的。

龍谷大學研究高齡受刑人現象的浜井浩一（Koichi Hamai）教授，也很贊同這個說法。他認爲有相當大量的年長女性選擇監獄來逃離社會孤立感。這類受刑人經常因輕罪入獄，例如在商店順手牽羊（如果你的目標是坐牢，這是最簡單的犯罪行爲之一），而其中百分之四十的人表示她們極少和家人交談，或甚至沒有家人；近年因爲順手牽羊入獄的高齡者中，有半數在服刑之前是獨居者。

許多人說進監獄可以爲她們自己創造一個「在家裡得不到的社群」。另一個八十幾歲的囚犯解釋，在這個環境裡，「旁邊總是有人在，我不會覺得孤單。」七十八歲的受刑人O小姐把監獄比喻爲「綠洲」，說這裡「有很多可以說話的對象」。這是個庇護所，不但有人作伴，還提供支持和照護。

要說在我們之中誰最孤獨，很容易會先想到年長者這個族群。而這個族群的孤獨程度的確高於平均值。

早在二〇一〇年，美國安養之家就有百分之六十的居民說，他們從未有任何訪客。

二〇一四年，在英國，有五分之二的高齡者表示他們主要以電視爲伴。

另一方面，二〇一七年，在中國天津市，數百萬孤單的中國老人中有一位八十五歲的老爺爺揚名國際了，因爲他在當地公車站張貼告示：「八十來歲寂寞男，求善心人士或家庭收養我。」悲哀的是，不到三個月後他就去世了。而且還是過了兩個星期，他的很多鄰居才發現他沒有出現。

這類故事讓人不勝唏噓，也引發一個重大疑問：我們的社會究竟該如何照顧高齡公民。然而或許更令人訝異的是，實際上我們之中最孤獨的是年齡最小的那群。

幾年前我在指導研究所學生時，初次發現這種現象。（作者註：說起來，是因為那次經驗讓我開始研究孤寂這主題，尤其是針對我稱為「K世代」這批人——K世代的K來自《飢餓遊戲》女主角凱妮絲的名字首字母，她是這一代人崇拜的偶像。）

這情況在我看來很明顯，我看到在進行分組作業時，面對面的互動對他們來說比起前幾個世代來得更具挑戰性；不僅如此，他們還會頹喪地坐在我的辦公室裡，充滿對課堂作業和未來職涯發展的焦慮感；其中有許多人向我坦承他們感覺極度孤獨和疏離時，令我大爲驚訝。

我的學生並不屬於特異的一群。

在美國，千禧世代中每五人有超過一人說他們完全沒朋友。在英國，十八到三十四歲的人有五分之三，十到十五歲的孩子中更有將近半數，說他們經常或偶爾會感到孤獨。

這令人不安的現象遍及全球，近年來甚至有大幅惡化的趨勢。在二〇〇三年到二〇一五年之間，隸屬經濟合作暨發展組織的各國（包括歐洲大多數國家、美國、加拿大和澳洲）幾乎都指出，十五歲少年在校感到孤獨的比例持續上升。在新冠肺炎之後，這個數字很可能會急劇飆高。

這不只是心理健康的危機，還連帶使身體都要生病了。研究證明，孤獨對健康的負面影響比缺乏運動還要大，危害程度等同於酗酒，是肥胖的兩倍。就統計數據來看，孤獨等同於每天抽十五根菸。關鍵是，這種現象與我們的收入、性別、年齡或國別都無關。

孤獨也是經濟危機。在美國，即使新冠肺炎尚未爆發前，社會孤立預估每年已耗費聯邦醫療保險近七十億元的保險費，超過用於治療關節炎的金額，幾乎追上治療高血壓的數字——這還只是計算高齡者的部分。

在英國，國民保健署預估要花費十八億英鎊來照顧孤獨的五十歲以上人士，這金額差不多等同於整個房屋社區及地方事務部一年的經費。與此同時，英國的員工每年因爲感到孤獨而請病假所帶來的薪資損失高達八億英鎊，如果把損失的生產力也算進去的話，金額還要高出許多。

孤獨也是個政治危機，助長美國、歐洲，甚至是全球的分歧和極端主義。我們將會看到，孤獨和右翼民粹主義是關係緊密的夥伴。

特別值得憂心的是，我們極有可能低估了問題的眞實嚴重性。部分原因出在孤獨伴隨著汙名。對某些人來說，承認自己感到孤獨是很難以啓齒的：在英國的職場上，感到孤獨的員工有三分之一從未向他人訴苦。其他人可能連對自己都不肯承認，他們或許認為這意謂個人的失敗，而不是生活境況以及超出個人掌控範圍的社會、文化、經濟等綜合因素造成的結果。

不僅如此，這問題之所以被低估，也在於人們定義孤獨的方式。孤獨不等同於獨處——你很可能置身人群卻仍感到孤獨，或是你可能一個人待著卻不覺得孤獨——而且孤獨的定義通常太過狹隘。在二十一世紀所感受到的孤獨，規模遠大於傳統定義。

什麼是孤獨？

一九七八年，加州大學洛杉磯分校三位研究員設計出第一份孤獨量表（請見頁三十），他們的目標是創造量化工具來測量孤獨的主觀感受。量表由二十個問題組成，問題設計的目的不只是確認答題者感覺與人連結、受到支持以及受到照顧的程度為何，也包括他們感到被排擠、被孤立、被誤解的程度。直到今日，這份量表仍然是研究孤獨感的黃金標準。本書所引述的關於孤獨感之研究，大部分都使用這份量表或其修改後的版本來評估答題者的孤獨程度。

首先，要請你先花幾分鐘填完這份量表。針對每一項敘述，圈出你的答案；填完後，把數字加總起來。（作者註：請注意，有些答案的分數是由高而低的。在正規學術設定上，受試者不會知道哪些題目的分數算法是反過來的。）

結果如何呢？如果總分超過四十三分，你就會被判定為有孤獨感。但如果你重新測驗一次，並對孤獨的定義放寬標準——不只包含你與朋友、家人、同事以及鄰居（加州大學洛杉磯分校量表主要考慮的對象）的關係，也包括你和雇主、其他公民、從政者以及國家的關係——你的分數會不會受到影響？

我給孤獨的定義（也是我在本書裡使用的定義）與傳統定義有個關鍵的差異：我認為孤獨不只是感覺失去愛、陪伴或親密感，也不只是感覺被我們經常來往的對象忽視、無視或缺乏關心（這類對象包括我們的伴侶、家人、朋友和鄰居）。孤獨還會來自感覺不到同胞、雇主、社群、政府對我們的支持與關心。孤獨除了來自與應有親密感的對象缺乏連結外，也來自與自己缺乏連結。

孤獨不但會在社會和家庭方面缺乏支持時出現，也會在政治和經濟方面遭到孤立時出現。

孤獨量表

	題目	從不	很少	有時	經常
1	你是否常覺得和周圍的人很「合得來」？	4	3	2	1
2	你是否常覺得缺乏陪伴？	1	2	3	4
3	你是否常覺得找不到求助的對象？	1	2	3	4
4	你是否常覺得孤單？	1	2	3	4
5	你是否常覺得自己屬於一群朋友中的一分子？	4	3	2	1
6	你是否常覺得和周圍的人有很多共通點？	4	3	2	1
7	你是否常覺得不再有誰跟你是親近的？	1	2	3	4
8	你是否常覺得周圍的人和你沒有共同興趣或想法不同？	1	2	3	4
9	你是否常覺得自己活潑而友善？	4	3	2	1
10	你是否常覺得跟別人關係親密？	4	3	2	1

11	你是否常覺得被冷落？	1	2	3	4
12	你是否常覺得和別人的關係沒有意義？	1	2	3	4
13	你是否常覺得沒有人能真正懂你？	1	2	3	4
14	你是否常覺得跟別人有疏離感？	1	2	3	4
15	你是否常覺得只要想要就能找得到人陪伴？	4	3	2	1
16	你是否常覺得有些人真正能了解你？	4	3	2	1
17	你是否常覺得害羞？	1	2	3	4
18	你是否常覺得跟身旁的人離得很近，心卻很遠？	1	2	3	4
19	你是否常覺得有可以談心的對象？	4	3	2	1
20	你是否常覺得有可以求助的對象？	4	3	2	1

我對孤獨的定義是，那既是種內心的狀態，也是一種存在的狀態——涵蓋個人、社會、經濟以及政治層面的描述。

因此，我的定義更接近諸如卡爾·馬克思、艾彌爾·涂爾幹、卡爾·榮格、漢娜·鄂蘭等思想家，以撒·艾西莫夫、阿道斯·赫胥黎、喬治·艾略特等文風各異的作家，以及近期知名影集《黑鏡》主創查理·布魯克（Charlie Brooker）的想法。

全球化、都市化、社會不平等加劇、權力不對等；人口變遷、流動性增加、顛覆性科技、緊縮政策；現在再加上新冠病毒，在在都重新形塑了孤獨這回事。我認爲現代的孤獨問題如此嚴重，原因不只出在我們渴望與近在眼前的人建立連結，不只是我們希望愛與被愛，也不只是我們因爲感覺失去朋友而傷心。孤獨同時也是我們感覺和從政者及政治毫無連結，我們感覺和工作及職場毫無瓜葛，我們許多人覺得社會上的好處都沒有我們的份，我們許多人認定自己毫無力量、毫無存在感、毫無發言權……等等的具體表現。這種孤獨包含我們對親密感的渴望，但又不僅止於此，孤獨也意謂人們需要被聽見、被看見、被在乎，希望有能動性，渴望公平、和善、尊重的對待。相較之下，傳統上衡量孤獨的方法只抓住一部分概念。

把這個新的定義記在腦中，問問自己：你最近感覺和周圍的人（包括家人、朋友、鄰居或同胞）缺乏連結是什麼情況？你上次感覺民選官員不在乎你、沒聽進你的心聲，或是當權者全不把你的困境放在心上，又是什麼時候的事？你近期曾在職場上感覺無力或缺乏存在感嗎？

你並不孤單。

新冠肺炎爆發前幾年，生活在民主國家的人民，有三分之二不認爲他們的政府在爲他們的權益著想。全球的受僱員工有百分之八十五覺得與他們的公司和工作本身缺乏連結。只有百分之三十的美國人認爲大部分的人值得信任，跟一九八四年的百分之五十左右相比，比例是顯著的下滑。說到人與人之間缺乏連結，在你印象中，世界曾經比現在更兩極化、更破碎、更分裂嗎？

我們如何走到這一步？

這樣的事態並非偶然，也不是一夕之間發生的。整件事有背景，有原因和事由交互作用，並且足以從個人及社會層面來說明，爲什麼我們會變得如此孤獨和破碎。

你或許已經猜到了，智慧型手機，還有社交媒體都在其中扮演了關鍵角色：竊取注意力，使我們不再關心身旁的人；煽動黑暗面，使我們變得愈來愈憤怒和部落化；我們愈來愈有表現欲，強迫式地追求按讚數、轉貼數和追蹤數，以致有效溝通或展現同理心的能力遭到破壞。即使在新冠肺炎封鎖期間，這種情況依然不變。隨著教宗在臉書上直播每日彌撒，DJ D-Nice 選在 Instagram 上舉辦一場超過十萬人參加的熱舞派對，地方性臉書社團如雨後春筍冒出，從未交談過的鄰居在社團中分享「如何不發瘋」祕訣、無線網路密碼和嬰兒奶粉……與此同時，社交媒體上的種族歧視和仇恨言論也跟著節節升高，陰謀論傳播速度超越以往。婚姻輔導員還告訴我，感到孤獨的客戶突然暴增，因爲他們的伴侶現在變本加厲地沉浸在手機裡。

不過智慧型手機和社交媒體只是其中兩片拼圖，今日的孤獨危機源頭數量龐大且分散。

可以肯定的是，結構性歧視與制度性歧視仍然是兩大主因：二〇一九年一項英國研究調查了將近一千人，發現若是在職場或住家附近區域遭受人種、民族或仇外方面的歧視，感到孤獨的機率會增加百分之二十一。差不多同期，二〇二〇年針對一萬多名美國人的調查發現，與白人同僚相比，黑人和西語裔在職場上更感孤獨，也更有疏離感。遭到性別歧視也和孤獨感增加有關聯。

但是，在這些長期的結構性缺失之上，還冒出其他新的孤獨驅動因素。朝城市大規模遷移、職場的激烈改組以及生活方式產生重大變化，也都是十分重要的因子。我們不只是更常「一個人打保齡球」，這話是出自政治學家羅伯特·普特南（Robert Putnam），他在二〇〇〇年出版關於美國日常生活的劃時代鉅著。我們現在跟人的互動少得可憐，至少就傳統的通訊方式來說是如此。與十年前相比，有許多地方的人們是更少上教堂或出席猶太教聚會，更少參加家長教師聯誼會或工會，更少和他人共餐或同居，甚至連擁有一位密友的數量也更少了。我們更少有生理上的接觸：更少觸碰對方，更少發生性行爲。

有個趨勢已經流行了好一陣子，那便是即使「一起」做點什麼，也有愈來愈多的情況是我們並不會和對方身處同一空間：透過手機應用程式「參加」瑜伽課；與客服聊天機器人而非人類銷售員「對話」；在自家客廳收看宗教儀式直播；或是到 Amazon Go 購物——這是科技巨擘亞馬遜公司新推出的生活用品連鎖商場，你可以不必跟人類打交道就買好東西離開。早在新冠病毒來襲前，「零接觸」就已開始成爲我們的生活方式，我們主動作出的選擇。

與此同時，社群的基礎建設——我指的是那些大家共享的實體空間，能讓形形色色的人聚在一起互動、建立關係——就算不是遭到破壞，至少也是被嚴重忽視了。在許多地方，這個過程是從二〇〇八年金融危機前開始的，不過金融危機後更是顯著惡化，政府緊縮政策像一把大鎚砸向圖書館、公立公園、遊戲場和青年活動中心及社區活動中心，全球許多國家皆然。譬如，在英國，二〇〇八年到二〇一八年之間，共有三分之一的青年活動中心和將近八百間公立圖書館遭到關閉；在美國，二〇〇八年到二〇一九年之間，聯邦政府提撥給圖書館的資金減少了超過百分之四十。此事關係重大，不單因為這些場所能讓我們聚在一起，更是我們學習「如何」聚在一起的教室，我們在這裡練習禮貌，學習如何與不同的人和平共存，學著處理不同的觀點，進而培養民主精神。少了這些把我們聚集起來的空間，我們便無可避免地會拉開距離。

同類相殘

如今的生活模式是工作與人際關係都充滿變數；當前城市的樣貌與辦公室設計，我們如何對待彼此以及政府如何對待我們，對智慧型手機的上癮，甚至現在的戀愛方式，全都是讓我們變得如此孤寂的原因。然而我們必須回溯到更久之前，才能徹底了解我們怎麼會變得如此封閉、疏離、缺乏連結。因為二十一世紀孤獨危機在意識型態方面的根源，其實遠早於數位科技、最近一波都市化浪潮、本世紀職場的劇烈變化以及二〇〇八年的金融危機，當然，更早於新冠肺炎疫情爆發。

其實應該追溯到一九八〇年代，一種特別強勢的資本主義形式興盛起來，那就是新自由主義。這種思想極度強調自由——「自由」選擇、「自由」市場、免受政府或工會干涉的「自由」。新自由主義崇尚理想化的自立自強、小型政府和強烈的競爭心態，把自我利益置於社群和集體利益之上。新自由主義最初的支持者是柴契爾和雷根，後來加入擁護行列的是「第三路線」（又稱新中間路線）的政客，例如布萊爾、柯林頓以及德國前總理施洛德，近二、三十年來，這項政治方案主導了商業活動和政府施政。

新自由主義爲什麼在現今的孤獨危機占有舉足輕重的地位呢？

第一，是新自由主義導致世上許多國家的貧富差距急劇擴大：在美國，一九八九年，公司執行長的平均收入是一般勞工薪水的五十八倍，可是到了二〇一八年，這個數字變成了兩百七十八倍。在英國，近四十年來，家戶所得前百分之一的所得金額三級跳，現在富有程度在前百分之十的人所擁有的財富是後百分之五十的人的五倍。這導致從許久以前開始就有相當大比例的人感覺被甩在後面。在一個只容得下贏家的社會裡烙上輸家的烙印，就只能自求多福，而這個新世界裡，人們傳統的精神支柱——工作和社群——都瓦解了，社會安全網破損，人們的社會地位直直落。儘管所得層級較高者也可能感到孤獨，所得較低者感到孤獨的情況卻是高得不成比例。有鑑於現今失業率和經濟困境的程度，我們需要特別關心這件事。

第二，新自由主義賦予大企業和大財團前所未有的權力和更大的自由度，放任股東和金融市場操作遊戲規則和聘僱條件，導致勞工和整體社會付出高昂代價。在本世紀即將邁入第三個十年的此時，全球各地認爲資本主義發展弊大於利的人數也再創新高。在德、英、美和加拿大，約半數人民有這樣的想法，許多人覺得國家淪爲市場的奴隸，根本就不是人民的後盾，也不關心他們的需求。如此的不受在乎、沒有存在感、無能爲力，會讓人感到非常孤獨。二〇二〇年政府爲了拉人民一把所做的重大介入，與前四十年的經濟風潮完全不一致。一九八六年雷根的評論便具體說明了那個風潮：「英語中最嚇人的一句話是：『政府派我來幫忙。』」即使新冠病毒帶來的各種刺激確實顯示有一種新做法露出曙光，但新自由主義給社會、經濟造成的長期影響仍無可避免地要過很久才會消退。

第三，新自由主義不但大幅度改變了經濟關係，也改變了人際關係。新自由資本主義從來就不單只是一種經濟政策，一九八一年時柴契爾就已經對《週日泰晤士報》說得明白：「經濟是手段；目標是改變心靈。」從許多方面來看，新自由主義都實現了這個目標。因爲從根本上我們看待彼此的方式已遭改變，我們感覺對對方負有什麼義務也遭改變，畢竟新自由主義崇尚的是超強競爭意識，而此一特質追求的是自私利己，不顧後續會帶來什麼深遠的影響。

人類並非本質上就很自私——演化生物學的研究清楚表明我們並不自私。可是政客們大力推廣追逐私利、同類互食的心態，把「貪婪是好事」（這是一九八七年電影《華爾街》男主角的座右銘）當作新自由主義的標語，團結、善良、互相扶持這類特質不僅是遭到輕看，簡直被視爲無關緊要的人類特性。在新自由主義的影響下，我們淪爲區區的「經濟人」，也就是只會被利己之心打動的理性人類。

我們甚至可以從語言的演變中看到這股力道。自一九六〇年代開始，諸如「屬於」「職責」「分享」「共同」這類集體主義詞彙，愈來愈被「成就」「擁有」「個人」「獨特」等個人主義詞彙所排擠取代。就連流行音樂的歌詞也在這四十年來走向個人主義，這個世代創造的歌詞中，代名詞由「我們」變成「我」。一九七七年，皇后合唱團告訴我們「我們是冠軍」，大衛·鮑伊說「我們可以成爲英雄」。到了二〇一三年，肯伊·威斯特（Kanye West）說「我是個上帝」，而亞莉安娜·格蘭德（Ariana Grande）二〇一八年銷售破紀錄的單曲〈謝謝，下一位〉是寫給她自己的情歌。

這種情況不只是發生在西方。中國科學院和新加坡南洋商學院的研究者分析了中國從一九七〇年到二〇一〇年每一年的十大暢銷金曲，發現第一人稱代名詞「我」「我的」在歌詞中出現的頻率愈來愈高，「我們」「我們的」則一直在減少。即使是在傳統上一向符合團結、集體主義定義，且政府仍然強力管控的國家，也可看到超級個人主義的新自由心態牢牢地生根茁壯。

新自由主義使我們把自己看成是競爭者而非協作者，是消費者而非公民，是囤積者而非分享者，是拿取者而非給予者，是鑽營取利者而不是幫助者；現在的人不但忙到沒法幫鄰居的忙，還可能根本連鄰居叫什麼名字都不知道。是我們所有人任由這種事發生。就很多方面來說，這是理性的反應。因爲在新自由資本主義的思維下，如果我不爲「我」打算，誰會呢？市場？國家？我們的雇主？我們的鄰居？省省吧。問題在於這種「唯我獨尊」的自私社會，每個人都覺得必須顧好自己，因爲沒有人會來照顧我們，這樣下去注定是個孤獨的社會。

這也會快速成爲一個自給自足、永續長存的循環。因爲我們爲了「不」感到孤獨，我們需要拿取也需要給予，需要被照顧也需要照顧人，需要善待、尊重身邊的人，也需要別人給我們同樣的回應。

如果想在一個即將分崩離析的世界把人們凝聚起來，就需要把資本主義與追求共同利益這兩者重新銜接在一起，把關心、同情與合作放在核心位置，並且把這些行為延伸到與我們不同的人身上。這才是眞正的挑戰：不只是和與我們類似的人重新建立關係，也要擴及更廣大的社群，因為我們終究都屬於同一個群體。經過新冠肺炎這一役，這件事不但比起以往更為迫切，也更可能實現。

這本書的目的不單單是指出二十一世紀孤獨危機的規模、我們如何走到這一步，以及如果繼續坐視不管，情況會如何惡化。此外，我也想藉這本書振臂一呼，對象包括政府和企業，因為孤獨有明確的結構性驅動因子，而這是政府跟企業必須處理的。

不過我同時也想向我們每一個個人喊話。因為社會不光是施加在個人身上的制度，個人也能「塑造」社會，我們參與其中，影響它的樣貌。所以如果我們想要阻止孤獨繼續暴衝搞破壞，想要重新找回往昔的社群感和凝聚力，就要有所覺悟，採取必要步驟，有所取捨——在個人主義與集體主義、自私自利與社會利益、匿名性與親暱性、便利與關懷、最有利於己與最有益於群、自由與友愛之間，找到一個平衡。這些未必是非此即彼的抉擇，然而勢必需要你放棄至少一部分新自由主義承諾你的自由，而那只是虛假的承諾，實際上這種自由是要付出代價的。

本書核心概念是，我們要認知到每個人在緩和孤獨危機這件事上都扮演著重要角色。重新連結不能只是靠政府、機構和大企業從上而下去推動，雖然社會連結在瓦解時很大部分就是這麼造成的。

所以在這整本書裡，我會提出一些點子、想法和案例來說明能用什麼作爲來對抗目前分歧、疏離和孤獨的發展趨勢，而且不局限在政治和經濟層面，也會包含個人層面。

這是孤獨世紀，但不是非得如此。未來掌握在我們手中。

第二章

＼
／
＼

孤獨會殺人

「我喉嚨痛，像火在燒，眞的好痛。我不能去上學。」

時值一九七五年，收音機放著〈波希米亞狂想曲〉，柴契爾剛當上反對黨領袖，越戰剛結束，我在這一年中扁桃腺六度發炎。

我母親再次帶我看醫生，再次餵我吃碧仙黴素，這種甜得噁心的抗生素有種棉花糖混合茴香的味道。她再次幫我把香蕉和蘋果打成泥——這是我紅腫的喉嚨少數能吞下的食物。我再次不用上學。

對我來說，一九七五年是不斷喉嚨痛加流鼻水的一年，也是流行性感冒反覆發作的一年。此外，更是雪倫．普茲稱霸我就讀的小學的一年，我在這一年感到特別孤立、被排擠、形單影隻。我每天下課時都會孤伶伶地坐著，隔著遊戲場看其他小孩玩跳房子，盼望他們來邀請我加入。他們始終都沒有開這個口。

乍看之下，把我當時感到的孤獨與我腫脹的腺體和感覺像砂紙的喉嚨扯上關聯，似乎有點牽強。但事實上，孤獨是會表現在肉體上的。而我們將在本章中看到，孤獨的身體並不是健康的身體。

孤獨的身體

回想你上一次所感到的孤獨，也許只持續了短短一下子。當時，你的身體裡有什麼「感覺」？它住在什麼位置？

我們經常把孤獨的人想像成消極、安靜、沉默的形象。確實，我們許多人回想人生中最孤獨的時刻，並不會立刻想到擂鼓般的心跳、奔馳的思緒或其他高壓力情境下的典型徵兆。相反地，孤獨使我們聯想到靜止狀態。然而孤獨在身體裡製造的化學反應——是的，孤獨住在我們的身體裡，它會讓荷爾蒙沿著血管奔騰——基本上與感受遭攻擊時會有的「戰或逃」反應相同。正是這種壓力反應助長了某些伴隨孤獨而來的、最陰險狡詐的健康效應。這類效應可能影響重大，最糟的情況下甚至會致命。所以在討論孤獨時，不能光是談孤獨的心靈，也要談孤獨的身體。這兩者是不可切割的。

倒不是說我們的身體不習慣面對壓力反應——我們經常承受壓力。在公司發表重要簡報、騎自行車時差點被撞、看我們支持的足球隊罰球，都是常見的壓力觸發因子。但是一般來說，當「威脅」過去，我們的生命徵象——脈搏、血壓、呼吸——都會回到標準值。我們又安全了。然而，在孤獨的身體裡，不論是壓力反應，或最重要的是回歸標準值，都未能恢復正常。

當孤獨的身體感受到壓力，膽固醇上升的速度會快過不孤獨的身體；血壓也上升得比較快；「壓力荷爾蒙」皮質醇也會更快分泌。不僅如此，對那些長期承受孤獨的人而言，這類血壓和膽固醇的暫時性升高是會「累積」的，因爲比起不孤獨的人，孤獨者的杏仁核（大腦中負責管理「戰或逃」反應的部位）往往會讓「危險」標誌亮得更久。這會導致身體製造更多白血球並增加發炎反應。在眞正面臨嚴重壓力時，這能賦予你強勁的抵抗力，可是若持續太久時間，就會產生災難性的副作用。因爲當孤獨的身體長期處於發炎狀態，免疫系統就會過勞、表現不佳，很容易被正常時期能夠抵抗的疾病入侵，包括一般的風寒、流行性感冒，以及我從一九七五年就開始有的死對頭——扁桃腺炎。

孤獨的身體也更容易染上嚴重疾病。如果你很孤獨，罹患冠狀動脈心臟病的風險比正常人高出百分之二十九，中風的風險高出百分之三十二，臨床失智症的風險高出百分之六十四。如果你覺得孤獨或是遭到社會性孤立，提早死亡的機率幾乎要比正常人高出百分之三十。

雖然孤獨的時間愈長，健康受到的傷害愈大，不過相對來說短時間的孤獨，也會對生理狀態產生負面影響。一九六〇和七〇年代，巴爾的摩市約翰霍普金斯大學的一個團隊追蹤年輕醫學院學生長達十六年，發現研究對象顯露出明顯的模式：父母漠不關心因而在幼年感到孤獨的學生，長大後罹患各種癌症的機率會增加。較晚近的二〇一〇年有另一項研究，針對經歷一段孤獨時期的人，具體而言這裡的孤獨都是源自特定事件，譬如伴侶離世或是搬到新的城市，研究發現即使他們的孤獨是有期限的（就此案例來說持續不到兩年），他們的預期壽命仍舊縮短了。有鑑於二〇二〇年我們大部分人都被迫孤立了一段時間，這不免讓人有所警惕。

我們稍後再回來談孤獨爲何對身體有這麼大的殺傷力。首先要探究的是，就很多方面來說，孤獨的相對詞——社群究竟是什麼？它對我們健康有何影響？既然孤獨會害我們生病，那麼感覺和樂融融能讓我們身強體壯嗎？

哈雷迪教徒健康之謎

濃郁、綿滑、鹹香、甜美的猶太點心牛角餅乾在我嘴裡融化。我的第一口「傑波德」（jerbo）也是，傑波德是猶太匈牙利式傳統千層蛋糕，裡頭鋪了一層層的巧克力、核桃和杏桃醬。我人在以色列貝內貝拉克市的卡茲烘焙坊，這是哈雷迪美食團最受歡迎的一站。

哈雷迪教派是猶太教的極端正統派分支，歷史可追溯到十九世紀晚期。現今，這些頭頂黑帽、身穿白襯衫、打扮穩重的一群人占了以色列人口的約百分之十二，預估在二〇三〇年占比會上升至百分之十六。我覺得卡茲烘焙坊的所有糕餅都非常可口，不過這些美味食物絕對不健康。說實在的，那些奶油、糖和油脂足以解釋爲何哈雷迪教派的人過胖的機率，是以色列世俗猶太人的七倍。皮尼是負責帶團的樂天哈雷迪猶太人，我問他哈雷迪傳統飲食中蔬菜和纖維占了多少比例，他說非常少。

他們的生活方式，不單只有飲食方面不太健康。儘管身在一年平均有兩百八十八天是晴天的國家，這個族群卻嚴重缺乏維生素D。他們保守的服裝讓他們連手腕都曬不到太陽。至於肢體運動呢？他們傾向於避免任何劇烈運動。以各種現代標準來看，皮尼和他的同伴們顯然並沒有過著健康的生活。

他們的財務也不穩定。大部分男人都爲了鑽研教派的經典「妥拉」而未投入職場，儘管百分之六十三的哈雷迪派女性有工作（她們經常是家中的經濟來源），卻因爲常要扛起繁重家庭責任導致工作時數必須比非正統派女性少（哈雷迪派女性平均每人有六點七個孩子，比以色列的全國平均數字多了三個）。此外，她們常從事教職一類的工作，相對來說薪資也較低。結果就是，超過百分之五十四的哈雷迪派教徒過著低於貧窮門檻的生活，而非哈雷迪派猶太人中只有百分之九的人低於貧窮門檻；跟沒那麼虔誠的猶太同胞相比，他們每月的平均所得（三千五百謝克爾，約台幣三萬元）只有人家的一半。

從以上多項指標來看，你應該會預期哈雷迪派教徒的壽命比一般以色列人短。畢竟全世界有大把研究顯示飲食、身體活動以及社經地位與長壽之間，都有明確的正相關。

然而耐人尋味的是，哈雷迪派教徒似乎逆勢而行；百分之七十三點六的哈雷迪派教徒表示他們的健康狀態「非常良好」，相對之下，其他族群只有百分之五十的人如此作答。我們或許會把這個數據視爲自以爲的樂觀想法而不予採信，但事實上，他們的預期壽命確實高於平均值。以色列的哈雷迪派教徒主要居住在三座城市——貝特謝梅什、貝內貝拉克、耶路撒冷，在預期壽命方面全都屬於離群值。貝內貝拉克百分之九十六的人口是哈雷迪派教徒，該市人口出生時的預期壽命比起按城市社經地位所推算出來的數字，還要足足多出四年。整體而言，這些城市的哈雷迪派男人比預期年紀多活三年，女人則多活了將近十八個月。其他研究則發現，在自我評估的生活滿意度方面，他們的分數也比世俗或信仰沒那麼虔誠的以色列猶太人或以色列阿拉伯人更高。

當然有一個可能是，這個社群的許多成員都來自波蘭和俄羅斯同樣幾個猶太村，而且大部分都是族內通婚，因而共享某種使他們易於保有良好健康的特定基因型。但事實上，長久下來基因庫受限更可能導致的是遺傳疾病，而非長壽。

你也可能假設哈雷迪派教徒是因爲有信仰而比較健康，因爲已有多項研究指出宗教信仰能帶來健康紅利。不過一般還是認爲這成果來自參與關係緊密的社群，而非信仰本身。根據一項廣受引用的研究，可能是「出席」宗教活動，而非單純地擁有虔誠信仰，爲他們增加了驚人的七年預期壽命。

崇尚個人主義和自私自利的新自由資本主義駁斥社群的價值，然而社群似乎有益健康。對於哈雷迪派教徒來說，社群就是他們的一切。

這個相濡以沫的團體可謂每天一睜眼就聚在一起，禱告、做志工、讀經、勞動。他們一年到頭有各種宗教節日和慶典，都是社群團聚的時機。在住棚節，家家戶戶會歡迎賓客住進他們的「棚子」，那是用棕櫚葉當屋頂的臨時建築，他們會在棚子裡睡覺、吃喝達一個星期。到了普珥節，街道擠滿穿上特殊服裝的狂歡者——那種氣氛像是懺悔星期二加上萬聖節。光明節到來，鄰居、朋友和鄰居的朋友會齊聚一堂，點亮金燈台以及享用果醬甜甜圈。婚禮、成人禮和喪禮也都會聚集，一連好幾天不散。當然，每週五晚上都會有大批孫輩、表親、遠房表親和姻親圍在飯廳餐桌旁，分食麵包，共同迎接安息日。

然而，哈雷迪派教徒不光是一起禱告和玩樂而已，遇上危難匱乏之時，他們也會給予彼此具體的幫助與支持。從照顧孩童、備餐、接送就醫、商量對策，到必要時的金錢援助，他們會在別人遇上困難時拉一把。在這種情況下，只有百分之十一的哈雷迪派教徒說他們感到孤獨，也就不令人意外了；相對來說，以色列總人口中，感到孤獨的人占了百分之二十三。

本古里安大學坐落在以色列的內蓋夫沙漠地區，該校專精醫療經濟與政策的達夫·車尼喬夫斯基（Dov Chernichovsky）教授已經研究哈雷迪派教徒多年。他認為，哈雷迪派教徒的預期壽命高於平均值，儘管信仰可說是部分原因，但更重要的是他們有強大的家族與社群向心力。「孤獨讓人減壽，友誼讓人減壓。」教授一針見血地指出。對哈雷迪派教徒來說，彼此相互關懷與支持或許眞的就是他們健康長壽的祕訣。

社群有益健康

哈雷迪派教徒並非特例。社群對健康有益，最早是在一九五〇年代發現的；賓州一個名爲羅塞托的小鎮上，當地醫師注意到該鎮居民罹患心臟病機率遠低於條件類似的鄰近城鎮居民。進一步調查後，他們發現六十五歲以上的羅塞托鎮男性居民的死亡率，只有全國平均值的一半，雖然他們都在附近採石場做粗活、抽無濾嘴香菸、大啖吸滿豬油的肉丸，還每天灌酒豪飲。爲什麼會這樣？研究者的結論是，主要由義大利裔美國人組成的羅塞托鎮居民，其堅如磐石的家族關係以及社群支持帶來優越的健康紅利。一九九二年的一項追蹤研究花了整整五十年觀察羅塞托鎮的健康與社交紀錄，又找到更多證據支持這項理論。到了一九九二年，羅塞托的死亡率已上升到平均值，原因是一九六〇年代末期以來，「傳統上的家族凝聚力和社群關係都崩壞了。」當他們之中最富裕者開始極盡奢侈之能事，當大賣場進駐郊區使得當地商店紛紛倒閉，當設有圍籬庭院的獨戶住宅雨後春筍般出現，取代了多代同堂的生活模式，他們也跟著失去了社群帶來的健康好處。向心力強的社群能保護成員的健康還有其他案例可循，包括終身生活在薩丁尼亞島和日本沖繩島上的居民，以及加州洛馬琳達市的基督復臨安息日會教友。這類地理區域被稱爲「藍色區域」，住這裡的人特別長壽，原因不只是飲食，也因爲他們有強韌而持久的社會聯繫。套句發明「藍色區域」一詞的國家地理學會會員丹．布特納（Dan Buettner）的說法，在貝內貝拉克或一九五〇年代的羅塞托鎮這類地方，「你一走出家門勢必會遇見認識的人。」

很重要的是，別過度美化社群了。就定義來看，社群是封閉排外的，因此它可能極度孤立，且對外人有敵意。他們往往不允許差異或不合群，這是指不同的興趣、不符合傳統的家庭結構，以及另一種信仰或生活方式。以哈雷迪派教徒和基督復臨安息日會教友為例，若是不遵守規範，可是會被又快又狠地開除教籍的。

然而對那些被同類人圍繞的人而言，社群顯然確實能帶來健康紅利。這不光是來自社群提供的實際支持或是知道有人挺你的安心感，也是來自某種源於演化過程深處、更基本的東西：我們先天設計就不該是獨自一人。

群居動物

人類和其他所有靈長類一樣，都是社會性動物。我們要依靠複雜且緊密相連的群體才能運作良好，從母親和嬰兒之間原始的化學連結，到規模更大一點的家庭單位，再到現今巨大的民族國家。確實，從很多方面而言，人類之所以能一路爬到食物鍊頂端，往前追溯可從積極熱情「聚在一起」，漸漸發展出精細的團隊狩獵採集技巧，以及用集體防禦策略來保護自己。人類這物種直到很近代之前，孤獨落單者面臨的都是眞實的死亡風險——脆弱到要進入團隊方能確保安然生存在世。與人連結是我們的天性，也是我們渴望的狀態，無論你有沒有意識到這種渴望。

這就是爲什麼「缺乏」連結會對我們的健康產生如此巨大的負面影響。爲了不讓我們持續停留在與基本生存所需背道而馳的狀態裡，演化幫我們內建了一種針對獨處的生物反應，讓我們提高警覺度，這種感覺在生理和心理上都令人十分不舒服，驅使我們想盡快結束這個狀態。

就某個角度來說，能夠感到孤獨，與他人疏離時會痛苦不安，這點其實是很聰明的演化特徵。「你絕對不該關掉孤獨感的觸發機制，」芝加哥大學的約翰・卡喬波（John Cacioppo）教授說，他是孤獨研究方面的先驅，「那就像是完全阻斷飢餓感，你會缺乏進食的信號。」

然而現今的世界與我們老祖先演化出觸發機制的環境截然不同，這種機制更像是程式臭蟲，而不是聰明的設計。正如同倫敦大學學院附設醫院的安東・伊曼紐（Anton Emmanuel）教授向我解釋，孤獨觸發的壓力反應很像是把汽車打到一檔，讓車子有效率地加速，讓你順利上路。但如果整趟旅程，或者更糟的是，在好幾趟旅程，都一直掛在一檔，汽車引擎就會過度運轉、過勞受損。汽車的設計本就不該一直掛在一檔，我們的身體也不是設計來持續承受孤獨。所以一再曝露於這種壓力下的身體會出現生理損傷的徵兆，就沒什麼好驚訝的。

十八世紀著名的蘇格蘭醫師威廉．卡倫（William Cullen）是最先想到孤獨與疾病有關的醫師之一。他的病患「雷太太」深受謎樣病痛折磨，而他開給她的藥方是熱可可、騎馬、火星酊劑以及——我們最關注的——陪伴。「無論她多麼不願意在家裡或戶外見到朋友，」他建議，「都務必避免寂靜和獨處。」

到現在，已有不少研究計畫確立了良好的人際關係有益健康。在著名的哈佛大學成人發展研究中，研究者從一九三八年開始追蹤哈佛大學兩百三十八名大二男生，持續超過八十年。研究者記錄了他們的運動量、婚姻狀況和職涯發展，最後則計入他們的壽命。（原始受測者包括未來的總統甘迺迪以及《華盛頓郵報》編輯班．布萊德利〔Ben Bradlee〕，後來在電影《郵報：密戰》中由湯姆．漢克斯飾演的人物。）結果出爐，在八十歲時最健康的人，是「三十年前」對自己的人際關係最滿意的那些人。這種益處並不限於在一九三〇年代條件優渥到可以讀哈佛大學的人，另一群條件差異較大的波士頓市居民在接受同樣長時間的追蹤後，反映出同樣的結果。正如同該研究目前的負責人羅伯．威丁格（Robert Waldinger）所說：「照顧身體很重要，但經營人際關係也是一種自我照顧。我想這就是這項研究給我們的啓示。」

我們當然能夠區分人際關係不佳與「孤獨」有什麼不同，正如前文所強調的，孤獨不只是反映出我們感覺與其他「個人」的連結程度，更反映出我們感覺與「群體」、制度和社會整體的連結度。然而從幾百項醫學研究中漸漸浮現的結論是，一方面，社群和連結度能給健康帶來益處；另一方面，孤獨（哪怕是採用最狹隘的定義）可能會造成危害。

這下問題產生了：生活的壓力來源很多，每一種壓力都使生理健康下滑，但孤獨究竟只是其中一種壓力，或者孤獨造成的壓力有其特殊之處，會引發嚴重且長久的健康問題？答案似乎介於兩者之間。

一方面，孤獨的身體確實是飽受壓力的身體，這種身體容易疲憊及過度發炎。發炎未必是壞事，正常的發炎程度是好的，屬於身體對抗感染及傷口的防禦機制，爲了讓損傷限於一定範圍，幫助身體癒合。說眞的，若是不會發炎——具體表現是紅腫——傷口根本不可能癒合。問題是，通常引起疾病的威脅緩和後，或是傷口癒合後，發炎也會隨之消失。可是對於孤獨，尤其是長期性孤獨的人，卻是少了「關閉鈕」來提醒身體該冷靜下來。因此由孤獨引起的發炎可能發展成慢性發炎——從異常變成新的日常。慢性發炎據知跟一大堆疾病息息相關，包括血栓、心臟病、中風、憂鬱症、關節炎、阿茲海默症和癌症。確實，檢閱二〇一二年針對這主題的醫學文獻，可發現長久以來認為與傳染病相關的慢性發炎，現在也「與大範圍的非傳染性疾病產生緊密連結」，文獻中補上一句警語：「或許甚至與所有非傳染性疾病都有關聯。」

另一方面，孤獨的壓力會強烈地「放大」其他壓力的效果，例如免疫系統。健康的身體會運用各種機制去對抗有害力量，無論是細菌、病毒等病原體或是癌細胞。已獲證實的是，孤獨會削弱身體對抗病原體與癌細胞的功效：使我們更脆弱、更容易染病，尤其是病毒造成的疾病。

尤有甚者，孤獨傷害我們免疫系統的方式，不光是讓我們持續處於「高度警戒」狀態——這相當於汽車打一檔連續行駛八小時；孤獨也會影響細胞和荷爾蒙。一項極具影響力的研究指出，孤獨會損害好幾個內分泌腺的功能，影響分泌遍及全身的荷爾蒙，並且與免疫反應有密切關聯。與此同時，加州大學洛杉磯分校的醫學及精神病學教授史提夫·柯爾（Steve Cole）發現，孤獨的人血液中的正腎上腺素特別高，在面臨生命威脅時，這種荷爾蒙會開始關閉對病毒的防禦。這類免疫的弱化還會延伸到癌症上，一般情況下身體會防禦癌細胞，部分做法是利用「自然殺手細胞」來摧毀腫瘤及被病毒感染的細胞。針對醫學系一年級學生的研究顯示，在受試者中比較孤獨的成員，其自然殺手細胞的活動力顯著低落。

一如孤獨可能會導致各種疾病，另一方面，若是原本就不舒服的人，孤獨也很可能會妨礙復元力。正如同伊曼紐教授告訴我的：「我可以百分之百確定，孤獨會影響健康和復元。若是讓孤獨和不孤獨的病人接受相同治療，不孤獨的病人恢復狀況會較好。就像是接受克隆氏症治療的吸菸者，狀況會比非吸菸者差，孤獨的病人與不孤獨的病人也有類似的差異。」

統計數據能佐證他的說法。例如，就社交孤立的病患來說，經歷充滿壓力的事件後，他們的血壓（以及男性病患的膽固醇）要過更久才會恢復正常；另外，孤獨的人在諸如中風、心臟病發作以及手術過後，讓身體發炎程度「歸零」的能力較弱。據說這就是平均算來，孤立年長者的預期壽命會比有固定社交生活的年長者短的主要因素。

正如英國皇家全科醫師學會主席海倫．史托克斯－蘭帕德（Helen Stokes-Lampard）在該組織二〇一七年年會上所說：「談到對病患身心健康的影響，社會孤立與孤獨近似於長期的慢性疾病。」

孤單，孤單，徹徹底底孤單

當然，孤獨不光是摧殘我們的身體。「我的靈魂痛苦不堪，」柯立芝詩中的老水手如此描述他的心境，「孤單，孤單，徹徹底底孤單，／獨自漂在無邊無際的海面！」孤獨也能帶來嚴重的心理折磨。

文學中充斥著孤獨且憂鬱或有精神疾病的人——從夏洛特．柏金斯．吉爾曼（Charlotte Perkins Gilman）一八九二年出版的短篇小說《黃色壁紙》中未揭露姓名的主角，她因為有「輕微的歇斯底里傾向」（這種「疾病」本身如今已被斥為無稽）而被關在一個房間裡，結果她漸漸出現幻覺；到蓋兒．霍尼曼（Gail Honeyman）二〇一七年榮獲科斯塔文學獎的長篇小說《再見媽咪，再見幸福》的女主角艾蓮諾．歐利芬，她的孤獨既不斷惡化，也阻撓她放下受盡創傷的過去重新站起來。

然而，令人頗感驚訝的是，直到近十年左右，精神醫學領域才把孤獨視為明確的心理體驗，並開始進行深入研究。縱然如此，即便孤獨沒有單獨歸類為一項心理問題，現在卻已視為與焦慮症和憂鬱症等精神疾病有相關性。這種關係是雙向的。二〇一二年英國一項針對七千多名成年人的研究，獲得的結論是有憂鬱症的人感到孤獨的機率，比沒有憂鬱症的人高出超過十倍。無獨有偶，美國一項追蹤受試者五年的重要研究發現，一開始表示感到孤獨的病患，在五年後更可能罹患憂鬱症。

孤獨與精神疾病的關係錯綜複雜，我們才剛開始了解。不過似乎可以確定的是，孤獨與疏離會加速基因或情境造成的憂鬱傾向，其部分原因是它們對生理的影響——譬如說，在孤獨時睡眠時間會較短，而缺乏睡眠可能觸發憂鬱症狀。憂鬱症狀本身也可能助長孤獨感——因爲憂鬱的人更難與人產生連結。孤獨有可能既是雞也是蛋。

焦慮症也是一樣，疏離感可能既是焦慮症表現出來的症狀，也是引發焦慮症的原因。「社交焦慮使我的世界變小好多。」英國一名患有社交焦慮症的青少年艾力克斯說。「病情惡化時，我開始變得更孤僻。病情愈嚴重，我愈覺得孤獨又疏離……我會避免在尖峰時段去商店或搭公車，因爲那裡人太多了……病程拖得愈久，愈會影響到我的工作，終結我的人際關係和友情……以致我的社交生活變得……唔，其實我沒有社交生活了。」

即使是短期的隔絕，好比新冠肺炎疫情期間大家體驗到的，對心理健康也有顯著衝擊。甚至事隔多年，影響依然明顯。研究者發現，二〇〇三年 SARS 疫情爆發時於北京被隔離的醫護人員，在三年後罹患嚴重憂鬱症的比例高於當時未被隔離者，即使 SARS 的隔離期一般來說不超過一個月，更經常是在兩週之內。同樣針對北京醫護人員的好幾項獨立研究則發現，SARS 疫情爆發後三年，曾被隔離者酗酒的比例高於未被隔離者，並且有相當多的人仍深受創傷後壓力症候群之苦，其症狀包括過度警覺、做噩夢以及瞬間恐怖經驗閃現。

在新冠肺炎出現之後，我們應該非常嚴肅地看待這類研究結果。無論是個人或政府，都必須提防最近我們被迫孤立而可能承受的長期心理健康衝擊，從政者也必須投入足量的資源來處理後續效應。

孤獨若是發展到極端，更有可能導向自殺。

弗蘭絲．哈特．布羅格漢默（Francie Hart Broghammer）是美國加州大學爾灣分校醫學中心的精神科總住院醫師。她近日一篇文章令人動容，文中寫到最近遇上的兩名病患，孤獨讓他們感覺人生不值得繼續過下去。其中一人是她最近診治的年輕女子，「該患者刻意用一把二十公分長的菜刀切斷氣管和脊髓，企圖終結自己的生命。」她在接受訪談時引述，該患者感到絕望的原因是「她因爲照顧生病的祖母而感到孤立，又缺乏能夠深入談論這種困境的對象」。

另一位患者是「懷特先生」，他是有自殺意念的三十八歲男性，最近父母去世，又遭遇求職和財務困難，手足不願對他伸出援手，也沒有親近的朋友，現在還無處可住。失去僅剩的同伴——他的狗——似乎成為壓垮他的最後一根稻草。

懷特先生如此描述他的寵物：「全世界只有牠把我當作值得愛的人。我睡在公園裡，每個經過我的人都認為我比流浪狗還不如；我是下等人類。像我這樣的處境，根本沒人在乎我。除了牠之外……牠在乎我，而我全部的人生意義就是回報牠、照顧牠。現在牠走了，我在這世界已經一無所有。」

不幸的是，布羅格漢默醫師很常遇到這類病患。她對孤獨以及自殺之間的關聯所作出的第一手觀察，已得到研究證實。超過一百三十項研究都發現孤獨與自殺、自殺意念或自殘有關聯。這樣的關聯在「所有」年齡層都成立，包括年幼者。一項針對超過五千名美國中學生進行的調查發現，表示自己有高度孤獨感的青少年，有自殺念頭的比例是沒有孤獨感青少年的兩倍。英國以外的研究支持這類發現，另有一些遙遠國家的青少年，像是肯亞、吉里巴斯、索羅門群島和萬那杜，都提醒著我們，孤獨這種現象不是高所得國家的專利。不僅如此，這些作用亦可能在多年後顯現：有一項研究發現，十五歲青少年的自殺念頭，與他們在八年前（也就是七歲時）自承感到孤獨的狀況有緊密關聯。有鑑於兒童和青少年感到高度孤獨的情形相當普遍，這一點令人格外憂心。

重要的是，必須了解一點：促成如此深度絕望的孤獨感，可能源自各式各樣的情境，包括兒童在遊戲場或社交媒體上被排擠所帶來的社會排除感、年長者整整一個月無人探望可能感受到的實質隔離感，以及在社群瓦解和支持系統崩潰時可能出現社會孤立感的成年人——好比懷特先生這樣的人。

確實，在美國（以及英國，只是程度較輕微），近年來我們發現有所謂的「絕望死」——主要是勞工階級中年男性的用藥過量、酒精中毒或自殺而死——案例飆升的區域，多半都是傳統社會支持結構潰散的地方。這些男人可能離了婚、不上教堂，並且因爲失業或從事不穩定、無工會、短暫的工作，而失去工會或職場的同志情誼。

這是爲什麼儘管各大藥廠一心想要開發孤獨藥（目前確實已經有一種希望能減少孤獨感的藥物進入測試階段，同樣進入測試的還有好幾種複方藥，這些藥物尋求的效果是中和孤獨造成的一些生理影響），我們要做的不僅是試著對症下藥——或甚至更糟的是，只是試著麻痺那些症狀。我們必須對孤獨追本溯源，了解解決之道需要包含政治、經濟，當然還有社會層面，而不是單純訴諸藥物。

我們必須抱持著希望與鼓勵的心態，因爲解決之道有可能會出現。儘管破碎的社群會導向孤獨和潛在而言不健康的生活，我們卻已看到反轉同樣可能發生。

正如同《李爾王》的艾德加所言：「當悲傷時有人相伴／心靈之苦亦能減

半。」與他人之間的正向連結哪怕再短暫，都能爲健康帶來顯著益處，好比在充滿壓力的情境下，光是有朋友在場就能緩和你的生理反應——血壓和皮質醇降低；與所愛的人手牽手能發揮止痛作用，效果足以媲美止痛藥。此外，近期針對老化研究發現，邁入老年之後，即使只是與他人保持相對較弱的關係——不定時參加橋牌俱樂部、互寄節日卡片、跟郵差聊天——都能成爲有力的屏障，抵禦記憶力喪失和失智症。

看起來，決定我們健康狀況的不只是社群和與他人連結的感覺，還有善意。朋友、家人、同事、雇主、鄰居的善意，此外還有陌生人的善意。在重建新冠肺炎後的世界時，我們必須謹記這點。同時也要知道，因爲新自由資本主義的影響，導致我們集體貶低了善意的價值。

助人者的快感

我們可以很容易理解，接收善意與關懷的一方會感覺不那麼孤獨又有健康上的益處。但沒那麼想當然的是，對「他人」付出善意和關懷、幫忙做些小事，並且不求回報，也會產生類似的效果。

相當多研究證明幫助他人對健康有益，尤其是和受幫助者有直接接觸的時候。在二〇〇〇年代初期，研究者發送問卷給全美各地共兩千零一十六名長老教會成員，調查受試者的宗教習慣、身心健康狀況以及他們給予和接受幫助的經驗。即使把性別、充滿壓力的人生遭遇以及整體健康狀態都考慮進去，這群始終如一在「給予」幫助的受試者——包括當志工、參與社群活動以及照顧所愛之人——的心理健康狀況都比一般人好很多。

另外幾項研究也有類似結果：直接幫助他人對心理和生理健康都有益處。有創傷後壓力症候群的退伍軍人，在照顧孫兒之後症狀便減輕了。年長志工在幼兒園照顧孩童之後，唾液中的皮質醇和腎上腺素（另一種壓力荷爾蒙）都降低了。青少年向他人提供幫助時，憂鬱比例會下降。相反地，密西根大學社會研究院所做的一項研究發現，「沒有」向他人提供實質或情感幫助的人，在研究持續的五年期間內死亡的機率，比擔任照顧角色的受試者多出兩倍；後者照顧的對象包括伴侶、親戚、鄰居或朋友。想想狄更斯小說《小氣財神》中的史古基，在故事結尾由一介吝嗇鬼轉爲慷慨的大善人後，變得既快樂又健康。

在不帶有憤慨或並非出於義務的前提下去幫助他人，我們會體驗到正向的生理反應。正因爲如此，助人者經常會感受到所謂的「助人者的快感」，也就是充滿力量、活力、暖心和平靜等情緒。

這代表在孤獨世紀裡，最重要的不只是人們感覺被關懷並且「眞正」獲得照顧，他們也很需要有機會爲人付出。

那我們該怎麼確保每個人都有能力給予以及接受幫助和照顧呢？部分的解決之道在於體系層面。若你不用整天投入工作，弄到筋疲力盡，就比較容易樂於助人；若你不用身兼數職，或者你的雇主願意放你休假，就比較容易去當志工。在這方面，國家和雇主能夠、也必須採取一些步驟，我們不能放任當前經濟環境對此造成妨礙。正如同經濟大蕭條後的美國以及二戰後的英國，勞工獲得更多權利與保護，政府也盡更大的努力保障國民福利，如今我們也需要將新冠肺炎疫情視爲一次機會，藉此發展新的體系和行爲模式，讓人們更能夠互相幫助。

我們也需要改變文化。關懷、善意和同情都需要成爲我們積極鼓勵對彼此展現的特質，也要更明確地予以獎勵。近幾十年，這些特質乏人欣賞也未得到應有的回報。二〇二〇年一月某個重要求職網站的搜尋結果顯示，在工作需求項目中指明需要爲人和善的職缺，其薪資只有平均値的一半左右。在往前邁進的路上，我們必須確保和善與同情獲得應有的評價，而它們究竟有多高的價値，不該完全交由市場來決定。二〇二〇年春天在全球引起迴響的「爲護理人員鼓掌」運動，必須轉譯成實質且永久的東西。爲了我們生理和心理的健康，以及日後會看到的，這也關乎我們未來的安全，我們必須確保大家凝聚成緊密的社群，保住社交接觸的好處。

第三章

孤獨的老鼠

白色的毛，粉紅色的鼻子，尾巴。這隻老鼠三個月大。牠已經在籠子裡住了四個星期，這段期間被強迫獨處。不過今天牠會有一名訪客。

一隻新老鼠進入牠的籠子。「我們的」老鼠打量牠。負責這項實驗的研究者會說，出現了「探索式活動的初期模式」。接著突然間，「我們的」老鼠做出驚人之舉。牠用後腿直立起來，尾巴甩得啪啪作響，然後兇狠地咬住「入侵者」，把牠壓制在地。接下來的打鬥——野蠻、暴力，純然源自另一隻老鼠的出現——都被研究者錄下來了。他們不是第一次看到這種事。幾乎在每一項案例中，實驗中的老鼠被孤立愈久，對新來的老鼠就會愈有侵略性。

所以說老鼠一旦被孤立起來，就會起內鬨。不過出現在老鼠身上的這項事實，也適用於人類嗎？現今的孤獨危機因數週甚至是數月的保持社交距離和封鎖而更加惡化，它會不會不只讓我們跟自己過不去，也跟彼此過不去？孤獨會不會不僅損害我們的健康，也使這個世界變得更兇暴、更憤怒？

鼠與人

有諸多科學研究都證明人類的孤獨與對他人的敵意是有關聯的。部分原因來自初期的防衛舉動，根據哈佛大學精神病學教授賈桂琳．奧茲（Jacqueline Olds）的解釋，那是一種「往後退」。孤獨的人經常會架起保護殼，否認自己需要人性的溫暖與陪伴。他們可能有意無意地「發送訊號，往往還是非口語形式，告訴別人：『別來煩我，我不需要你，走開。』」。

還有別的東西在起作用，那是孤獨對我們的大腦造成的影響。好幾位研究者發現孤獨和同理心低落有關，同理心指的是設身處地的能力，能體會別人看事情的角度或他們的痛苦。同理心低落不光是反映在行爲上，從大腦活動也能看出端倪。

大腦中的顳頂葉交會區是與同理心關係最密切的區域，如今已有多項研究表明，遇到他人承受苦難時，孤獨者大腦中顳頂交會區的活躍程度會下降，而非孤獨者該區域的活躍程度會上升。與此同時，孤獨者的視覺皮層，也就是腦中通常處理警覺性、注意力和視覺的區域，會受到刺激。這代表通常孤獨者會更快對他人的受苦出現反應——事實上是快了幾毫秒，但反應只是「提高注意力」，而沒有「觀點」。正如同孤獨的身體會強化壓力反應，孤獨的心靈在焦慮和高度警覺的狀態下，會以自衛爲前提運作，它掃描環境探測威脅，而不是試著從當事者的角度看事情。「你是否曾在樹林散步，把地上的樹枝看成是蛇，而嚇得往後跳？」芝加哥大學大腦動態實驗室主任史蒂芬妮．卡喬波（Stephanie Cacioppo）博士如此問道。

「孤獨的心靈隨時都看到蛇。」

更近期的研究也有以下發現：孤獨不僅影響我們看到的世界，也影響我們怎麼對世界進行分類。倫敦國王學院二〇一九年的一項研究，要求兩千名十八歲受試者描述自家附近的友善程度，並同時要求受試者的兄弟姊妹回答同一個問題。簡單來說，相較於疏離感較小的兄弟或姊妹，孤獨的那個看到的社區較不友善、較不值得信任，向心力也較少。這麼看來，孤獨不單是一種個別的狀態。約翰・卡喬波教授的說法是，孤獨的「部分作用在於決定人們對他人有什麼樣的預期和看法」。

孤獨能引起危險的混合情緒——憤怒、敵意、傾向視周圍環境具威脅性且冷漠、同理心低落，而這種情緒對我們全部人來說都有重要意義。因爲孤獨危機不只發生在醫師的診療室，也在投票箱裡發酵，它對民主的影響，讓相信團結、包容和寬厚爲社會基石的人深感不安。

這是因爲，民主若要運作良好——我指的是公平協調不同群體的利益，同時確保「所有」人民的需求和不滿都被聽見——有兩組紐帶必須很牢固：一組是連結國家和國民的紐帶，一組是國民彼此之間的紐帶。當這些連結的紐帶斷裂；當人們覺得不能信任或依靠彼此，覺得相互毫無瓜葛，不論是在情感、經濟、社會，還是文化方面；當人們不相信國家會守護他們，並感覺邊緣化或遭遺棄；這時不但社會崩裂分化，人們更會對政治失去信心。

這就是我們當今的處境。在孤獨世紀中，我們彼此連結以及與國家連結的紐帶嚴重磨損，有愈來愈多人感覺被孤立和異化，他們覺得和其他國民以及自己的政府都失去連結，政府沒有傾聽他們的心聲或照顧他們的利益。

這種趨勢持續一段時間了，危險的是，疫情讓情況更惡化。經濟困境帶來的風險使我們對政治領袖更加失望，尤其是如果人民認爲承擔困境的情況並不公平；同時，因著對感染新冠肺炎的懼怕，使我們發自內心認爲同胞有如洪水猛獸，並且會對此採取實際行動。

我們每個人都該爲此憂心，因爲在近期已看到，這種環境成爲極端主義政客的沃土，那些民粹主義者豎耳注意人民不滿的聲音，並興致勃勃地利用這個機會得到政治上的好處。

我說的「民粹主義者」是指一種政客，他們聲稱自己不但代表人民，更是唯一能夠代表人民的力量，並且鼓動人民去跟被他們妖魔化的經濟、政治或文化上的「菁英」對立；而這裡的「菁英」經常包含維繫守法且寬容的社會的關鍵機構，例如國會、司法部或自由媒體。特別是右翼民粹主義者，他們慣用的辭令是強調文化差異和國族認同的重要性，常把國家描繪成正遭受移民或不同民族、宗教、信仰者

「入侵」的威脅。他們這種做法嚴重威脅具有凝聚力的社會，而這些社會中，人們本來是尊重有助於連結彼此的機構和規範；同時遭到危害的還有注重寬容、理解和公平的文化。他們的目的是分裂社會而非使之團結，為了達成目的，他們樂於挑起人種、宗教和民族之間的緊張關係。焦慮、缺乏信任、渴望歸屬感卻又時時「看見蛇」的孤獨者，正是他們理想的——也是最沒抵抗力的——受眾。

孤獨與不容忍的政治

率先指出孤獨與不容忍的政治有關聯的人，是漢娜．鄂蘭。名列二十世紀重要思想家的漢娜．鄂蘭，成長於德國的柯尼斯堡市（即現今俄羅斯的加里寧格勒），這裡也是康德的故鄉，康德則是在哲學方面影響她最深的人。儘管康德的一生可謂把「根深柢固」四個字發揮到極致——他從未離開過家鄉，還有個廣為流傳的故事說，柯尼斯堡的居民會用他風雨無阻的日常散步時間來調校時鐘——鄂蘭的人生卻是漂流無依的代名詞。

她的父母是被西方同化的猶太人。「在我們家從來沒人提起『猶太人』這個字眼。」她之後追憶道，不過在德國愈演愈烈的反猶太迫害浪潮，使她迅速意識到自己的宗教身分。一九三三年是轉捩點：這一年，德國國會大廈被焚毀，希特勒執掌大權。當時鄂蘭住在柏林，她把自己的公寓提供給希特勒的反對者當庇護所，並且參與猶太復國主義的非法研究，彙整官方反猶太的嚴重度。蓋世太保察覺鄂蘭的行動，將她和她的母親監禁了八天。獲釋並等待受審期間，儘管沒有合法的旅行文件，母女二人還是逃離德國；她們先穿過厄爾士山脈的森林前往布拉格，一個房屋剛好位於邊界交叉點的家庭幫助了她們；然後她們去日內瓦投靠一位在國際聯盟工作的家族好友。已經沒有國家的鄂蘭下一站去了巴黎，在那裡以「無證難民」的身分住了七年。

一九四〇年納粹入侵法國，鄂蘭因此被送進法國南部居爾惡名昭彰的拘留營，並與丈夫分開——她的丈夫海因里希．布呂歇（Heinrich Blücher），也是從希特勒掌權的德國逃出來的民運人士。在法國戰敗的混亂中她逃了出來，與丈夫在小鎮蒙托邦重聚。接著夫妻倆設法取得前往美國的緊急簽證，並翻越庇里牛斯山穿過西班牙邊境，搭火車去里斯本，他們總算在三個月後的一九四一年四月，搭上開往紐約的船。

能逃出來非常幸運。一九四一年夏天，美國國務院就終止了緊急簽證計畫，猶太人逃離納粹的出口又少了一個。在鄂蘭度過逃犯生活的八年期間——會有這段漂泊不定、險中求生的生活，全因爲她是個猶太人——德國人受到納粹極權主義的蠱惑。

戰後，紐倫堡審判時提出的文件證據，赤裸裸地揭露納粹趕盡殺絕的駭人手段。鄂蘭想不透怎麼會有這種事？是什麼驅使普通人參與（或至少容忍）用工業化的計畫來實行種族滅絕式的謀殺？鄂蘭決定要「找出納粹主義的主要元素，追本溯源，發掘埋藏在底下的眞正政治問題」。一九四九年，她就這個主題出版了極具爭議的代表作：《極權主義的起源》。這本書範圍很廣，包含了反猶太主義的崛起、宣傳活動的角色，以及帝國主義如何融合種族歧視和官僚政治。不過在此書尾聲，她的話鋒轉向一個令人訝異的因素：孤獨。在鄂蘭看來，極權主義「以孤獨爲基石，而孤獨是人類經驗中最激進且令人絕望的一種」。她發現極權主義的擁護者「主要的人格特質並不是殘暴與思想落後，而是孤立以及缺乏正常社交關係」，並且強調孤獨者「既然覺得在社會找不到容身之處，便藉由將自我委交給意識形態，重新找到他們的目標和自尊。」孤獨，或是「在這世界上完全沒有歸屬感的經驗」，她寫道，是「極權主義者政府的本質，爲它的劊子手和被害者作好準備」。

我定義的孤獨其中幾個關鍵點，與鄂蘭說的有所呼應：感覺邊緣化並充滿無力感；感覺遭孤立、排除在外、喪失地位與支持。而上述這些面向，在二十一世紀的當下，是個明確且益發嚴重的威脅。

孤獨與民粹主義者的新時代

我要釐清，現今的世界並不是一九三〇年代的德國。儘管近幾年來民粹主義在全球崛起，包括匈牙利總理奧班、菲律賓總統杜特蒂、中國國家主席習近平、土耳其總統艾爾多安在內的獨裁主義領導人，都趁機以新冠肺炎爲掩護來進一步鞏固權力以及打壓人民的自由，但我們面對的還不是廣爲擴散的極權主義統治。

然而歷史提醒了一些不容忽視的警訊。如今許多人把新冠肺炎衝擊與一九三〇年代的經濟大蕭條相提並論，因爲都造成失業及貧窮飆升。而孤獨往往與經濟環境不佳息息相關：研究已證實，與有工作者相比，失業者的孤獨程度要高出許多，而且貧窮會增加社會孤立的風險。更重要的是，如同鄂蘭筆下戰前的德國，孤獨已成爲「愈來愈多人的日常經驗」，而那早在新冠病毒侵襲之前就出現了。近年來，右翼民粹主義領導人以及位於民主邊緣的極端主義者勢力，都積極利用這種現象來牟取政治上的利益。

當然，孤獨並不是民粹主義唯一的驅動因子。當代民粹主義的崛起有其文化上、社會上和科技上的先決條件，此外也有經濟方面的因素。這些包括了社交媒體上快速傳播的錯誤訊息以及分歧、自由派與保守派的矛盾、進步思想與傳統價值的衝突，以及人口組成的變化。此外，不同國家的民粹主義現象，也可能有不同的綜合因素。要說每個感到孤獨或被邊緣化的人都投票給不管是右派或左派的民粹主義者，也是不正確的，就像是並非每個孤獨者都會生病一樣。即使是在社會、政治或經濟方面感受到被排擠的人，也顯然有很大部分仍繼續期望主流派會回應他們的需求，當然也有些人選擇對政治徹底冷感。

不過「孤獨」確實是近年來有這麼多人支持民粹主義領導者——尤其是右翼民粹主義者——的一個重要且經常被遺漏的驅動因子。我們將看到，有愈來愈多數據揭露感覺孤立和疏離在改變政治版圖上扮演的重要角色，而且與鄂蘭的發現有著令人不安的相似之處。

孤獨與不信任的政治

早在一九九二年，研究者已開始注意，社會孤立與投票給法國極右派組織國民陣線的尚馬里・勒龐（Jean-Marie Le Pen）之間有關聯。在荷蘭，二〇〇八年一群研究者從超過五千名受試者蒐集到大批資料，整理後發現，人們愈是不信旁人會顧及他們的利益，並且不會蓄意傷害他們，就愈有可能投票支持荷蘭奉行民族主義的右翼民粹政黨自由黨。

在大西洋另一側，二〇一六年選舉及民主研究中心向三千名美國人進行民調，詢問他們當面臨各式各樣的挑戰（包括照顧孩童、財務援助、戀愛諮詢，甚至是搭便車等等），需要人幫忙時，會最先向誰求助。結果非常具有指標性。不論是跟希拉蕊或桑德斯的支持者相比，川普支持者顯著地在回答時不提到鄰居、社區機構或朋友，而直接回答「我只靠自己」。他們也更常表示，自己的密友、熟人較少，每週跟這兩者相處的時間也比較少。公共宗教研究所的其他研究者在二〇一六年共和黨初選進入最後階段時，調查了共和黨支持者有何特徵，發現跟川普主要競爭對手克魯茲的支持者相比，川普的支持者有兩倍的機率是鮮少或從未參與社區活動，例如球隊、讀書會或家長教師聯誼會。

由此發展的推論也成立。一項歷時十五年、範圍遍及歐洲十七國家、針對六萬名受試者進行的大型研究，發現「公民團體」——例如志工團體和社區協會——的成員，比起沒有參加這類團體的成員，投票支持該國家右翼民粹政黨的比例顯著較低。研究者對拉丁美洲也作出類似結論。

似乎我們愈是置身在廣大社群中，愈會覺得身邊有可依靠的人，也愈不會聽信右翼民粹主義者的惑眾妖言。儘管「有關聯」不代表「有因果關係」，這之中仍然有邏輯可循。因爲藉由加入地方社團、當志工、擔任社區領導者，或單純只參與社區活動，或是透過維繫友誼，我們都能有機會實踐涵納式的民主——不只是學習如何聚在一起，也學習如何應對與協調彼此的差異。反之，與社會連結愈少，就會感覺愈孤立，也愈少練習應付差異、謙恭有禮地彼此合作，進而益發不可能信任同胞，並且會更容易覺得民粹主義者兜售的那種排外而分化的社群形式很有吸引力。

邊緣化的孤獨

然而，身陷孤獨並非單純只是感到社會孤立或缺乏社群連結。孤獨也包含不被聽見、不被了解。瑞士精神病學家榮格的洞見是：「孤獨並非來自周圍沒有人陪伴，而是來自不能與人交流自己覺得重要的事，或是觀點不被他人認可。」

正如近日所見，民粹主義支持者特別急於想讓有力政治人士明白他們承受的經濟痛苦，以及被邊緣化和孤立所帶來的感受。他們強烈感到自己的希望落空了。二〇一六年總統大選前美國鐵路工人的證詞顯示，川普是如何積極利用這種心態重畫政治版圖。他讓許多感到在經濟上被遺棄、心聲無人聽的人感覺到終於有人肯聽他們說話了——他們之前幾乎是沒有過這種感受。

拉斯提四十多歲，是個火車司機，家鄉在田納西州東部麥克明郡的埃托瓦。他的祖父和父親都在鐵路業工作，一輩子都投票支持民主黨——直到二〇一六年之前，他也是如此。「我從小聽到大，大家都說如果要當個工會成員、要當個藍領勞工、要不怕把手弄髒，就得支持民主黨。」他說，可是「說實話，我做得愈賣力，就愈搞不懂，你知道，我看不出自己的生活哪裡變好」。拉斯提和他的司機同事付出的勞力，對於每年數十億噸的煤礦運送至關重要，但是對他們而言，歐巴馬時代的法規造成的結果非吝嗇足以形容，簡直可說是背叛。「我只覺得他帶來的《潔淨煤法案》和一些政策，傷害了我。」拉斯提語帶哽咽地說，「他傷害到我這個人」，釀成嚴重的「困境」。對比之下，川普是唯一「說到做到」的候選人，只有他在乎拉斯提有什麼感受、想要傾聽他的煩惱。

蓋瑞也是鐵路工人，過去也支持民主黨，他對那個「長年曬傷」的總統候選人有類似的信心：「川普說他要把工作帶回美國，他要重談貿易協定，那時我就想：『哇，我一定要投川普。』」蓋瑞繼續說：「川普是窮人和中產階級的唯一救星。只有他看起來有興趣幫助勞工。他是我們僅有的希望。」

泰瑞是另一個前民主黨支持者，他也贊同這點。這位來自田納西州東部的男人有八個孩子，二十年的鐵路工作資歷，卻發現自己成了月光族，而不是過著以前那種「還不錯的生活」。他的說法跟蓋瑞和拉斯提有異曲同工之妙——「川普會照顧他的人民。」他這麼說。在他心裡，之前的政治領袖都忽視他們的需求，沒保護他們的工作機會，也沒確保他們維持像樣的生活水準。

原本民主黨或最起碼工會是能提供希望的，然而二〇一六年，許多感覺遭到邊緣化的人都把全部的信心押注在川普身上，尤其是沒有大學學位的白人選民。在社群基礎建設薄弱、社會連結遭到破壞、公民感覺在經濟上處於弱勢的地區，這種現象格外明顯。像泰瑞和拉斯提的家鄉，田納西州東部這樣的地方，過去十年內只見煤礦不停關閉，以及二〇〇八年金融危機的傷口尚未癒合，這些都加深了「華盛頓的大人物根本懶得管普通勞工的需求」的想法。

比起川普看似「有在聽」，其他政客對支持者的哭喊與經濟上飽受摧殘的社群的需求像是充耳不聞，至於川普的政策實際上到底能否改善支持者的生活，就好像沒那麼重要了。從雙方總統候選人的廣告預算偏重在哪方面，就能看出這種「音盲」現象。希拉蕊的廣告只有百分之九與工作或經濟有關，川普則有三分之一的廣告都針對這些方面。經濟面缺乏安全感是很孤獨的，然而更加孤獨的是覺得你的困境沒人在乎，尤其是那些你深信本該提供幫助與支持的當權者，也不在乎你。這就是川普最大的成就：他說服許許多多人相信他在乎。

右翼民粹主義者很有說服力的這一點，不只是在美國獲得證實。艾瑞克是個年輕的巴黎烘焙師，他喜愛蘇格蘭侶爾舞、饒舌樂和電玩。二〇一九年我和他談話時，覺得他很認眞、直率且非常有禮貌。他坦白說出工作賣力卻只能領勉強超過最低工資的薪水過活，是多麼令他痛苦且充滿挫折感。艾瑞克和許多年輕人一樣，覺得社會幾乎不給他們出人頭地的機會。「經濟體系是不公平的，」他解釋，「勤奮工作還不夠，你得拚了命地工作。有兩把刷子也不夠，你得有三把刷子，而且要認識對的人，否則根本賺不到足夠過活的錢。」他還告訴我，他的「被遺棄感」已到達痛苦的程度；他既悲傷又憤怒地說，他不相信要是病了或老了，國家會負責照顧他，這讓他感覺格外孤單。

艾瑞克是國民聯盟青年黨團的重要成員。這個右翼民粹政黨的前身是國民陣線，仇視外國人的歷史悠久，它於二〇一八年正式更名，現在仍是法國最受支持的政黨之一。在該政黨改名前那段歷史中，它曾涉及試圖抹煞大屠殺的可怖，當時該黨的創始人、後來的黨主席尙馬里·勒龐提到納粹的毒氣室時，稱其爲「二次大戰歷史中的一個小細節」。更近期一點，該黨在勒龐的女兒瑪琳（Marine Le Pen）

的領導下，將反移民的雄辯言辭瞄準法國的穆斯林社群，將他們描繪成一大群天生激進的伊斯蘭教徒，「一隻觸腳伸得到處都是的章魚，包括（移民）社區、社團組織、運動俱樂部。」二〇一五年瑪琳．勒龐被起訴，罪名是煽動仇恨，她將街頭禱告的穆斯林類比爲納粹占領。雖然她最終被宣判無罪，但她的花言巧語並沒有偏離這個路線太遠。

儘管在過去，艾瑞克可能會把左翼法蘭西社會黨當作政治上的家，現今他卻是在這個激進右派民族主義和民粹主義政黨裡找到歸屬感。因爲他就跟二〇一六年倒向川普的那些昔日支持民主黨的鐵路工人一樣，相信唯有國民聯盟才會「保護市井小民」，而他很自豪自己是市井小民的一分子，雖然其他政黨「遺棄」了他們。在許多人眼裡，左派失敗之處當然就是它不再顧念「被遺忘」和「被遺棄」者的利益。

針對歐洲各國更多廣泛的研究裡，也呼應了這種被遺棄感。研究者在法國和德國分析了五百場針對右翼重地人民的訪談，這類地點之一是蓋爾森基興，這是位於埃森市東北方的破敗郊區小鎮，當地失業率居高不下，結果二〇一七年大選時，反移民的德國另類選擇黨囊括了該鎮將近三分之一的票數（這是該黨全國得票率的三倍）；法國北部洛翁普拉日鎮的坎佩斯區有百分之四十二點五的選民在二〇一七年法國總統大選中選擇瑪琳．勒龐。研究者在受訪者身上普遍發現「被遺棄」的感覺，且顯著而反覆地出現。

在二十一世紀最初的兩個十年內，全球各地有許多人在社會和經濟上感到自己被邊緣化，覺得曾爲他們而戰的傳統政黨如今拋下他們，不聽他們訴苦也不爲他們的煩惱提供解決之道，這些人轉而支持走極端的政黨，數量高得不成比例。這種現象有合理解釋。如果你覺得被邊緣化、被忽視、沒有存在感，這時候有人出現，承諾會看見你並聽見你，你受吸引也是可以理解的。無論是川普高呼「被遺忘的美國人不再被遺忘！」，或是瑪琳．勒龐誓言服務「被遺忘的法國，被自擁自重的菁英遺棄的法國」，這類精心打造的訊息可能非常吸引人。現實是在新自由資本主義和去工業化之後，二〇〇八年的金融危機和因此導致的經濟衰退，再配合緊縮政策，導致許多人在這數十年中「確實」遭到遺忘。種種原因造成經濟方面的不對等損失，其中缺乏專業技能的人感覺自己是最大的受害者——他們也因此成爲右翼民粹主義者吸納的目標族群。

孤獨與喪失地位和尊嚴

許多民粹主義領導人還很清楚的是：孤獨不單是感覺被遺忘或社會孤立或發不出聲音，它也是一種失落感。失去社群，這是肯定的，此外還有失去經濟上的安全感，不過很重要的一點是：失去社會地位。還記得鄂蘭對孤獨的定義是「在社會中找不到容身之處」嗎？社會地位（尤其是男人的社會地位）扎扎實實地與夥伴關係、自尊、地位勾連，而你得有個像樣的工作（有傳承、有連結、有使命感）才能獲得。川普的口號「讓美國再次偉大」確實傳達出重建舊世界秩序的意涵。在舊世界中，傳統產業是社區重心，其提供的就業機會同時創造了強大的自我價值感和有力的社群精神。還記得他老是把「讓我們偉大的煤礦工回到工作崗位」這句誓言掛在嘴邊嗎？在這個「我產出故我在」的世界裡，沒有工作或從事社會地位低落的工作會讓人自慚形穢，因此當有人承諾要復甦社群、更新社會地位，自然會特別受到歡迎。

因此川普的承諾強烈吸引像泰瑞這樣的鐵路工人，也就不令人意外了；泰瑞曾感傷地說：「我們以前很自豪自己是在鐵路業工作，對工作內容也感到自豪，可是現在沒人會這麼想了。」或是蓋瑞，他列出一長串近年來他那個區域倒閉的工廠，這些工廠都是製造廠，像是利比—歐文斯—福特玻璃工廠、美國聯合碳化物公司、True Temper 高爾夫球桿，或是在他家鄉南查爾斯頓附近的海軍兵工廠。蓋瑞繼續解釋道，雖然「還有別的工作可找……像是連鎖速食店或是雜貨店或是大賣場，但那都是低薪工作」。

這類工作是否無可避免地會比以前的工廠工作低薪，尚有討論的空間。但問題不光是這些「新」工作薪水低微，更大的問題是這些工作的社會地位很低，無法讓人自豪。早在新冠肺炎讓失業率一飛沖天之前，就有愈來愈多人只能選擇這類「地位低下的工作」，尤其是在以前的製造業重鎮和去工業化地區。但是低失業率的數字掩蓋掉這個事實，隱藏了潛伏在數據底下的不滿和不平。

誠然，諾姆．吉德倫（Noam Gidron）和彼得．A．霍爾（Peter A. Hall）兩位社會學家認爲，近年來有這麼多白人勞工階級男性——像蓋瑞、拉斯提、泰瑞或艾瑞克一類的人——轉而支持右翼民粹主義者，底下潛藏的原因或許是感覺地位被貶低，收入本身反倒是次要因素。在一份二〇一七年發表的論文中，他們分析了從一九八七年到二〇一三年間，十二個已開發民主國家中，感覺喪失社會地位與投票傾向之間的關聯，發現感覺缺乏社會地位——好比可謀得的工作品質不佳，或是沒有工作，再不然就是覺得有大學學位者、非白種人以及女性的地位上升，壓低了他們的地位——且沒有大學學位的白人男性，投票給右翼民粹政黨的比例顯著較高。因爲這些政黨許諾他們的是尊重和重拾地位。

正如二〇一六年川普在拜票時所言：「雖然我的對手詆毀你們，說你們既可悲又無可救藥，我卻認爲你們是勤奮愛國的美國人，你們深愛自己的國家，並且想爲所有人民爭取更好的未來。你們是……士兵和船員，木匠和焊工……你們是美國人，你們有權接受統治者的尊重、珍視和護衛。在我們的國家，每個美國人都有權獲得尊嚴和尊重。」

兜售社群

民粹主義者還會提供的是：歸屬感。對一群向來靠著工作和工會提供地位和社群的專才來說，在失去這些之後，只感到嚴重遭孤立又缺乏社會聯繫，而歸屬感就變得格外重要。現在拉斯提和其他火車司機被迫競爭愈來愈少的工作機會，因而失去「兄弟情誼」，成了他格外惋惜的一件事。

正因爲出現了社群及相互歸屬關係的空洞，川普這類民粹主義者才能成功且別有居心地，帶著他們本身對「歸屬感」明確而強烈的看法，趁虛而入。

回想一下川普的造勢大會，那是他整個政治生涯最主要的產品，不只是在他贏得總統大選前，連勝選後也是一樣。在任期的前三年，他就舉辦了將近七十場造勢大會。當然，其他美國政治家也有造勢大會，但川普的造勢大會本質上有所不同。這些場合不僅以政治展示的方式吸引人群，還像是大型的社群儀式，現場的人會覺得自己隸屬於一個相親相愛的團體。造勢大會成了家族活動，往往是三代同行，媽媽帶兒子，奶奶牽爺爺。川普政敵的造勢大會上，出席者一般都穿著平日的服裝，然而川普的造勢大會上，會看到紅衣人潮，再加上「讓美國再次偉大」的帽子、胸章和T恤。重複的歌單（〈我是美國人我驕傲〉，有時候還同一首無限循環）讓人在背景充滿愛國眞言之時，也能隨著熟悉樂曲開口高歌。同樣的口號和鼓掌叫好的關鍵句表示每個觀眾都覺得自己和其他數千人心連心。希拉蕊的造勢大會很嚴肅，有些人甚至以無聊來形容，川普的造勢大會則像是世界摔角娛樂公司的活動——浮誇、討好粉絲。

此外還有語言上的選擇，也就是川普用來強化這種齊聚一堂、萬眾一心感覺的辭令。且拿桑德斯這個同樣能號召人潮的左翼民粹主義者來對照，川普明顯愛用第一人稱複數，反覆說出「我們」來拉近關係，即便他和他的支持者幾乎沒有任何共同點。這說法「讓人感覺被納入眞正在發生的事」，一名造勢大會的參與者說——

同時跟彼此以及川普產生連結。與此同時，他反覆提到「人民」：「美麗的人民」「了不起的人民」「偉大的人民」。事實上，他在演說中使用次數最多的詞就是「人民」。

這些技巧——代表性服飾、口號、言必稱「我們」以及不斷迎合大眾——都顯示川普擁有政治方面的表演能力和悟性，追蹤其根源可以合理地溯及美國的巨型教會，甚至是更久遠的十九世紀基督教復興運動。因此川普的造勢大會絕不是只有台上演講以及握手，還有作家強尼·杜懷爾（Johnny Dwyer）所稱的「一種聖餐禮」。川普本人也評論過他們類宗教的熱烈氛圍。二〇一五年八月二十一日他在第一場大型造勢大會開場時，對著群眾露出和煦的笑容，並援引美國最知名的布道家。「太美了，」他說，「現在我知道偉大的葛理翰牧師（Billy Graham）是什麼感覺了。」

川普讓人們感到受重視的手法，在美國政治界是很獨特的。他滿足許多人對歸屬感、對隸屬某個團體的渴望。在他們眼中，職場以及更廣泛的社群所帶來的傳統連結已經斷裂；川普等於是直接打中我們需要歸屬於更大團體的基本演化需求。

在歐洲也有類似的動能，「造勢大會兼社交聚會」有效地將人群吸向民粹政黨及其領導者。在比利時，以反移民為主要原則的民族主義政黨——右翼民粹政黨弗拉芒利益黨贊助的慶祝活動上，支持者「花時間在室內反移民演說與戶外的慶祝活動上，後者包括臉部彩繪、充氣城堡以及專門販售《綁架歐洲》（*The Kidnapping of Europe*）這本書的攤位」。邊界另一側的德國，德國另類選擇黨的造勢大會跟川普的有異曲同工之妙：一家大小拿著氣球出席，在野餐桌邊分享飲料，手裡抓著自己做的標語板，上頭寫著「霍克：心的總理」之類的文字。與此同時，在西班牙，右翼民粹政黨人民聲音黨在夜店和酒吧舉行專門吸引年輕人的啤酒之夜，現場禁止年齡超過二十五歲的人進入。

無獨有偶，這些人的言詞隨時訴諸社群，目的是製造歸屬感，而這是支持者在二十一世紀的其他地方都找不到的東西。「聯盟黨是個大家庭。」義大利右翼民粹路線的聯盟黨政客們在造勢大會上一再重複這個說法。聯盟黨（前身爲北方聯盟黨）最初是聲稱代表義大利北方的地方主義政黨，後來在全國舞台上發光發熱，並且在近十年內轉向右翼。聯盟黨不再爲北方獨立而戰，現在它致力於反對移民、歐盟以及同志族群（LGBTQ+）權利，並已建立起相當穩固的政治基礎。在二〇一九年歐盟選舉中，聯盟黨獲得義大利超過三分之一的票數。該黨領袖薩爾維尼（Matteo Salvini）就像川普一樣，把語言當成寶劍耍弄，經常提到諸如「媽媽」「爸爸」「朋友」等親密字眼，藉此討好支持者並強化他提供的社群意識。

民粹政黨不只在這些大型集會時提供歸屬感。聯盟黨支持者喬吉歐是個短小精幹的商人，家鄉在米蘭的他，喜歡打板網球；二〇一九年，他滿心驕傲地給我看他和薩爾維尼的自拍照，並描述這個政黨如何讓他感覺沒那麼孤獨。多虧聯盟黨，「一年半前我開始參加晚餐和宴會──它們稱作委員會，類似讓黨員聚會的場合。事實上那些聚會很棒，可以認識很多人。我們唱歌，建立傳統的感覺很強烈。而且每個人都用北方方言在唱歌，大家都很開心，因爲感覺像屬於同一個社群。」

巴黎的艾瑞克同樣談到星期三固定的政治集會帶給他快樂，他說會後大家會一起去喝一杯，一起發海報和傳單，說「找到能團結一致建立社群的人好難」，不過在國民聯盟中他找到了這樣的人。他很明確地承認，若是沒有加入這個政黨，他會承受很嚴重的孤獨。這個政黨給了他一向渴盼的目標與社群。在以前，這種社群可能是由工會、傳統政黨、教會，或甚至是朝氣蓬勃的社區中心或社區咖啡店所提供的。

保持社交距離的規定使支持者長達數月不能團聚見面，這樣是否會減少他們對民粹主義政客的支持度，目前還很難判斷。這些政客未來的造化，很大程度要仰賴「當音樂停下來時」，他們會站在什麼位置──經濟危機通常對執政黨不利──而每個國家都會問的問題是，那些公職人員在挽救就業機會以及人命的表現上及不及格。這批政客的人氣消長要看他們能控制媒體風向到什麼程度，以及他們的支持者是否接受他們那個版本的災後分析。不過在封鎖期間，民粹主義者難以親自拉近關係的情況下，他們卻能迅速在網路上建立社群，這點著實令人訝異。除了總統個人占據每日電視記者會的中心位置，公然向他的「部落」傳遞訊息（包括一再譴責「假新聞」媒體，並指控國際組織），川普的競選活動在原本就坐擁廣大追蹤者之外，還進一步在臉書上刷存在感，提升其數位服務，透過視訊會議軟體 Zoom 經營大型志工訓練計畫，並用一場「虛擬造勢大會」舉行純數位化宣傳活動，創下近一百萬網路直播觀看數。聯盟黨、西班牙的民聲黨和比利時的極右派弗拉芒利益黨也都是操作社群媒體的箇中好手，紛紛加速提升他們的數位服務。

移民武器化

無論這類社群是在網路相連或是眞人相聚，它都有一個共同特徵：公然排外。右翼民粹政黨除了用啤酒之夜和充氣城堡來強調歸屬感之外，也清楚傳達誰「沒」受邀請的明確訊息。例如，川普造勢大會上那幾千個聲音，唱聖歌一般高喊「蓋圍牆」。右翼民粹主義者倡導團結的潛台詞，是在種族、宗教或民族方面排外。有

「我們」自然就有「他們」。這也是這類政黨最危險之處。

民粹主義領導者把目標鎖定在感到孤獨和被遺棄的人身上，以民族主義或種族歧視爲原則打造社群，將他們的部落意識化爲武器，用來對付跟他們不同的人。這些政客發現，對那些感到被排擠、被丟下的孤獨者，以及那些不習慣處理差異，且其身分認同的傳統來源——無論是階級、工作或教會——不再像以前那麼強大或穩固的人來說，「諸如國籍、人種、語言和性別等社會身分，都變成更有吸引力的意義及自尊來源。」米可·薩爾梅拉（Mikko Salmela）和克里斯欽·馮·史黑夫（Christian von Scheve）在書裡如此寫道。而我想在這些「來源」中添加一項：歸屬感的誘惑。

正是在這個部分，民粹主義者操弄出孤獨和疏離最醜陋、最分化的形式。還記得，孤獨者傾向把鄰居看得更有敵意、更具威脅性？還記得，孤獨的老鼠在有另一隻老鼠共享空間時會變得更具侵略性？還記得，我們大腦感受同理的能力會因孤獨而受限？右翼民粹分子藉增強支持者被遺棄、被邊緣化的想法，來對抗政治偏好明顯與他們不同的人（一般來說就是移民），透過製造恐懼來激發支持者焦慮和不安的情緒，操弄種族與宗教差異來獲取忠誠和支持。他們再把對舊時代的懷念結合起來，在他們宣揚的那個歷史版本裡，人們過得更團結、快樂、富足，直到「那些移民來偷走了好處和工作」。

當然現在右翼民粹主義者還會加上這句——「直到這些外國人把致命病毒傳染給你們」。疫情爆發後，一群民粹主義政客很快就利用危機煽風點火，挑起種族、人種和宗教方面的緊張，把那些有差異的人妖魔化。

在美國，川普偏好把新冠病毒稱爲「中國病毒」，引起對亞裔美國人的群起攻擊。在匈牙利，總理奧班炮火不斷，先是指控一群被隔離後驗出陽性的伊朗學生該爲匈牙利的確診率負責，繼而宣布所有大學都是病毒溫床，因爲「那裡有很多外國人」。在義大利，聯盟黨領袖薩爾維尼在毫無證據下，很快地做出錯誤結論——他把從北非渡過地中海進入義大利尋求政治庇護者與疾病擴散扯上關係。利用疾病當作種族分化和民族狂熱的武器，歷史上當然早有先例。十四世紀橫掃歐洲的黑死病，讓猶太人成爲眾矢之的，結果有幾千名猶太人遭到屠殺。一六二九到一六三一年的米蘭大瘟疫期間，暴民攻擊「外國人」，最弱勢的是西班牙人；一八三〇年代，愛爾蘭移民遭控要爲在紐約和波士頓等美國城市肆虐的霍亂負責。長久以來，流行病和仇視外國人都脫不了關係。

然而早在新冠肺炎提供排他攻擊的新切入點之前，義大利聯盟黨的支持者喬吉歐顯然早已吸收這些充滿敵意的部落意識。「比起從非洲來的移民，政府把自己的國民擺在次要地位，」他告訴我，「那些人來這裡度假，很多本地的義大利人卻在外頭辛勤工作，還沒有社會權益。你應該照顧你的社群以及本來就住在你國家的人民，而不是那些從非洲來的人。」

馬提亞斯是個住在柏林的二十九歲物流專家，原本他的政治立場是中間偏左，後來也因爲類似原因轉而支持右翼民粹政黨德國另類選擇黨。「政府爲難民做的事多過爲我們做的，這點是不爭的事實。」他在二〇一七年說，一年前，德國收容了一百萬名難民，這是總理梅克爾「我們辦得到」的親難民政策的一部分。「我很多朋友都還在找工作，難民卻可以免費領錢。他們甚至可以優先住進公寓——他們的所有花費都由政府買單。」

另一方面，來自田納西州東部的川普支持者泰瑞抱怨：「那些人不該在這裡，他們從爲我們國家奮戰的人手中奪走了利益、金錢和工作。我們這裡的老兵無家可歸，他們卻還想把別國的難民弄進來。我們必須照顧自己人。」

一如新冠病毒陰謀論，這些說法都不是事實。在德國，難民「免費領錢」的限度並未超出每個國民都享有的公共福利支出範圍，實際上難民在很多地方尋覓住處時都面臨歧視；在美國，退伍軍人和公民能夠享有的福利，遠超過難民和無證移民。但是對於感到被遺棄、被忽略又孤單的人；對於感覺和同胞以及國家都失去連結的人；對於已傾向把環境視爲可怕、有敵意、充滿蛇而非樹枝，以致更可能接受陰謀論（近期研究已證實感覺被社會排擠或放逐的人會如此）的人，右翼民粹主義者散布的這類言論顯然極具吸引力。

歐洲社會調查（European Social Survey）是許多社會科學家都會使用的深入的問卷調查系統，近期有一項針對超過三萬名受試者的分析，發現表達出最極端反移民觀點的人，並未集中在某個性別或年齡等人口統計學上的基本區塊，而是金錢上缺乏安全感、對同胞和政府信任度低落，以及受到社會孤立的人。「整體而言，在政治上感到弱勢、金錢上缺乏安全感、缺乏社會支持的人，最有可能極端反對移民。」研究者作出以上結論。這三項特徵說明了什麼呢？它們全都是孤獨的關鍵驅動因子。

以下策略已證實是有效的：提供一個目標來承擔罵名，把那個目標描繪成跟你不一樣，你並不實際了解那個目標——一般來說，反移民熱潮最盛的都是移民者較少的地方。在很多情況下，這策略的有效程度都勝過怪罪全球經濟、新自由主義、自動化技術、削減公共支出或失衡的政府支出優先順序，即使這些才是爲什麼有這麼多人感覺被邊緣化的精確解釋。右翼民粹主義者比任何人都了解情緒勝過理性和複雜性，可以達到什麼程度，也很明白恐懼可以是多麼強大的工具。他們藉著不斷重複那些排他訊息來操弄這一點。即使在接下來幾年內右翼民粹主義者的支持度下滑，敲響民粹主義喪鐘的時機卻還未成熟。相當大比例公民的想像、情緒和投票傾向受到它把持，而這種情況很可能將持續下去。

額外令人憂心的是，種族色彩的分化言論本身經常就極具傳染力。二〇一七年，荷蘭中間偏右的非民粹主義者總理呂特（Mark Rutte）爲了防禦來自右翼民粹主義候選人威爾德斯（Geert Wilders）的挑戰，不惜在報紙上刊登煽動性廣告，要移民「表現正常，否則離開」。丹麥中間偏左的社會民主黨（Social Democrats）贏得二〇一九年大選，其發表的勝選宣言在涉及移民議題的部分，令人不安地聯想到極右派的主張。確實，就許多方面來說，近年來民粹主義崛起最大的危險，是它把右派、左派的傳統政黨都推向極端，並且使分化、不信任和仇恨的言論趨向常態。

我擔心在新冠肺炎侵襲後的世界，這些本能會被進一步強化，不僅個別國家的健康和生物安全被民粹主義者視爲可利用的沃土，更多走中間路線的政治家會爲了謀取政治資本，而號召蓋起圍牆並怪罪和妖魔化「他者」。

我這麼說不是想卸除全民的個人責任。要確定究竟以下何者先發生往往很困難：種族歧視意識、民粹主義領導者的仇視外國人訊息，還是導致許多人感覺被邊緣化、不受到支持、心聲無人聽以及擔憂害怕的經濟、文化和社會變動。但很明確的是，對於自覺這世界已無容身之處，缺乏歸屬感和連結感，對未來茫然無措，感到被遺棄又孤單的那些人，正如漢娜．鄂蘭在納粹德國中所看見的那些人，仇恨他人可以成爲他們「定義自我的方式」，並藉此減輕孤單感和「重建一部分的自尊……那份從他們原本社會角色所建立的自尊」。而我認爲，在經濟危機的時局中尤其如此。

鄂蘭在此描述的現象，結合了跨越數代的孤獨感和被剝奪感，包括從一九三〇年代的德國到二十一世紀的現代人都有。這樣的青年當中，作家E．艾米巴勒（E. Amy Buller）筆下的威爾漢可以作爲一名代表，從他說的話來判斷，他可能生活在第三帝國的德國，也可能生活在現今任何一個經濟受到重創的國家。這個「身高將近一百八十公分、身形纖細、黑髮黑眼、五官極度俊朗的帥氣年輕人」，在經濟衰退後已失業好幾年，他是如此解釋自己的心情：

「沒有空間容納我們任何一個人。我這一代工作得如此賣力、吃盡那麼多苦，卻根本沒人要。我大學畢業後過了一年都找不到工作……五年後我還是找不到工作，我的身心都破碎了。（德國）不要我，既然這裡沒人要我，想必世上其他地方也都不會有人要我……我的生活已徹底絕望。」

威爾漢所描述的其實是置身一九三〇年代的心情。他還說：「就在這時我知道了希特勒……我的生活有了全新的重大意義。從那時起，我就將身體、靈魂和心靈都奉獻給這場復興德國的運動。」

＊＊＊

孤獨的起因和後果，就位於我們社會最大的政治和社會問題的中心。到目前爲止，對此最爲了解的人是民粹主義政客，尤其是右派的。可是我們不能坐視這些從政者成爲唯一替孤獨者提供解決之道的人，風險太高了。

這代表所有黨派的從政者都需要爲某些迫切問題找到答案：該如何確實避免社會中已處於弱勢的群體不會更加邊緣化？在一個資源愈來愈稀缺的時代，該如何讓人民覺得受到支持和照顧？更重要的是，如何讓人民不只照顧看起來跟他們一樣、擁有相同歷史文化背景的人，也要照顧處處與他們不同的人？如何在這個正被撕裂的世界將人民凝聚起來？

同樣重要的是，領導者必須找到辦法讓所有國民感覺被聽見和被看見。他們也必須確保人民有足夠的機會，在日常生活中練習接納、有禮和寬容。現在是前所未有的時刻，我們需要政治家給出可信的承諾，把重新建立社群當作他們的計畫核心，而且是遍及地方、中央以及國際層級的社群。

不過在了解如何有效逆轉孤獨狂潮，活化國民社群意識，並且開始修補人際裂痕之前，我們需要再挖深一點，更精細地去了解「現在」爲什麼是孤獨世紀，不光是爲了受民粹分子妖言誘惑的人，也是爲了我們全體。這項工作的起點是我們的城市，因爲這裡愈來愈成爲疏離的中心。

第四章

孤獨的城市

二〇一九年，紐約。法蘭克每次出遠門，都會把父親遺照取下來放進櫥櫃，跟其他珍貴物品鎖在一起「以策安全」，因爲幾小時後，透過民宿網站 Airbnb 訂房的客人就會睡在他的床上。

現年三十二歲的平面設計師法蘭克在幾年前懷著對美好職涯憧憬搬到曼哈頓時，可沒有想到會有這種事。然而以數位方式供應的內容愈來愈多，隨之而來的是印刷媒體和廣告預算遭到刪減，導致他所在的領域大量裁員。所以在二〇一八年，他有些不情願地加入零工經濟，在接案平台 Upwork 或 Fiverr 上找工作，有時候也靠口碑接案。透過 Airbnb 網站讓陌生人寄宿在他家，是他能支付度假費用的唯一方式。對於工作的不穩定以及自己能否繳得起租金，他一直感到憂慮。

對任何人來說，這種經濟上的不穩定性都很棘手，不過法蘭克更覺艱難的是他生活在城市裡。起初，他很自豪能付押金租下他的第一個小窩：位於中城區一棟多樓層公寓的小巧套房。不過沒多久，在傍晚返回空蕩蕩的住所，或是更糟，關在家裡一整天趕工作進度時，他承認那裡感覺更像是個棺材而非溫馨小窩。尤其是那棟公寓裡沒有任何一個人是他熟到可以串門子、一起喝杯咖啡的，更別說有誰可以在他工作一天後一起喝杯啤酒放鬆一下。他雖然已在這棟公寓住了兩年，不但「沒有鄰居知道我的名字」，而且「每次在走廊或電梯和他們擦身而過，竟都像是從來沒見過我似的」。

在我看來，法蘭克那棟公寓冰冷而匿名的氛圍，似乎可說是他整個城市生活的縮影。「這裡沒人微笑。」他如此形容曼哈頓。人們埋首看手機，智慧手錶監測走路速度，臉上掛著扭曲或凝重的表情，在他的感覺中，城市是無情、有敵意且嚴酷的。他告訴我，要不是他偶爾會帶著筆電去公寓附近的咖啡館工作，而那間店裡有個友善的蘇丹人服務生，他有時甚至可能一整天都沒跟人交談。

法蘭克也提到在這座城市交朋友的困難，因為每個人似乎都那麼忙、那麼急，那麼專注地要精進自我，以致像是沒空停下腳步聊兩句，更別說結交新朋友或經營原有的關係。結果就是，他經常夜裡花時間傳訊息給「Tinder交友網站上隨便一個女人」，並非他真想出去跟她見一面——那感覺太費力了——而是想要有人可以「說說話」，想有點與人類的接觸來緩和孤獨感。雖然他以前住的中西部小鎮死氣沉沉，雖然他覺得來紐約「勢必」有機會在事業上「闖出點名堂」，但是當我們談話時，他顯然感到相當失落，對於住在一個他毫不了解附近鄰居的地方，對於每天有無數人在路上擦肩而過、卻像是當他不存在一樣的城市。當他提起「家鄉的優點」，尤其是追憶起擔任當地青年會領導角色的那個時期，他興致勃勃、活力盎然的語氣聲調傳達出的是，對法蘭克來說，搬來城市所失去且深深懷念的是隸屬於社群的感受。

這裡沒有人微笑

城市可能是很孤獨的地方，當然不是什麼新概念。正如散文家湯馬斯．德昆西（Thomas De Quincey）所寫的：「第一次被單獨留在倫敦街頭的人，一定既悲傷又窘迫，可能還很驚恐，只能用被拋棄及徹底的孤獨來形容他的處境……數之不盡的臉孔，沒有聲音或是不對他說話；無限多雙眼睛……來去匆匆的男人……有如戴著瘋子的面具，或者更像是盛裝遊行的幽靈。」

德昆西寫的是十九世紀的倫敦，但也像是現今孤獨世紀的任何一座城市。即使在新冠病毒侵襲、保持社交距離和戴口罩成爲常態之前，已有百分之五十六的倫敦人說他們感到孤獨，百分之五十二的紐約人說他們的城市是個「孤獨的生活地點」。綜觀全球，杜拜的數字是百分之五十，香港是百分之四十六，聖保羅是百分之四十六。即使是在城市指數調查「最孤獨的城市」名單上，分占第十一和十二名的巴黎和雪梨，也仍然有「超過三分之一」的受試者把他們稱爲家的地方描述成孤獨的都市。

倒不是說孤獨純屬都市問題。儘管城市居民往往比住在鄉下的同胞來得更孤獨，住在鄉下地區的人也可能經歷他們獨特而嚴重的孤獨形式：由於缺乏公共運輸，這意謂沒汽車的人可能感覺相當孤立；年輕人移居都市遠離原生家庭，導致鄉村有相當數量的長者缺乏近在身邊的支援結構；許多地方的政府支出都傾向於獨厚都市中心，這代表論及政府事務優先順序時，住鄉村的人可能更會感到被邊緣化。然而，有鑑於現今全球都市化的程度，了解現代都市孤寂的緣由和獨特之處變得格外重要。到了二〇五〇年，全球將近百分之七十的人會住在城市，十分之一以上的人是住在超過一千萬人口的大都市。隨著更多人口湧向愈來愈密集的都市空間（儘管現在速度或許比疫情爆發前稍慢），了解城市對情緒健康的影響有了前所未見的重要性，尤其是當我們要選擇「怎麼」度過新冠肺炎疫情後的生活。

更無禮、更短促、更冷淡

所以現代城市到底有什麼特質，讓人感覺如此冰冷和孤獨？

如果你住城市或在城市工作，請你想一想二十一世紀日常通勤的典型狀況：推擠旁人好搭上塞爆的火車、開車族要忍受其他駕駛兇悍的喇叭聲，還有大批無視你存在的無名氏毫無笑容地快步經過你身邊。

無禮、草率、沉浸於自己世界的都市人樣貌，並非只存在於刻板印象。研究顯示，城市的禮貌程度不但較低，而且會與人口密集度成反比。部分原因是權衡輕重的結果；既然日後再碰上某個路人的機會很低，便讓人覺得缺乏一些禮貌也不會怎麼樣（好比撞到人卻不道歉，或是放手讓門在他們臉前面砰然關上）。匿名會滋生敵意和草率，而置身在充滿幾百萬陌生人的城市，匿名性實在太強了。

「你是否常覺得跟身旁的人離得很近，心卻很遠？」第一章提到的孤獨量表（見三十頁）這麼問。在城市裡，身邊總是會有人，但卻鮮少感覺他們「與你同在」。

城市的規模不光是帶來粗魯無禮，也在許多人身上強加了一種應對機制。正如在超市看到有二十種果醬品項時，我們預設的反應是一個都不買，在面對那麼多人的情況下，我們也經常以退縮封閉來回應。避免感到招架不住是一種理性反應。因爲儘管活力十足地和他人打交道是許多人嚮往的目標，或說服自己應該這樣想，現實卻是城市生活逼得我們要跟那麼多人共享空間，以致我們若想要給每個路人完整的人性關懷，社交能量勢必耗盡。正如同作家珊儂·迪普（Shannon Deep）所寫的紐約體驗：「如果要跟經過的每個人打招呼，到中午你的嗓子就會啞了。你不可能對從走出公寓到地鐵站之間整整十個街區的七十五個人都很『友善』。」

所以我們常做相反的事。城市熙熙攘攘、噪音和視覺刺激的疲勞轟炸使生活在其中的人難以招架，因此早在新冠病毒侵襲前，我們就傾向於保持有效的社交距離——不是生理上，而是心理的距離。用耳機捂住耳朵、戴墨鏡，或是鑽在手機形成的隔絕泡泡裡，打造隨我們個人行走的繭。多虧了蘋果、谷歌、臉書和三星的產品，我們能輕易關掉周遭的人和環境，製造自己不利於社交的數位獨處泡泡。當然，諷刺的是，在抽離眞實世界包圍我們的大批人群後，我們卻開發了虛擬的替代方案——瀏覽他人 Instagram 上的生活畫面或閱讀別人推特上的想法。

有些社會理論家和符號學家甚至提出，城市已經演化出「消極禮貌文化」，在這種社會規範下，沒有正當理由就侵入別人的物理或情緒空間是很無禮的，雖說其中當然有地理和文化上的差異。好比在倫敦地鐵上，多數人會覺得路人熱情地向自己打招呼很怪，要是陌生人試著想聊天，我們甚至會訝異且不悅。大家早已確立的慣例是，沉默地看報紙或盯著手機。

我了解隱私的重要，也能體會爲何鄉村裡那些掀開窗簾一角窺探的行爲，會驅使大量的人投身都市、嚮往都會風情——在都市可以過自己想要的生活，不必承受社會責難。然而因疫情封鎖期間的一些都市人際疏離故事，更加凸顯都市生活匿名性的後果。畢竟除了有團結合作這類窩心故事之外，也有些心碎故事點出了享受都市的隱私空間是要付出代價的。七十歲的海柔·費爾德曼獨居在曼哈頓市中心只有一張床的公寓，她揪心地說起在封鎖期間，驚覺自己無法依賴任何鄰居幫忙採買日用品：「新聞一直在說：『人們凝聚在一起了。』那些人或許有凝聚在一起，只是不包括這裡。不包括這類建築。」她就和法蘭克一樣，住在有上百戶人家的公寓，時常在走廊和電梯見到其他住戶，卻不曾眞正「認識」哪一個人，更別說把誰當作朋友了。

我們自立自強以及拚命工作的文化，極受新自由資本主義的推崇，可是也讓我們付出重大的代價。當鄰居都是陌生人，友善與連結度離標準很遠，其危險就是，在我們最需要社群的時候，它根本不存在。

在城市裡，我們和人互動的模式並未帶來好處，還得過一陣子才能知道新冠病毒對我們行爲模式的衝擊會不會帶來長遠的改變，姑且先不論是變好或變壞。如果城市人早已因爲「消極禮貌文化」而吝於表示友善，再加上害怕被感染這一層因素後又會如何？和陌生人主動攀談會變得更怪異嗎？等到危險過去後，願意爲年長鄰居採買日用品放在他們家門口的人，還會繼續確認他們的安危嗎？還是又會回到對他們漠不關心的狀態？

反社交

還有城市的移動速度。都市人動作一向就快，但在孤獨世紀，他們的動作又更快了。平均而言，現今都市中的步行速度比一九九〇年代初期快了百分之十，遠東地區程度更嚴重。一項研究比較了全球三十二個城市在一九九〇年代初期和二〇〇七年的步行速度，發現中國廣州的生活步調加快了超過百分之二十，新加坡更是加快了百分之三十。城市變得愈富裕，我們的步調也愈快。在世界上富裕程度名列前茅的那些城市，人們走路的速度比沒那麼有錢的城市的人快了好幾倍。時間就是金錢，尤其在城市裡；比起住在都市化程度較低區域的人，城市人的工作時數通常更長。快步掠過彼此，隨時在傳簡訊，超時工作且缺乏時間，自豪地展示自身的忙碌，這些都讓我們難以注意到身邊的人。有一天早上，在走路去倫敦尤斯敦車站的路上，我數了一下擦肩而過時沒看我一眼的人有幾個。數到五十我就停止計算了。雖然理性上我知道這只是他們極度心不在焉的副產品，而不是挑釁行爲，但感覺自己像隱形人還是很痛苦，彷彿我的存在一點意義也沒有。

城市快速的步調不光是讓我們不社交，還會讓我們「反」社交。一九七三年出現一項具開創性的研究：兩位美國社會學家約翰・達爾利（John Darley）與丹尼爾・巴森（Daniel Batson）給年輕牧師指派了任務，要他們進行一場布道，有的是關於好撒馬利亞人的寓言，有的是隨機選擇一段《聖經》經文。這些牧師前往布道會場的途中，路經一個倒在人行道上咳嗽的男人——他是研究者暗中安插在那裡的演員。巴森和達爾利預期被指定講好撒馬利亞人故事的牧師更可能停下來幫助那個男人。可是結果出乎意外，牧師仔細研讀的是哪一段經文並沒有造成差別——他會不會當個好撒馬利亞人的最關鍵因素，在於他是否認爲自己快遲到了。如果他覺得自己時間還很充裕，就會出手幫忙；但如果有時間壓力，做好事只能擺一邊。或許這能反映許多住都市的人的情況：生活步調快，又沉浸在自己的世界，不只是經常行色匆匆，疏於注意周遭人類活動的豐富多采，甚至還經常對明顯需要幫助的人視而不見。

以我自己來說，爲撰寫本書進行研究時，我才意識到自己竟然極少向擦身而過的陌生人微笑，而且我也極少撥點時間與郵差、遛狗的路人聊兩句。我在倫敦的每一天都像是尤斯敦車站那些無法爲我空出一丁點時間的人一樣。這很重要嗎？有一項發人深省的證據說，這點確實很重要。

你為什麼應該和咖啡師聊天？

儘管與陌生人短暫相處獲得的情感滿足，遠不如較親密的對話。但事實證明，萍水相逢能對我們是否感覺孤獨造成重大的差異。

二〇一三年，卑詩大學的社會學家姬蓮・桑德斯卓姆（Gillian Sandstrom）和伊莉莎白・鄧恩（Elizabeth Dunn）進行了一項研究，探討「微互動」對人的身心健康是否會產生可量化的效果。她們監視位於繁忙都會區的一間星巴克門口，邀請上門來的顧客參與實驗：一半的客人被指示表現得友善，跟咖啡師閒話家常，另一半則被要求「追求效率」以及「避免非必要的交談」。儘管互動只持續三十秒，研究者卻發現比起簡短完成點餐的人，隨機獲選爲「友善組」的人回報，他們有較高程度的快樂，也與周圍的人較有連結感。

可以理解有些人會對這項結論嗤之以鼻。畢竟，遵照星巴克員工手冊表現友善的人，或是聽從沃爾瑪超市總部規定說出「祝您有愉快的一天」的人，眞能讓你產生多少連結感？或是像速食店福來雞（Chick-fil-A），號稱是「全美最有禮貌連鎖店」，服務生個個要說「爲您服務是我的榮幸」而非「謝謝您」，但他們眞心感到榮幸嗎？（作者註：無可避免的是，這類例子的諷刺程度會因為文化差異，而讓人產生不同感受。）

然而這類設計好的微互動會造成多重大的影響，超乎許多人的想像。不只是因爲對別人友善時，他們更可能以友善回應，或是表現友善本身就能提振人的情緒，儘管這兩個原因都是事實。還因爲，其實我們頗爲拙於區分演出來的和發乎眞心的友善，只要對方演技夠好。就以微笑來說，若干研究揭示，我們看穿假笑的能力蹩腳得令人訝異。

這其中還有一種無可避免的因素起作用，這點尤其重要。那就是友善對待別人，或是接收到別人的友善回應，不論是否眞心，甚或時間很短暫，我們都會因此得到提醒，想起彼此的共通點，想起我們都具有人性。如此一來就不太會感到孤單了。

這或許能解釋爲什麼近來的生活感覺如此缺乏連結，如此疏離。因爲不但我們從日常微互動體驗到的強心劑大幅減少，就算有了互動，也經常是在戴著口罩的情況下發生。這表示我們彼此都看不出來對方是否在對我們微笑。(保持兩公尺的社交距離，讓大部分人甚至無法從別人口罩上方的眼睛看出笑意。) 我們遮住臉龐的同時，也蓋掉了同情心。諷刺的是，起初戴口罩的動機比較少是出於自利，更多出於我們覺得有責任要保護別人。

無根的社區

然而，會影響情緒的不只是我們「如何」表現。正如先前探討的，孤獨也有其結構因素。以許多大城市裡變化無常的生活為例——人們來來去去，無止境的攪動。眾多主要都會區裡，有些現象的重要因素是現在租屋族的數量已大於有巢氏，而租屋族搬家的頻率遠高於擁有自宅的人。就像是倫敦，二〇一六年的租屋人口終於微幅超越有巢氏，而他們的平均租期只有二十個月左右。紐約市大部分人都是租屋族，二〇一四年，紐約市將近三分之一的人口在三年內換過住處。

從社會凝聚力的角度來看，這事影響重大，無論你是老在搬家，或是一直待在相同地點，都同樣會對這後果感到憂慮：認識鄰居的機會更低，就更可能感到被孤立。要是連鄰居的名字都不知道，你怎麼可能敲他們的門借牛奶，或是在封鎖期間主動提議幫他們採買日用品？同樣的，要是認為自己很快就會搬家，前往另一個新社區，也就不太可能想花時間和心力建立連結、投入社群。

對許多城市居民來說，飆升的租金和負擔不起的房價，使得在某個社區扎根、把情感投資在該社區，成為愈來愈不可行的經濟選項。同樣地，這是我們「所有人」都面臨的問題。社區要靠互相滋養，以及更重要的是有人肯參與，才能成為朝氣蓬勃的社群，而非只是磚塊、柏油和鋪路石的組合。但這就需要信任。麻煩的是，你不認識鄰居，就不太可能信任他們。這有助於解釋，爲何美國城市的居民只有不到半數表示有足以信任的鄰居可以寄放住家鑰匙，而願意這麼做的鄉村居民則達到百分之六十一。

所以，如果我們希望社區更有連結感，希望自己少點孤寂感，很重要的一步是減少攪動。這件事政府可以幫得上忙，包括全國和地方的層面都能做，有一部分可以靠穩定租金達成，有些政府已經正面迎擊這個問題。譬如說，在柏林，當地政府於二〇一九年十月宣布要強制凍漲租金五年。其他城市，包括巴黎、阿姆斯特丹、紐約和洛杉磯，若非已實施某種穩定租金措施，就是在研議要引進相關做法。

現在還很難判斷這些新方案能否發揮預期的效果。經濟學理論顯示，由於租金管制會減少蓋新住宅的誘因，最後有可能使住宅供給短缺問題惡化，進一步導致房價上漲。因此其他的介入手法才可能有較好的結果，像是同意租約期限拉長或是無期限租約，以此讓房客知道他們能在社區中打造一個長久的家。這辦法若要奏效，勢必要搭配某種穩定租金的配套措施。目前若干城市也開始限制特定房產一年內可以透過 Airbnb 或類似短期租屋平台出租的天數，這是爲了抑制短期出租像是輸送帶讓住戶來來去去的現象。無論哪種做法最好，都顯示出政府和地方官員開始有所體認，爲了整體利益著想必須居間調解住屋領域的市場力量。

一個人生活……

我們住在誰的屋簷底下只是影響都市生活孤獨程度的一項結構性因素，另外一個造成都會生活孤立感的因素是，有愈來愈多的人獨居。

在過去，獨居現象在鄉村較爲常見。一九五〇年代的美國，獨居者在廣大的西部幾州是主流，例如阿拉斯加州、蒙大拿州和內華達州，因爲出來闖天下的單身漢會去這些發展較晚且土地充足的州尋求財富、冒險或穩定的勞工職缺。然而，時至今日，獨居現象最普遍的是紐約市、華盛頓特區和匹茲堡這類大城市。在曼哈頓，超過半數居民一個人住。東京、慕尼黑、巴黎和奧斯陸等城市的情況大同小異，約有一半的居民獨居。在中國，令人咋舌的五千八百萬未婚單身的都會青年（被稱爲「空巢青年」）一個人住，而倫敦的獨居人數預估將在二十年內增加百分之三十。

對某些人來說，獨居無疑是主動的選擇，代表著獨立和經濟上的自給自足。直到相對近期的時代，婚姻才不再是女人經濟考量的必要選項，這表示更多人可以選擇自己生活。我個人也選擇過了若干年這樣的生活。不過對許多人而言，獨居不是選擇，更多的情形是，喪親或離婚所致。還有一些人可能很想有伴侶共同生活，只是還沒遇到「對的人」，也很可能是因爲工時長、財務方面缺乏安全感，或是在數位時代談戀愛太困難了。有些人甚至可能應徵當別人的室友，卻發現自己無法「通過」合住的「審核程序」，因爲他們年紀大了、身體不好或個性內向，而被視爲「不合適」。

不論出自什麼原因，並非每個獨居的人都感到孤寂。事實上，獨居也可能提供一種出門與人互動的推力，這是與人共居者未必會有的。比較起來，我在認識丈夫之前絕對是更有動力在晚上出門與朋友相聚。此外，有人同住並不保證就能得到有意義的陪伴。體驗過跟失智的伴侶住在一起的疏離感，或是被困在施暴關係中的人，都能證明那種共居生活可能讓人感到極度孤獨。

然而數字不會騙人：根據歐盟執行委員會二〇一八年的「孤獨報告」，比起有人同住者，獨居者感到孤獨的風險高出將近十個百分點之多。此外，獨居者比與人同住者更「頻繁」地感到孤獨，尤其是在人生中最艱苦或脆弱的時期。在英國，七十歲的希拉是離婚人士，最近得了流感才剛痊癒的她眼眶含淚地說：「生病的時候身邊連個幫你泡杯茶的人都沒有，眞的很孤獨。」

一個人吃飯……

一個人喝茶可能很孤單，一個人吃飯也是。然而隨著獨居比例增加，獨食也無可避免。看看近幾年來，一人份餐點的銷量如何一飛沖天。況且一天之中，獨居者最深切覺察自己的孤立與寂寞，往往就在用餐時間。有些人眞是用盡方法來試著緩解這種感覺。

這種現象在南韓尤其明顯。所謂的「吃播」（mukbang）市場呈爆炸性成長：你可以看著螢幕裡的人吃（一大堆）東西，同時自己也跟著一起用餐。儘管聽來不可思議，但近十年來，這股趨勢在全球迅速成長，在日本、馬來西亞、台灣、印度和美國都愈來愈受歡迎。二〇一九年，馬來西亞觀看吃播的時數成長了百分之一百五十。

人氣最高的那些吃播明星擁有超過兩百萬名追蹤者，一年可以從影片前和影片中播放的廣告賺取六位數（以英鎊爲單位）收入。最成功的「吃播主」甚至開始招來贊助機會。印尼裔吃播主 Kim Thai 合拍地和有益消化的 Pepto-Bismol 咀嚼片合作，美國網紅 Nicocado Avocado 則爲電玩遊戲《烹飪日記》（Cooking Diary）宣傳。

吃播觀眾主要是獨自生活的人。「面對電腦螢幕，讓吃播成爲他們的『飯友』，與他們『聊天』，能緩和用餐時的孤獨感。」首爾國立大學研究者朴素晶（Sojeong Park）說，她在二〇一七年與人共同撰寫了一份探討吃播的報告。確實，二〇二〇年公布的一項研究檢閱了觀看吃播有何影響的三十三篇論文，發現這種觀看行爲可以大幅減少人們的孤獨感。

看吃播主吃東西並不是一種消極的體驗。眞要說起來，這是一種社交經驗——或至少是模擬社交經驗。觀看者花一些錢，就能送他們最愛的吃播主「星星氣球」，這是會在螢幕上冒出來讓所有人看見的。當每個「氣球」飄進公開聊天室，吃播主通常會暫停咀嚼，甚至唸出捐款人的帳號：「謝謝你送我十個星星氣球……謝謝 hbhy815……我該先吃什麼呢？起司可樂餅好嗎？」這些在網路上吃東西的明星知道自己提供追蹤者陪伴的感覺。「我成爲他們的朋友。」吃播主 Kim Thai 說。但是正如同我跟租來的朋友波特妮相處的經驗一樣，這種友誼是有價碼的。因爲那些氣球和「讚」或「愛心」不同，必須用白花花的現金來買。有一個藝名叫 Haekjji 的吃播明星在一場直播中就收到十二萬個氣球，價值大約十萬美金。

我能體會與 Kim Thai 或 Haekjji 一起吃飯可能比一個人吃飯有吸引力，然而我卻很擔憂這類商業化和商品化的關係會帶來什麼社會後果，就像我也對和波特妮之間那種付費式友誼的後果感到憂慮。這不是因爲帶有交易性質的關係無法減輕孤獨：這份友誼確實能相當程度地發揮功效，至少對某些人來說。危險出在交易得來的關係不需要我們付出多少情感（是買來的而非爭取來的），最後這可能成爲我們偏好的選項。畢竟從幾十年前開始，人類學以及商業方面的研究已表明，人類天生就會挑最輕鬆的路走。確實，波特妮告訴我，她有好幾個客戶都對她說，他們覺得租她當朋友開心多了，否則「還得花時間心力在某人身上，而那個人可能會用自己的煩惱造成他們的負擔」。

也許這就是爲什麼有些吃播粉絲會覺得「眞正」的友誼很累人——例如有個女人說，準備晚餐時接到以前大學室友的電話，讓她覺得很煩。「我正準備坐下來享受 YouTube 時光，（結果）我得邊吃飯邊跟她聊天，眞讓人不爽。」是的，這名年輕女子寧可獨自坐著看 Nikocado Avocado 吃下四千大卡熱量的食物，也不想和朋友說話，而那是眞正認識她的人。

這些可能是極端案例，但我想說的重點涵蓋層面比較廣，同時又能看出一些社會狀況。倘若我們要不就沉溺於付費式關係（無論是虛擬或實質關係），要不就一個人待著，我們將會益發疏於練習建造社群和支撐兼容並蓄民主制度的那些技能。

鍛鍊我們的民主素養

和別人一同居住或一起吃飯能使我們實踐民主，這說法聽起來有點誇大。但正是透過這些較細微的互動來學習必要技能，我們才能成為更大團體的一分子。

我們都能想到，在某段時間生活上遇到的困境，也許是微不足道的小事，像是誰該負責倒垃圾，或是輪到誰做飯。與人同住——對許多人來說是從和父母及手足同住開始的，之後擴展到有室友、伴侶、配偶、孩子——是我們學習解決這類問題的途徑，學習在我們想要和別人想要的之間取得平衡，學習妥協，學習處理彼此的差異，學習和平共處。「不」需要做這些事——隨時照我的意思做——或許是我們多付百分之二十的租金選擇單人套房，或是花每小時四十美元租一個朋友，所想要買到的東西。我們買的是自主權，但鍛鍊利社會民主本能的機會或許成了我們付出的一部分代價。

因為不管是討論、思考，或是學習如何帶著尊重表達你不贊同室友、鄰居、伴侶，都是我們需要鍛鍊的重要技能，這是為了學會民主包容的一項關鍵原則：有時為了顧全整體利益，我們必須有所犧牲。

再者，這些技能最好是面對面練習。民主最初期的時代，六千名雅典公民會聚集在市中心附近的山丘或是廣場——這些都市裡的開闊空間在民主成形的過程中扮演了重要角色。（作者註：這些「公民」並不包括婦女、二十歲以下的男人、奴隸或在雅典城邦之外出生的人。）與人實質聚在一起能帶來非常珍貴的效果，數位關係、甚或是在Zoom這類影音軟體上交談，頂多只能算是它拙劣的模仿。因爲當我們能看見彼此的眼白，接收到肢體語言甚或氣味之類的非口語線索，也才最能經歷到同理心作用，並練習互惠與合作。與登出或掛電話不同的是，面對面也會使你在不贊同別人時，難以轉身離開。這正是爲什麼在我們由數位主導的生活中保存面對面互動非常重要，尤其是（我們會在下一章了解）在這零接觸時代。

第五章

零接觸時代

曼哈頓，東五十三街。我在一間雜貨店。日光燈照亮一排排擺滿鮮豔色彩商品的走道，早餐穀片、冷飲、蔬菜和冷凍食品：該有的都有。

除了入口處光滑晶亮的白色屏障，一切看起來都很正常——就像是城市裡一般的便利商店。不過再仔細看看周圍，你會意識到這裡有個異常之處。店面中沒有工作人員——沒有收銀員，沒有穿制服的店員在上架商品，當你琢磨不出怎麼用討厭的自助結帳機刷條碼時，也沒人會來救你。抬頭看看，你就會明白爲什麼了。上方有幾百個密密麻麻、依稀可辨的攝影機：你的一舉一動都被監視著。所以不需要排隊等待，你也儘管偷偷摸摸把整包餅乾塞進口袋吧——不論多低調的舉動，都會留下數位紀錄。你走出店門時不會被警衛追殺，但會被自動扣款。

時值二〇一九年九月，我前往當時 Amazon Go 最早開設的一間便利商店購物；他們預計到了二〇二一年，全球將設置超過三千家門市。

當時感覺很詭異。我一方面喜歡那種便利性，可以迅速殺進殺出，不會被迫慢下來。接受我訪談的其他顧客也全都很喜歡這一點。但是店裡的寂靜讓我不舒服——那地方活像是特拉普派修道院。此外，我也很懷念在結帳櫃台的隨意閒聊。另外還有一件事令我困擾，就是當我靠近其他購物者想詢問有何感想時，他們似乎有點被激怒，活像我光是說出幾個字就侵犯了他們的個人空間。

事物的變化多麼快速。不久之前還充滿未來感的事，到了新冠肺炎時代，似乎已成爲我們日常生活的例證。

到了二〇一九年秋天，以 Amazon Go 作爲極端範例的零接觸商業已成了一項愈趨熱門的潮流，愈來愈多的自助結帳系統以及網站和手機應用程式，讓我們不論買的是日用品、寵物用品，或是處方藥，總之所有東西都會有人遞送到府。更早之前，我們就已試過繞過麥當勞服務生，只需在大螢幕點幾下就能買到一個大麥克；爲了迴避跟書店裡的眞人店員進行尷尬對話，而靠亞馬遜網路書店的演算法列出「個人推薦」幫我們挑選讀物；多虧有 Asana Rebel 這類線上瑜伽應用程式或是 Adriene 之類的 YouTuber，我們可以保有隱私在自家客廳練得汗流浹背；以及拜 Deliveroo、Seamless、Caviar、Postmates、Just Eat 或 Grubhub 等外送服務之賜，我們得以方便在家享用餐廳美食。

然而疫情帶來的影響是，原本呈現穩定但緩慢成長的發展傾向，轉變成又急又猛的竄升。封鎖才剛執行兩、三週，YouTube 上就多了兩百萬人跟著 Adriene 一起做瑜伽，美國網路購買日用品的人口多了百分之四十初次體驗的顧客，而我八十二歲的老父還用 Zoom「出席」當地社區中心的課程。一夕之間，在很多方面，零接觸都成了我們的唯一選項。

我們沒法斷言長期下來會有什麼發展。前文已探討過，人類渴望與人靠近並產生實質連結的心是根深柢固的；接下來也會討論到，發展迅速的孤獨經濟可能成爲抵消的力量。但現實是，新的習慣一旦養成，是會迅速生根的。舉例來說，很多經歷過經濟大蕭條時期的人，終其一生都很節儉。更近期一點的例子是，在迫使人們緊縮家庭支出的二〇〇八年金融危機結束許久之後，歐洲和美國的中產階級消費者依然對阿爾迪廉價超市和達樂一元商店這類折扣很低的自有品牌雜貨店趨之若鶩。

有鑑於消費者對受感染的憂慮大概還會持續一段時間，而且許多人對於封鎖期間體驗到的零接觸購物和休閒方式大致都給予正面評價——源自其便利性以及不斷增加的選項——在新冠疫情過後、世界重建之時，消費者可能至少會對特定類別的零接觸互動保持強烈需求。許多人在封鎖期間第一次嘗試零接觸消費，而他們有很高的機率會繼續選擇可稱之爲「低人類接觸」的消費，尤其是現在商業界在科技和作業方式投入資金，限制顧客與公司員工的互動。

二〇二〇年四月，已有連鎖餐廳開發新科技，讓顧客可以事先點餐以及付款，完全不必跟服務生接觸；駕駛可以坐在車內付加油錢的手機應用程式也正在累積人氣。許多密切注意盈虧狀況的公司會很樂於維持這類消費習慣的改變，因爲可以節省人力成本。在憂心未來封鎖還會持續一陣子、保持社交距離仍是「官方」建議、經濟變得脆弱不堪的此時，這種情況只會多不會少。

零接觸生活走向制度化，讓我眞心憂慮。倘若日常交易愈來愈剔除人性，我們愈來愈重的孤獨感不就是必然的結果嗎？如果簡潔明快的都市生活少了收銀台的閒談與酒保的五四三，如果不再看見熟食櫃台後替我們做三明治的人那張友善臉龐，或是在第一次成功倒立時看不到瑜伽老師鼓勵的微笑，少掉這些使我們感覺與人連結的微互動紅利，不就更難以避免愈來愈嚴重的疏離和斷裂感嗎？

此外，危險的是，愈多的事情變成零接觸，我們就愈無法自然而然與人產生連結。因爲雖然至少有一段時間內，這些創新做法無疑會讓生活更安全、更方便——或是用科技術語來說，更「無摩擦」——但彼此的摩擦碰撞既能讓我們感覺與人連結，也同時在教育我們該「如何」與人連結。即使是再簡單不過的事，例如超市走道上默默協調誰該先通過，或是上瑜伽課時該把瑜伽墊鋪在哪個位置，都迫使我們妥協，並把他人的利益列入考量。

再者，這件事的延伸性影響是超出個人範圍的。回想一下孤單的老鼠在被另一隻老鼠「打擾」時發飆的樣子。或是想想當我們覺得和鄰居沒有連結，便會感到環境變得有敵意和威脅性。零接觸時代的危險在於，我們將嚴重缺乏對彼此的了解，感覺互相連結的程度很低，因而愈來愈漠視彼此的需要與渴望。畢竟要是大家都坐在自家享用 Deliveroo 送來的餐點，就不可能有機會分食麵包。

然而，零接觸生活的成形並非只靠科技進步、消費者貪圖方便或甚至是新冠病毒情勢所趨。早在新冠肺炎來襲之前，我們就已開始構築一個充滿分隔和原子化的世界。

有敵意的建築

乍看之下，你眼前的東西是一個說不出是什麼造形的長條混凝土椅子。如果想找個地方小坐片刻，可以靠在它微微傾斜、有層次的表面上。但如果有其他打算，它的怪形怪狀就顯得不懷好意了。試著躺下，總會有個角落戳進你的腰側；待上十五分鐘左右，就連坐著也渾身不對勁。這張椅子名爲「卡姆登長椅」，科學作家兼評論家法蘭克．史溫（Frank Swain）稱它爲「終極的非物體」；播客節目「百分之九十九隱形」（99% Invisible）形容它是「設計來令人感到不快的精細作品」。

這張長椅難以坐得舒服，並非偶然，甚至正是設計的重點。要是它讓遊民很難在上頭休息；很難讓玩滑板的人展示花招；甚至很難讓一群年輕人聚集，而不會膝蓋痛背痛，那麼大家只好選擇另覓他處。

卡姆登長椅並不是什麼反常事物，我們的城市如今有愈來愈多設計是把「不討喜」的人拒斥在外。本質來說，就是所謂「有敵意的建築」——聚焦在排外的都市設計，這種設計抑制社群，並告訴我們誰受歡迎、誰受到嫌棄。

看看你住處周圍，很可能就有許多例子：公車站「座椅」寬度幾乎不夠讓人端坐其上，公共場所的長椅添加很多扶手，商店門口人行道上晚上會有伸出尖刺的金屬格柵，公共停車場的圍欄像城堡一樣堅固。你或許會問，裝扶手有錯嗎？的確，有時候能靠在什麼東西上是挺好的，不過長椅的分隔物存在的眞正理由卻更爲陰險——這特別是針對無處可去、隨處睡的街友，因爲加扶手的椅子根本無法讓人平躺。

正如同孤獨世紀的許多趨勢，這個問題也是遍及全球。在迦納首都阿克拉市的橋底下有許多大石塊，是爲了防止遊民把那裡當作遮風避雨之地；在西雅圖，原本街友當作棲身之所的一塊平坦有頂的區域，被裝上了亮晶晶的自行車固定架，市政府後來承認這構想不是出自爲自行車騎士著想，而是「遊民緊急應變措施之一」，用以「防止該區域再度被當作營地」。在香港，從二〇〇四年以來，遊民數量已增加兩倍，公共空間則是刻意設計成幾乎沒有座椅，以排拒遊蕩者和遊民。或許最惡毒的例子是，二〇一五年舊金山聖瑪麗大教堂採取了非常缺乏基督徒精神的做法——裝設灑水系統，潑濕待在教堂入口處的遊民（不意外的是，此做法引來廣大民眾的抗議）。

有敵意的建築不限於反遊民策略。費城以及另外二十個美國大都會區，育樂中心外的路燈裝上名為「蚊子」的小裝置，這名字很貼切，因為它們發出只有年輕人聽得到的、且會感覺不舒服的高頻音，年長者則聽不到那樣的頻率（因為老年聽力衰退，隨著時間某些耳內細胞會死亡）。據製造「蚊子」裝置的公司總裁表示，產品的目標在於「嚇阻」不守規矩、「遊手好閒」的青少年，但同時成年人可以便利又愉快地待在該區域。基於類似原因，英國各地的公共場所都安裝了粉紅色燈光，這種光線能凸顯不光滑的皮膚和粉刺——這是一項「反遊蕩策略」，設計原理是希望一旦青春痘和瑕疵曝露出來，愛漂亮的青少年就會一哄而散。起初對這概念「很懷疑」的一位諾丁漢居民說，「奇技奏效了。」

雖說有敵意的建築並非新現象——想想城堡周圍的護城河以及古代城市的城牆，現代的版本卻是根植於一九八〇年代美國的「破窗」警政策略。當年諸多日常活動，好比站立、等待、睡覺等（尤其是當有色人種「犯下」這些行為時）開始被視為犯罪，因為其「擾亂秩序」和「反社會」。官方的邏輯是，預防這些行為可以使某個空間更「有秩序」，藉此說服當地居民「認領他們的公共空間」，同時也會防止犯罪發生。就這樣，待在戶外成了「遊蕩」，睡在街頭成了「不正當居住」，閒晃成了「打混」，看著人群成了「鬼鬼祟祟」。破窗理論後來被揭露有重大瑕疵（警方因此對少數族群管控過度），也未能有效遏止較爲嚴重的犯罪，卻並無法阻止許多城市繼續依賴這種策略。結果就是近十五年來，全球的城市都長出愈來愈多刺。

就某方面來說，這令人訝異。比起較鄉下的地區，城市壓倒性地傾向社會自由政策。就歷史來看，市政府往往會在福利和糧食券這類社會計畫上投注更高的人均預算，即便城市的貧窮現象沒那麼普遍也一樣。而且城市的民選官員通常更傾向左派。根據以上前提，我們或許預期在都市環境中找到更高程度的同理心——畢竟會用選票積極支持窮人（透過左派的福利議程）的選民，想必也是出於關懷和同情的動機，認知到自己應該幫助有需求的人。然而哪怕這些富同理心的想法在心裡燃燒得再熱烈，也未必會轉化成更多行動，去對待與我們共享公共空間的人。

其實，有些城市居民投票支持社會計畫，是把他們的同情外包給政府，他們表現出全力擁護革命性社會計畫的樣子，直到感覺自己的生活品質受到威脅。許多紀錄顯示，理論上心胸開闊的城市居民，其心態實際上是「只要別蓋在我家後院」。不僅如此，政治學家梅莉．T．隆恩（Meri T. Long）所作的研究顯示，在美國，儘管民主黨員更可能「聽從心的聲音投票」，卻沒有證據表示他們在日常生活中會展現更多同情心。因此，舊金山雖然從一九六四年迄今，一直都是民主黨市長獲選執政，而且是民主黨籍眾議院議長南希·裴洛西（Nancy Pelosi）負責的區域，但是當地遊民人數和有敵意的建築數量在美國卻是首屈一指。

有敵意的建築不只更加重邊緣化的族群（好比遊民）的孤獨感，但這批人我們是應該給予幫助，而不是讓他們不能待在長椅上。這種以排擠爲目的的建築會讓我們所有人都付出代價。設計來嚇阻街友拿來睡覺的同一張公園長椅，也會使你不想和朋友約在那裡坐著聊天。公車站的傾斜座椅不光是對「閒蕩者」不友善，也讓患有多發性硬化症、必須拄拐杖搭公車去購物或會友的人，面臨更多障礙。卡姆登長椅不但拒絕玩滑板的人使用，也同樣拒斥老人家，以前他們或許會坐在陽光下度過愉快的午後，跟午休的店家或路過的孩子聊聊天——他們是社群的中堅分子，都市計畫民運人士珍·雅各（Jane Jacobs）稱他們是「街頭的眼睛」。

有敵意的建築扛起有道德爭議的任務，保護社區免於那些「不討喜」的人入侵，但它也同時剝奪了所有人的共享空間，我們沒法坐在一起、待在一起、聚在一起。以保護社群爲目標的策略卻適得其反，實在諷刺。

隱藏式排擠

購物中心的高頻聲波干擾器、冒充長椅的混凝土板凳、教堂外攻擊遊民的灑水器，在在傳達出誰受到邀請、誰不受歡迎的明確訊息。但是城市中排擠特定對象的模式，就算沒做得那麼明顯，一樣會引起不自在、疏離，以及最終導向孤獨感。

時髦又優雅的倫敦紐漢自治區皇家碼頭，宣稱自己能「調節河川、都市景觀以及環繞我們的開闊空間，提供精巧設計的平房和公寓，並允許個性化設計和自由變化」。印刷精美的廣告手冊展示了游泳池、三溫暖、俱樂部以及有個人教練的「科技健身房」，吹捧這些設施是「把人聚在一起的完美平台」。

從外頭看去，這個「從裡到外都經過設計，致力讓生活機能更完備」、綠意盎然的河畔社區確實像是一處奢華的避風港。建案開發商巴利摩公司顯然特意創造社群空間，打造古雅的「主街」區域「哥林多廣場」，以及沿著泰晤士河延伸的木板路。問題是，這個社群並非向所有人開放。巴利摩公司在這個建案中納入社會住宅計畫，而對於參與這計畫的低收入住戶而言，問題漸漸變得明顯而令人心痛。

二〇一八年艾德·伊洛斯帶著兩個兒子住進三房公寓，他相當期待能在皇家碼頭的游泳池教兒子們游泳。然而很快的，他得知自己的家庭就和另外百分之十七領租金補助的住戶一樣，無權進入俱樂部或相關設施。「我們就像是一群窮親戚。」另一名住戶說。

在南倫敦的貝勒斯老學院社區，也上演了類似形式的隔離。這次是拜濃密而無法穿越的樹籬之賜，這些樹籬擋在分配給社會住宅的街區與「公共」遊戲場之間，讓低收入住戶不得其門而入。薩爾瓦托．里亞是社會住宅的住戶，像他這樣的父母只能心痛地看著其他孩子在他自己的孩子禁止進入的空間玩耍，只因爲他的家庭是住在那個區域。「我的孩子跟這個社區的其他孩子都是朋友，（卻）不能加入他們。」他解釋。

這兩個案例經過大眾強烈的反彈，隔離政策都撤銷了。（作者註：建商的說法是，這種排擠的做法從來就不是他們的政策。）然而在很多地方，無形中將特定居民（包括孩子在內）排除在外的做法，依然不動如山。

在城市另一頭的威斯波恩社區，截至本書完稿時，領取補助金的房客仍被排拒於他們公寓可俯瞰的公共花園外，其中一些人是悲慘的格蘭菲塔大樓火災的倖存者。「我的七歲兒子有一個要好的同班同學，住在私人住宅那一邊，」住戶艾哈邁德．阿里說，「他們在學校坐在一起，但卻不能一起玩。私人住宅的居民到哪裡都暢行無阻，他們可以通過所有門，隨時穿過我們這邊，還在我們這裡遛狗。這是公然的歧視。我們工作，付了管理費，付了租金，我們不該遭到這種對待。」

這不光是在英國才有的現象。就像在倫敦一樣，紐約和華盛頓也開始出現「窮人專用門」——在較富裕社區設置獨立出入口供社會住宅居民使用。直到二〇一五年，美國這兩個城市的地產開發商實際上都獲得了減稅或放寬土地使用分區限制，就因爲他們把按市價出售的公寓撥出一定比例，出租給領補助金的低收入戶，即便他們把兩種住戶的建物隔開，即便這類開發案的初衷應該是加強融合與接納。在溫哥華這個北美房價第二高的城市，也可看到將市場價與公共住宅居民的遊戲區分別獨立的開發案。以這個例子來說，遭到強烈反彈之後，開發商作出讓步，但並非把兩個遊戲區整併在一起（他們堅持這是「不可行」的），而是用別的方法隔絕，讓各區玩耍的孩子都看不見另一區裡面的狀況。

孩子們被實體障礙禁止一起玩耍，讓人格外驚駭。這確實喚起一些讓人不安的歷史畫面和現代意象——好比南非的種族隔離政策，以及美墨邊界兩側的孩童，試著跨越有鐵鍊和帶刺鐵絲網圍籬一起玩蹺蹺板。問題在於，除非明文禁止或規定罰則，否則市場的推力往往是傾向於隔離。想想看，私立學校、私立大學、私人宅邸、私人禮車、遊樂場的「快速通關」、餐廳和旅館的專屬分級服務、頭等艙或是俱樂部貴賓室，都一直大受歡迎。現實就是有錢人經常會加價讓自己和一般大眾隔開來。自古皆然。

我們必須問的是：什麼情況下，這種排他性的做法是不能接受的？要考量的不只是為了道德，也是為了我們的利益。先前已探討過，當人們感覺被排除在外，所有人都會付出代價。我們也看到當人們彼此不了解，就更可能萌生仇恨與恐懼。還記得嗎？反移民情緒最強烈的地方，經常是移民數量最少的地方——那些地區的人更少有機會親眼見到移民、與他們互動、建立關係。如果來自不同收入族群、不同背景和不同種族的孩子，連在自家社區都不能玩在一起，我們豈不是刻意朝著破碎和社會分化的方向在走嗎？

長久以來，社會學領域都有種普遍的確信，認為社群的性質愈多元，其成員對彼此的信任愈少，不過最近在倫敦——「可能是地球上種族最多元的都市圈」——進行的研究，破除了這項迷思。因為儘管當社群中較小的團體「不」跟彼此互動時，對信任程度的影響確實會浮現，但研究者發現，不同種族的團體彼此愈頻繁接觸，社會凝聚力就會變得愈強。事實上，研究者的結論是，在多元種族社區裡，「那些常跟附近鄰居接觸的人，對包括陌生人在內的一般人的信任程度相當高」，勝過只有極少或完全沒跟鄰居有互動的人，不管他們原本隸屬於哪個種族團體。

簡言之，跟與我們不同的人每天面對面互動，會使我們更容易看出彼此的共同點，而不是相異處。要讓這個孤獨世紀少一點孤寂，我們需要增加接觸，而不是減少接觸。

因此說到近年來我們的都市環境，最令人憂心的一項趨勢就是，用在我們「所有人」可以聚會的場所的公共基金被大幅刪減，這包括青年中心、圖書館、社區活動中心、公園或遊戲場。自從二〇〇八年金融危機以及隨後的經濟衰退以來，政府就大砍支出，加速推動這項趨勢。

在英國，二〇〇八年金融危機之後，已有三分之一的青年俱樂部和將近八百間公立圖書館關閉。在金融危機後的十年之內，全國各地關閉了百分之四十一的成人日間照護中心——這些設施對長者和病弱者來說是救命索，而他們是社會中最孤單的一群。光是二〇一七到一九年之間，超過一世紀以來供三教九流的人散步和交融的公園，就減少了一千五百萬英鎊的地方基金。

別的地方也出現類似情況。從英國博爾頓到西班牙的巴塞隆納，從美國休士頓到法國勒哈佛，從美國中西部堪薩斯到西岸的加州，世界各地的社群都極度渴望獲得必要的社會基礎建設。而這個問題在城市裡往往是更加嚴重。〔作者註：以英國為例，比起郊區和鄉村，都市人口遭到削減的人均預算幾乎是兩倍。〕

要讓人們團結，就需要有資金充足、受到珍惜的公共空間，讓人們可以發展、提升並鞏固關係，這包括和與我們不同的人的關係；所有人都可以在那些空間裡互動，不必顧忌人種、民族或社經背景的差別。如果我們不互動，就不能凝聚在一起。如果沒有可以共同分享的場地，我們就無法找到共同點。

這一點需要特別強調，因為有鑑於新一波經濟限制到來，中央和地方政府當局都會受誘惑，想在接下來幾個月到幾年內變本加厲地削減這類空間的公共支出。如果想要開始修補在新冠疫情期間變得格外明顯的社會分歧，我們就不能坐視這種事發生。對於那些從二〇〇八年經濟衰退以來就被吸乾生命力的公共空間，重新挹注資金、重新賦予活力絕對是不可妥協的決定。這裡談的不光是重新挹注資金在現有公共空間，地方和中央政府還必須承諾將「包容」當作新建設計畫的核心精神。

前芝加哥市長拉姆．伊曼紐（Rahm Emanuel）在任內發起的一項倡議，是地方政府能做什麼的深具啓發性案例。有三個新公共住宅開發案都在設計上，與芝加哥公共圖書館分館做結合。圖書館的功能在於讓社群聚會、讓不同世代的人相處，以及讓來自不同社經背景的人能聚在一起閱讀、聽人朗讀、看電影和單純享受屬於社區環境一員的感覺。受政府援助家庭的孩子在這些地方，就和住在市場價公寓的孩子一樣受歡迎——他們甚至可能是隔壁鄰居。「芝加哥正在打破框架，」伊曼紐在公布委託案時說道，「把世界級圖書館跟住宅結合在一起，能打造強健的社區，並提供場地讓社區所有住戶能歡聚、分享和一同邁向成功。」

圖書館的存在確實能對社會凝聚力發揮正面影響，因爲原本的（通常相對富裕的）住戶不但沒有對周圍突然冒出新的「住宅計畫」憤憤不平，反倒熱切地把這個開發案視爲對他們的社群、孩子與空間的利多。

「有時候，每當聽說社會住宅要進駐自己的社區，有些人的態度會非常——『唔，對啦，在別的地方做這件事沒關係，就是別來我家後院。』不過這個社群非常支持我們。」道格・史密斯（Doug Smith）說，他是設計這個空間的建築公司執行總監。「我希望這能幫助財務狀況不穩定的人改善境況，」榭麗・麥道威贊同地說，她是個經常使用芝加哥公共圖書館並帶孩子在家自學的母親。「至於那些家境較寬裕的人，我希望這能教育他們社群的重要，並在不同社會地位和社群的人之間搭起橋梁。」

芝加哥的圖書館開發案是強而有力的指標，讓我們看到希望的曙光。這些案子顯現我們能用一些方法來克服都市的原子化，而且物理環境確實能大大地影響我們「如何」互動，以及和「誰」互動。

政府還可以介入的另一個方式是，認可地方商店與咖啡館扮演著社群及社區重心的關鍵角色。雖然我們不能撒手讓市場擔任社會的「唯一」監護者——尤其先前已探討過，包容並不是市場的主要考量——我們還是需要承認地方商業在減緩我們的集體孤獨感上發揮著重要功用。稍後會再回到這個主題，更詳細地探討私部門在復甦社群上可以扮演什麼角色。不過很明確的是，有鑑於新冠疫情對地方商業活動造成災難性衝擊，政府需要提供社區商店實質意義的支持，才能幫助它們生存下去。

這也有前例可循。譬如說，在比利時的魯瑟拉勒，二〇一五年開始對房東課徵「空店稅」（只要某個店面閒置超過一年就會開始課稅，閒置得愈久，稅會愈重），此舉不鼓勵房東空著店面，等著以小本生意店家負擔不起的較高租金出租；結果這項政策大大影響了空屋率。當地政府也展開另一項政策：拒絕在市區外新申請零售空間，以防止城外開設購物中心和大型超市，把市區消費者都吸引過去。

與此同時，眼下也正是時機來適合執行英國連鎖超市森寶利前東家傑斯伯·金恩（Jasper King）的請求——把傳統商店的營業稅減半。尤其現在地方商店必須應付的不只是社交距離和經濟衰退，還包括近期事件催化導致消費者大幅轉向網路購物的現象。英國決定把傳統商店二〇二〇年的營業稅延後到二〇二一年再收，應該算是首開先例。

顯然政府可以採行許多財政和都市規畫方面的政策，來幫助傳統商業活動生存下去。不過政治領袖能做的還有更多。

想像一下，城市設計積極地以廣開歡迎之門爲目標，而非拒人於千里之外，會是什麼情況？或者，都市規畫者不是豎起尖刺和冒充長椅的混凝土塊，而是把這份聰明才智用在想出怎麼讓人們凝聚，而非保持距離，那又會如何？

在這個被流行病主宰的世界，呼籲這樣的做法似乎太不切實際。當然，現實是各個政府和市政當局可能在短期內反其道而行，因爲怕被感染的恐懼仍揮之不去。但是，正如建築評論家奧利佛．溫萊特（Oliver Wainwright）所說：「形式一直都是順應著對感染的恐懼，不下於順應其功能。」確實，在本書寫作之時，有些人行道還被拓寬了，好讓行人能保持距離。

然而很重要的是，我們不能讓當前的恐懼決定城市長期的樣貌，不能讓未來的世代爲我們這一代的疾病付出代價。我們或許已爲自己打造了一個孤獨的世界，但現在出現機會讓腦袋重開機，重新思考對彼此的義務，建立一個以包容與社群爲核心精神的世界。

同樣的，一些深具啓發性的都市計畫可以供我們取經。譬如，巴塞隆納市政府啓動一項目標遠大的都市計畫，要把社區變成「超級街區」，在這些區域禁止機動車輛直接穿行，取回整個空間作爲免費公共區域，像是遊戲場、公園和露天表演場。他們的願景是居民不必再忍受交通噪音和廢氣，社區會變得對行人和單車族更友善，他們可以隨心所欲地「打混」「遊蕩」「鬼鬼祟祟」。在規畫的五百零三個超級街區中，已有六個完工啓用。

第一個超級街區位在波雷諾區，這裡簡直像一夕之間就打造完成。剛開始，許多居民頗爲抗拒。他們的想法情有可原：仍然依靠汽車通勤的人發現要開的距離變成原本的三倍；想要卸貨的店家突然發現找不到停車位。不過隨著當地人開始體會到新公園和遊戲場的好處，隨著市府信守承諾投資高品質的基礎設施，人們的態度轉變了。超級街區計畫背後的都市規畫智囊——薩爾瓦多．瑞達（Salvador Rueda），注意到從二〇〇七年開始的十年之內，城市另一頭的格拉西亞區，步行率增加了百分之十，自行車交通則增加了百分之三十。「生活節奏變慢了，」巴塞隆納居民卡洛斯．佩尼亞說，「你會重新探索你住的區域和鄰居。」

統計資料令人驚奇地證實了這一點。研究者發現，普遍說來，跟住在交通較繁忙街道上的人相比，交通噪音量較低街道上的人其社交連結、朋友和熟人的數量多了三倍。不僅如此，他們的「主場」——覺得有所有權、有投入感和歸屬感的那一段馬路——範圍變大了。原因不難想見。交通量較低區域的人會覺得街道（以及延伸所至的社區）比較安全；空氣比較乾淨；孩子在外頭玩比較不容易被車撞；在地居民待在戶外活動的時光比較愉快。因此他們比較不會縮回建築中，遠離公共區域，也更可能與彼此交流。

在封鎖期間漸漸習慣生活中少了片刻不停歇的交通噪音、空氣也比較乾淨的都市人，現在可能會比以往更贊同這一類都市規畫。因爲即使對自命不凡的城市人來說，最近的事件清楚揭示了我們的身心健康相當大程度取決於住家附近的地理環境和社區。

當然，想要修正城市的孤獨，不能單純倚靠高高在上的政府、建築師、開發商或城市規畫師的決策。當政策、磚塊和人全部加在一起，才能決定城市帶給我們什麼感受。

對許多經歷過封鎖的人而言，這眞是打中我們的心。因爲除了曼哈頓的海柔·費爾德曼的孤獨和疏離故事，或是雪梨的購物者爲了衛生紙大打出手的自私故事之外，也有些故事是因著新冠病毒而使都市社群凝聚在一起，而且經常是以前所未見的方式辦到。

在倫敦的肯寧頓區，熱中健身的賽門·加納開始在他住的那條街上每天舉辦健身課。困在家的鄰居來到各自門階上齊聚，同步做伸展操，他們的「啞鈴」是掃把加焗豆罐頭。德州休士頓的餐廳只准提供外帶和外送服務的消息傳出後，一對不具名的夫妻展現眞正的團結力，爲總計九十美元的餐點給了驚人的九千四百美元小費，並附了一張字條：「把小費留著在接下來幾星期發給員工吧。」在馬德里，有個計程車司機免費接送病患到當地醫院，獲得眾人的讚揚。在英國、美國和全球其他地方，許多人每星期會有一天站在自家門口、陽台或窗戶邊，一齊鼓掌、歡呼、敲打鍋碗瓢盆，向前線力抗新冠肺炎的勇士表達感激。

我們絕對不能忘記，即使世界已進入全球化，我們還是需要讓地方社群的根保持健壯。如果想要強化疫情期間許多人都體驗到的社區團結力，同時又向封鎖期間餵飽我們、提供我們營養的在地商家表達感謝，就表示我們必須許下承諾。我們必須承諾積極地共同創造社群，才能讓所有人都蒙受其利。

即使要多花一點錢，我們也應該支持本地的咖啡館，視之爲「社群稅」之類的概念，付出小小代價以保護並滋養我們的社區。我們應該（至少某些時候）在本地商店購物，而不是使用網路購物，因爲少了我們的消費，小店鋪是撐不下去的。如果希望我們所在的社區更團結，就要積極地與跟我們不同的人互動。本地社區中心和傳統商店能提供我們與更廣大社群互動的機會，但要是我們不把握良機，空有這些地方也無法實現凝聚社群的諾言。但這點是我知道自己該加強的地方。

更廣泛來說，如果我們希望本地環境充滿活力且廣開歡迎之門，我們就必須增加與身邊的人面對面互動。放慢腳步，暫停下來，放輕鬆，微笑，聊天。即使（以我寫作書稿時的狀況而言）在做這些事的時候，依然必須保持社交距離，即使微笑被口罩擋住，即使現在親身與人互動讓我們戒愼恐懼，但現在的我們比過去任何時刻都更該準備好承受一些不便，以支撐我們的社群和身在其中的人，並且有意識地付出心力，朝我們之中最孤獨的人伸出手。

談到這裡，我們可以從艾莉森．歐文—瓊斯（Allison Owen-Jones）這樣的人身上汲取靈感，二〇一九年五月，她在家鄉卡地夫市發現有位老先生一個人坐在公園長椅上。過了四十分鐘，周圍的城市人都在做自己的事，對他視而不見。「我出於英國人的矜持，覺得如果我去坐在他旁邊，他會把我當怪人。」她後來告訴 BBC 電視台。「要是有個簡單的辦法能讓別人知道你願意聊天，那就好了。所以我想到可以藉由綁上標示牌來爲人們鋪路。標示牌寫著：『樂於聊天椅。坐在這裡表示你不介意有人停下來打招呼。』」

人們果眞從善如流。不僅如此，歐文—瓊斯最後還和當地的慈善機構與警方合作，在卡地夫各處設置永久性的「樂於聊天椅」。這不只是促使人們交談：它還幫助人們感到被聽見和被看見——尤其是那些通常比較沒有存在感的人。正如同歐文—瓊斯所言：「突然間，你不再是隱形人了。」

第六章

我們的螢幕，我們的自我

蘇格蘭裔的博學之士大衛·布魯斯特（David Brewster），是英國攝政時期最聲譽卓著的科學家之一。他曾是愛丁堡大學的神童，終其一生都對光學裝置著迷，年僅十歲就造出他的第一具單筒望遠鏡。他是個福音派教徒，因此他最初想在蘇格蘭教會覓得神職，但是他發現，公開發言的壓力太大了。有一回在晚宴上應邀禱告時，他還昏了過去。於是他轉而投向另一種福音事業：為科學傳福音。一八一七年，他成為皇家學會會員，並因為對光學領域的貢獻而獲頒該學會最高榮譽科普利獎章。這一年，他取得一種「哲學玩具」的專利，這個玩具利用鏡子擺設的角度和彩色玻璃碎片，創造出美麗的對稱形狀。他希望這個裝置能讓人們在獲得樂趣的同時，也能體會科學有多麼奇妙。

布魯斯特的發明就是萬花筒（kaleidoscope），這個詞是由希臘文的美麗（kalos）與形狀（eidos）結合而成。萬花筒受歡迎的程度遠超出他的想像。幾乎是一夕之間，英國陷入「萬花筒狂熱」。「所有年齡層都人手一支——老的、少的；各行各業；各個國家、政府、教派、黨派人士都有。」一八一九年的《藝文全景與國家紀錄》（Literary Panorama and National Register）雜誌如此驚嘆。詩人柯立芝正值荳蔻年華的女兒莎拉也熱愛這個小玩意。一位訪客從倫敦把這項「相當新奇的玩具」帶給她後，她便滿懷熱情地向同住在湖區的好友朵拉·沃茲渥斯（Dora

Wordsworth）表示：「往一根中空的管子裡看，會看到最裡面有小片的玻璃組成各種美麗的形狀。只要搖一搖管子，形狀就會變得不一樣。假使你搖上一百年，也看不到完全一樣的形狀出現第二次。」

「萬花筒狂熱」迅速擴散到歐陸甚至更遠的地方。布魯斯特估計三個月內就在倫敦和巴黎售出二十萬支，而且「還有大批大批的貨物往國外送，尤其是東印度群島」。沒多久，美國雜誌便有滿滿的文章介紹這美妙的新玩意。「這個彷彿用光線和色彩施展驚奇巫術的美麗小玩具，席捲歐洲和美洲的那股轟動，現在的人大概很難相信。」布魯斯特的女兒瑪格麗特·戈登（Margaret Gordon）回憶。

然而，對布魯斯特來說，萬花筒的大受歡迎——以現代用語來說叫「病毒式成功」——是個苦樂參半的經驗。他是相當早的盜版受害者，這項發明幾乎沒為他賺到錢。他一跟倫敦的製造商合作，廉價仿冒品馬上充斥市場。不僅如此，他那無辜的玩具很快就因爲牢牢吸引人們的注意力而招致批評。《藝文全景與國家紀錄》評論這項令人全神貫注的熱門商品，還嘲諷地提到「街上每個男孩都在研究他的萬花筒，結果一頭撞在牆上」。當時一幅標題爲「是萬花筒狂熱者，還是英國珠寶愛好者」的銅版印刷品，還以此爲主題，描繪出人們眼睛黏在萬花筒上，心不在焉到甚至沒發現有人背著他們在向他們的女伴獻殷勤。

詆毀者將萬花筒視爲大眾消費文化的一種呈現，這種文化很容易被閃亮的新鮮小玩意和轟動話題牽著鼻子走。一八一八年，當詩人雪萊（Percy Bysshe Shelley）的朋友兼傳記作家湯馬斯·傑弗森·霍格（Thomas Jefferson Hogg）寄給他製作萬花筒的說明時，雪萊是這麼說的：「你的萬花筒在利佛諾市像瘟疫一樣擴散。我聽說所有人都向萬花筒主義投降了。」

快轉兩世紀，我相信你猜得到我想說什麼。賈伯斯在二〇〇七年發表 iPhone 所引發的革命，使得我們現在大部分人口袋裡都裝著現代版的萬花筒。它比起大衛·布魯斯特的熱門玩具還要強大許多，使用它的人也更爲之著迷。

打了類固醇的萬花筒狂熱

兩百二十一，這是我們每天平均查看手機的次數。加總起來，平均每日使用時間是三小時十五分鐘，每年將近一千兩百小時。大約半數的青少年現在「幾乎隨時」都在用網路。全球三分之一的成人會在起床後五分鐘內看手機；我們中有許多人（是誰我們心裡有數）如果在半夜醒過來也會這麼做。

數位干擾已成爲嚴重問題，以致在雪梨、特拉維夫和首爾等智慧型手機使用率特別高的城市，城市規畫師採取激烈措施來管理公共安全。人行道上嵌入了穿越指示燈，讓行人不必從螢幕抬起頭也能看見是否可以安全過馬路。首爾有一條馬路甚至在路口裝雷射，在那些「活屍」行人即將走入車流時，啓動他們智慧型手機上的通知來示警。這項創新之舉無疑是受到啓發，因爲南韓把穿越指示燈嵌在地上五年後，行人受傷率下降百分之二十，死亡率下降百分之四十。看來對某些人來說，手機上永無止境的資訊流比起確保自己不被車撞更有吸引力。

當然，我不是第一個把我們在手機上花了多長時間抓出來強調的人，在此也不是要古板地對口袋裡的小電腦進行全面攻擊。我想要提出的具體問題是：這些裝置在二十一世紀的孤獨危機中扮演多麼關鍵的角色？而這種二十一世紀新發明的通訊工具與先前的各樣發明又有什麼截然不同之處？

畢竟，從古騰堡印刷機到智慧型手機，通訊科技史上每一項重大發展都既是改變我們互動的方式，但又未必受到歡迎。在古希臘，蘇格拉底警告書寫將「使學會用腦筋的人變得健忘，因爲他們沒有機會練習記憶」。（作者註：諷刺的是，這裡提到的「蘇格拉底」其實是柏拉圖借他的口而說，正是有柏拉圖把他的話寫下來，今天的我們才會知道他說了什麼。）在十五世紀，博學的聖本篤修會院長約翰尼斯．特里特米烏斯（Johannes Trithemius）斥責修士們放棄手抄轉而選擇古騰堡印刷機，因爲他相信這麼做的後果會讓嚴謹的態度與知識都消失（不過他的譴責卻是印出來的，而這也是唯一能讓別人讀它的方法）。另一方面，一九〇七年有個作家在《紐約時報》上感嘆「電話的使用變得普及，非但不會提升文雅和禮貌，反而足以快速消滅我們僅存的文雅和禮貌」。

不過在我們現今的智慧型手機與過去幾世紀以來通訊設備的創新之間，有個重大的差異。簡單來說，就是我們跟它們黏得有多緊。以前我們每天拿起電話的次數……嗯，一隻手數得出來吧？今天，手機宛如掛在臉上、我們不會特別去注意的眼鏡，它極為有效地成為我們的一部分。我們也將了解，這不是什麼「愉快的巧合」。這個數位時代的企業巨獸盡了非常大的努力才促成這件事。

在一起，卻很孤單

我們對手機和社交媒體的使用，是史無前例的，而這種長保連結的狀態，以非常劇烈的方式協助塑造了本世紀孤獨危機的獨特性質。

因為不只是都市生活的忙碌和步調妨礙我們對診療室的其他病患微笑，或是對公車上的另一位乘客點點頭，甚至也不是當代的社會規範使然。我們花在手機上的每一刻，滑動、看影片、讀推特、在照片底下留言，都沒有與周圍的人同在，我們剝奪自己日常生活中的多次社交互動，那些互動能使我們感覺屬於更大的社會——正如我們已探討過的，這些感覺被看見、被承認的小小時光眞的有其意義。光是在身上帶著手機都會改變我們的行爲以及我們和周遭世界互動的方式。在最近一項研究中，研究者發現陌生人身上帶著智慧型手機時，對彼此微笑的次數明顯較少。

更令人憂心的是，這些裝置在多大程度上讓我們與認識的人變得疏遠了，這包括我們所愛、所關心的人。因爲花在裝置上的那些時間，就是我們沒和朋友、同事、情人、孩子好好相處的時間。我們從未像現在一樣持續分心，也從未像現在一樣跟那麼多人同時染上這毛病。我們愈來愈常在有人的陪伴下，其實卻是孤伶伶一人。

在極端情況下，這種持續只付出部分注意力的狀況可能會造成災難性後果。近年來有好幾起案子是因爲父母分心用手機，導致嬰兒死亡。在德州帕克郡，一個崩潰的母親聲稱她只把八個月大的女兒留在浴缸裡「兩分鐘」，去照顧另一個孩子。當警方分析她的手機，發現她也花了不只十八分鐘在臉書上，而當時她的孩子已經死在浴缸裡。

這些當然是疏於照顧的極端案例，不過我們都看過因爲照顧者在傳訊息、玩遊戲或滑社交媒體，而導致幼兒遭到忽視。我們也看過公園裡的假日爸爸沉迷手機，不理會鞦韆上的孩子。我們還看過一家人上餐廳卻不交談，因爲每個人都陶醉在自己的電子裝置裡。這種行爲的影響非常深遠。

你看那隻狗狗

克莉絲．卡蘭（Chris Calland）是傑出的兒童發展專家。她當過老師，對教養特別有興趣，現在她爲英國各地的學校和托兒所提供諮詢。卡蘭的研究有個令她憂慮的結論：現今進入學校的孩子，缺乏基本人際互動能力的比例愈來愈高，同時以他們的年齡而言，基本語言能力也不足。她相信問題的核心在於手機：時時刻刻滑手機導致父母分心，疏於與子女互動，也就沒能傳授孩子重要的溝通技巧。

卡蘭爲導正錯誤所作的努力相當驚人。她甚至到一間托兒所發給家長互動腳本讓他們照著做，藉此幫助他們與孩子互動。其中一條格外令人沮喪的台詞是「跟我說一件你今天做過的好事」；另一條是「你看那隻狗狗」。她還建議在托兒所周圍張貼用紅線劃過的手機圖案，警告家長要重新思考他們與科技的關係，並且在托兒所的範圍內克制使用量。

受損的不只是孩子的溝通能力。初步研究顯示，父母因使用裝置而分心的孩子可能更挑食或吃得過量，也更可能在運動技能方面發展遲緩。較少受到量測的一些兒童發展層面也受到影響，這包括從情感依附（「媽咪爲什麼比較愛她的手機而不愛我？」）到情緒復原力。也有證據顯示父母因手機而分心的孩子更容易用大吵大鬧發洩不滿，對於控制如憤怒等強烈負面情緒出現障礙，或是會在要求得不到滿足時表現出惱怒行爲。正如語言能力，這些情緒的影響會持續很久，超過孩子在學習親子互動的早期階段：認爲父母較常因數位裝置而分心的青少年，表示他們感受到較少的父母「溫暖」，也更可能發展出焦慮和憂鬱。

當然，受到忽視的不是只有孩子。想想有多少次你在床上躺在伴侶身邊，兩人卻是各自滑手機。或是你一邊用電話講公事一邊看推特；或是你選擇戴上耳機看網飛，而不是花時間和室友聊一聊；或是你大費周章拍出一張完美的假日照片放上Instagram，但你其實大可把那時間拿來和你共度假日的人互動，創造能幫助你們拉近距離並建立長久連結的回憶。

和所有人一樣，我也有罪。手機是我們的情婦和情夫。現今我們明目張膽地背叛身邊的人去偷情，而且也不知怎的我們都莫名地接受了這種不貞。我們人在心不在，即便在一起，卻很孤單。

分裂的自我

至於我們發揮同理心的能力，智慧型手機讓人分心的特質重創了這項重要技能，而手機原本是該幫助我們了解彼此以及互相連結的。全因爲手機使注意力破碎化，製造出分裂的自我，夾在現實與螢幕之間，而現實可能是與某人進行親密對話，螢幕上則可能同時以文字與圖像爲基礎，跟幾十甚至幾百個對象談話。當我們被往那麼多不同方向拉扯，幾乎不可能把注意力與同情心放在眼前的人身上，或是從他們的角度看事情。

讓人驚訝的是，即使沒「用」手機的時候，它也能發揮這種效果。針對華盛頓特區咖啡館裡聊天的一百對情侶所進行的一項研究觀察，發現當智慧型手機放在某對情侶之間的桌子上，甚或只是握在其中一人手裡，那些情侶都會感覺親密度下降，也比較感覺不到對方的同理。值得注意的是，情侶間的關係愈親密，手機對他們彼此展現同理心的殺傷力就愈大，各自感到被了解、支持和欣賞的程度也愈低。這一點特別令人憂心，因爲就和民主精神一樣，同理心也需要實踐，不常使用，它就會萎縮。

使智慧型手機與同理心相悖的原因，不光是出在兩者都有吸光注意力的特性。

二〇一七年加州大學柏克萊分校一項研究的部分內容是，當人們被要求根據他人對爭議性政治話題所發表的意見，來評估其「人性」程度，研究者發現評估者不光是從認不認同對方的意見來評斷，也有很大程度取決於該意見的表達是透過哪種「媒介」——影片、錄音或文字。人類形體與聲音被剔除得愈徹底，評估者愈可能視對方爲缺乏人性。當評估者全憑一份逐字稿來了解發言者意見，這個傾向最爲明顯。正如同史丹佛大學的賈米爾．薩奇（Jamil Zaki）教授所言：「稀薄的互動會使人更難發揮同理心。」

這令人憂心，因爲近十年來潮流很明確地往一個方向走：互動愈來愈稀薄。在年輕人身上尤其可以看到印證。二〇一八年一項全球性調查，以美、英、德、法、澳和日本的四千名十八到三十四歲年輕人爲對象，發現百分之七十五的人偏好用訊息溝通，而不是講電話，此外，訊息本身也愈來愈受限制，很大的原因是刻意如此設計。相對來說，在智慧型手機上打字較困難（儘管有自動校正和預測字串等功能），這是鼓勵我們盡量把文句寫短一點。推特字數限制是要我們大嗓門發表簡短且不修飾的陳述。我們在臉書上張貼的訊息愈短，得到回應的機率愈高（八十字以下貼文得到的「互動」會高出百分之六十六），這個事實鼓勵我們編刪自己的文章。還有，若你只消在文章下點一個「讚」就能表達意見，何苦費力打字呢？

封鎖改變了這種情況。一夕之間，卑微的電話人氣度飆升。在美國，與近期平均值相比，四月份的每日通話量增加了一倍；每通電話的平均長度也暴增百分之三十三。就連年輕人都改變了做法。二十歲的艾蜜莉．藍西亞是大三學生，她說自己走在校園時突然心生一念，打給她從小就認識的好朋友，她幾乎每天都和那個朋友互傳訊息，卻從沒講過電話。在英國，手機電信業者 O2 披露：自從二〇二〇年三月開始實施封鎖後，十八到二十四歲的客戶有四分之一「破天荒頭一回」打電話給朋友。

視訊當然是封鎖之下的另一個主要受惠者。二〇二〇年三月，Zoom、Houseparty 和 Skype 的全球下載量都呈指數性成長，因爲許多派對、酒吧的益智問答之夜以及商務會議都轉移到視訊軟體上。那個月，使用 Microsoft Teams 進行視訊的次數增加了百分之一千。有些情侶甚至開始視訊約會，而他們之前只在螢幕上「見」過彼此。

等到立即的危機解除後，我們對語音和視訊交流的喜好還能堅持到什麼程度，在當前這個時間點難以作出確切的預測。不過有鑑於保持社交距離的需要以及長程旅行受限制，以商務爲主的視訊會議大概還會維持一段時間。可是在疫情危機過後，當我們要選擇如何互動，很重要的一點是先該反思以簡潔爲目標、以文字交流爲預設模式，以及更廣泛而言選用虛擬媒介溝通而非面對面談話，讓我們失去了什麼。在封鎖期間很多人都發現，視訊交流——虛擬互動中最不稀薄的形式，儘管是聊勝於無，卻仍是令我們大大不滿足。

之所以會這樣，主要是因爲在建立同理與連結這件事上，我們的臉扮演了重要角色。人臉不但是我們與其他人類互動時，最重要的非口語資訊來源（情緒、思維、意圖都在臉上一覽無遺），演化生物學家還相信，我們面龐的可塑性——能用數百條肌肉傳達細微的面部表情——會演化成這樣，全是爲了增進早期靈長類動物之間的合作與協助。（作者註：有鑑於臉孔對人類互動如此重要，我們可以理解（甚至諒解）為什麼無法辨識臉孔的人——例如罹患臉盲症的奧立佛．薩克斯——經常被視為不擅社交、害羞、封閉甚至孤僻。）

科學可以爲此佐證：功能性磁振造影揭露了在面對面溝通時，我們不只會潛意識地模仿對方，大腦某些區域的電波甚至會「同步」。正如同《我想好好理解你》作者海倫．萊斯（Helen Riess）醫師所解釋的：「當我們面前的人正感受到某種情緒，我們也會感同身受，因爲他人的情緒、表情和體驗到的痛苦實際上會投射到觀察者的大腦裡，也就是我們的大腦。」譬如，當我們看到別人哭泣，我們悲傷時大腦中會啓動的區域，這時候也會啓動，哪怕只是很輕微的程度。「所以跟哭得很傷心或很悲痛的人在一起時，我們也會難過；這也是諸如興奮等正面感受極具感染力的原因。『大部分的感受是互相的』這個說法，其實是有神經生物學的根據。」

這種鏡像效應對彼此連結和同理心至關重要。可是，以目前來說，至少問題是出在視訊品質經常不穩定、不同步、畫面會定格或模糊，導致我們既無法把對方看清楚——據知以網路進行診療的心理師會要求客戶誇大非口語行爲，以提高溝通效率——也無法無縫接軌地進行同步。但這狀況尤其會出現在，通訊對象常常沒對著我們的眼睛——若不是因爲攝影機角度問題，就是他們在看螢幕中的自己。

無怪乎我們在與人視訊後可能會有點意猶未盡，某些時候甚至覺得比視訊前更孤立或缺乏連結。正如同位於春田市的密蘇里州立大學資訊科技與網路安全系教授雪柔·布拉南（Cheryl Brahnam）的形容：「拿面對面溝通與視訊會議相提並論，就像在說眞正的藍莓瑪芬和袋裝藍莓瑪芬一樣，可是後者一顆藍莓都沒有，只有人工調製的香味、口感和防腐劑。這種東西吃多了，你會感覺很不舒服。」

再加上這一項事實：電子郵件和文字訊息是「誤解」的培養皿。二〇一六年，明尼蘇達大學的一項研究發現，同一個表情符號看在不同人眼裡，有四分之一的機率會對其意義抱持強烈相左的看法，進而讓溝通不良傾瀉而出。無獨有偶，一連串研究顯示人們經常把電子郵件裡的反諷視爲認眞的發言，熱情則常常被當作嘲弄。

就連文字訊息中最容易辨識的情緒——憤怒，也很難準確地捕捉，就連親近朋友之間的對話也是如此。

這麼看來，說到傳達情感上的投入、同理心與理解，本世紀新的數位通訊形式有嚴重瑕疵與缺陷，不但會破壞對話品質，還會損害人際關係的品質。跟我們在乎的人當面說話、相處比起來，它們只是次級替代品，卻在我們感到缺乏連結的集體狀態中占有重要地位。

如何察言觀色？

就很多方面來說，更令人不安的是智慧型手機造成的影響，已愈來愈有害於我們的溝通技巧，甚至擴及面對面相處的時候。這問題在年輕人身上尤其明顯。

我第一次意識到這件事，是幾年前在某場晚餐聚會時，我坐在美國常春藤盟校之一的某大學校長旁邊。我很詫異地聽他說起，他愈來愈擔心有太多大一新鮮人在面對面交談時，連最明顯不過的線索都無力判讀，以致他決定開設「如何察言觀色」的課程來亡羊補牢。

波士頓學院一位有創見的教授則採取另一種策略。凱芮・克羅寧（Kerry

Cronin）也很擔心她的學生愈來愈覺得面對面互動有困難，因此她想出一個獨特的方法來讓他們改善這方面的技巧。她分派下去的作業是「當面」邀請別人去約會，做到的話就能獲得額外獎勵。

克羅寧的授課內容包括人際關係、靈性、道德和個人發展，而她之所以想到這個主意，是某一次講授完校園勾搭文化的主題後，她預期學生會問到性與親密關係之類的問題，結果他們對更爲單純許多的事表現出好奇：「要怎麼邀請別人去約會？」她這才意識到約會是「失落的社會腳本」。原來她的學生眞的是在問她現實生活中的難題：「到底該用什麼措詞邀請別人去約會？」這下她覺得不管不行了。

克羅寧提供學生二十二項條列式規定，他們必須遵守規定才算是成功完成作業。她設計的這些規定，能幫助學生在抽掉交友軟體、社交媒體或匿名的勾搭文化這些他們熟悉的支撐物之後，與他們的約會對象建立連結。學生必須當面邀請某人跟他們約會——不能用文字訊息——並且實際執行到底，不准突然失聯搞失蹤。約會地點不能選電影院，也不能牽涉酒精或超越朋友間擁抱的肢體碰觸。換言之，不准逃避眞正的溝通：不准躲在黑漆漆的電影院裡，不准「藉酒壯膽」，或乾脆「勾搭」起來而放棄對話。這場約會必須眞正跟某個人交談，尷尬、七上八下和神經緊張一樣都不能少。

克羅寧也建議學生事先準備一張清單，擬好三、四個問題，再加上兩、三個話題來帶動對話。她也預先給他們一個印象，那就是對話中出現停頓是正常的——因爲對這個世代來說，社交媒體上的通訊和娛樂都是持續不斷、隨取隨得的。總之，她需要向他們解釋現實生活中會有留給沉默的空檔。

這個世代由於太習慣用智慧型手機溝通，以致正如某個學生所說，他們「害怕與人類互動」，但視面對面約會爲挑戰並非波士頓學院學生獨有的問題。Wikihow這個網站爲各種疑難雜症提供一連串實際的解決步驟，包括「論文怎麼寫」「食物中毒該怎麼辦」或是「怎麼防止寵物破壞家具」，而現在它也用「十二個步驟（附圖示）」來爲「怎麼在現實生活中邀請人去約會」提供簡短的教學。

正如同計算機摧毀我們心算的能力，數位通訊革命也帶來風險，讓我們缺乏當面進行有效溝通的必要能力。看來蘇格拉底的「用進廢退論」畢竟有幾分道理。

有些跡象顯示，這種溝通能力的不足是在更小的年紀就開始了。兒童不只是像克莉絲．卡蘭所發現的那樣，受到父母使用手機影響。早在二〇一〇年，布里斯托大學的PEACH計畫就清楚地發現，在一千名十到十一歲兒童中，每天花超過兩小時看螢幕（包括電視或電腦）的兒童，有更高的機率會在表達情緒方面出現障礙。二〇一一年，在紐約開業的兒童心理學家梅麗莎．歐特加（Melissa Ortega）注意到她的年輕患者用手機當作逃避手段，藉由時時查看文字訊息來岔開話題，不回應她詢問的有關他們感受的這類問題。二〇一二年，美國一項針對六百多名從托兒所到高中的老師的觀察性研究，發現高媒體使用率（媒體的定義爲電視節目、音樂、電玩、文字訊息、iPod、手機遊戲、社交網站、手機應用程式、電腦程式、網路影片和學生用來娛樂的網站）影響了學生的行爲和態度。即使在托兒所階段，孩子們也「缺乏社交和遊戲技能，因爲他們太忙著使用媒體，以致不懂如何與別人面對面互動」，其中一位老師如此表示。更近期則是二〇一九年加拿大的一項研究，追蹤兩百五十一名一到四歲的幼兒，研究者發現他們花愈多時間在螢幕上，愈沒有能力理解其他孩子的感受、愈沒有幫助其他孩子的意願，也愈喜歡搗亂。二〇一九年另一項來自挪威的研究則追蹤將近一千名四到八歲的兒童，發現在四歲時高頻率使用螢幕，可以預測其到了六歲時情緒理解力會較低，比較對象是使用螢幕頻率較低的兒童。

儘管螢幕時間排擠高品質的人性互動到什麼程度，以及孩子用他們的裝置來做什麼，要考量的層面必然很廣，而且也始終有一些持相反意見的聲音存在，但確實有證據證明遠離螢幕的時間能增進孩子與人相處的能力。

加州大學洛杉磯分校所進行的一項研究中，一群十到十一歲的兒童花了五天參加戶外自然營隊，他們在那裡無法接觸數位媒體——包括智慧型手機、電視和網路等。參加營隊前後他們各做了一些簡單測驗，譬如辨識照片和影片中的人所表達的情緒。僅僅過了五天沒有螢幕的日子，他們就展現出顯著改善，能辨識如臉部表情、肢體語言和手勢等非口語情緒線索，並且能判斷照片和影片中的人有什麼感覺。

這研究設定的對照組是孩子們先前的表現，以及一群待在家裡使用螢幕的同年齡兒童。研究者相信這是因爲兒童的螢幕被沒收後，他們必須多花很多時間與同儕和成年人面對面互動。「從面對面溝通可以學到的非口語情緒線索，用螢幕是達不到相同效果的。」該研究的主要作者雅爾妲・T・尤爾斯（Yalda T. Uhls）解釋。

儘管從一九五〇年代電視進入家裡以來，針對兒童和螢幕的警告就從沒停止過，但現在的問題仍舊可能出在程度上。在過去，兒童接觸螢幕的時間是有限的，現今十歲兒童卻有半數（這是英國的數據，不過其他收入較高國家的情況也是大同小異）擁有自己的智慧型手機。超過半數的兒童睡覺時把手機放床邊。問題在於我們的裝置既無所不在又無所不能，再加上我們的螢幕要求我們給予大量關注，經常會擠壓掉我們本來可以與人當面進行高品質互動的機會。

無螢幕的生活

有些家長抱持著對這類問題的洞見，而積極爲孩子打造無螢幕生活。諷刺的是，引領潮流的是來自矽谷的家長。他們是最可能禁止孩子使用智慧型手機的一群，並且會把孩子送到無螢幕學校就讀。賈伯斯因限制孩子在家能使用的科技而惡名昭彰，比爾．蓋茲則要等孩子滿十四歲才給他們手機，而且還定下嚴格的螢幕使用時間。早在二〇一一年，《紐約時報》已報導過矽谷和其他住著大量科技業主管及其家人的地區，愈來愈盛行諸如華德福學校這類無螢幕的體驗式學習教育系統。現今許多典型的矽谷家長甚至在保姆合約中加上一條規定，要保姆承諾不會爲了私人目的而在孩子面前用手機。當然，這之中的僞善再明顯不過——有些家長不只是在要爲這些裝置令人成癮負責的公司上班，許多人還「回家後仍然緊黏著手機不放，完全沒把孩子說的話聽進去」，在聖荷西當保姆的珊儂．齊默曼如此說道。

儘管有錢人家可以花錢僱用人類照顧者來讓孩子過著螢幕受限的生活，而不是把孩子放到平板電腦前面了事，但是，對大部分的家庭來說這卻不是個可行的選項。美國低收入家庭的青少年和少年（八到十二歲）負擔不起課後活動和課外輔導，他們每天比家裡有錢的同學足足多使用螢幕兩小時。與英國一些教師談過後，顯示英國也出現類似的現象。

在這個時代，最有錢的家長正積極嘗試限縮孩子使用螢幕的時間，最頂尖的大學則開設察言觀色的課程，然而我們不能容許新的分水嶺出現，使得有錢的孩子更懂得培養同理心與溝通力，貧窮的孩子則面臨愈來愈不擅長有效溝通的風險。對集體未來極其重要的一點是，「所有」孩子都要能保有這些關鍵技能。這表示要確保所有收入區間的孩子都可以參加課後活動，也要確保學校裡用螢幕來學習的趨勢，不會犧牲、取代面對面的課程、支持和互動。

數位吃角子老虎

在螢幕上花太多時間顯然對我們沒有好處。問題是即使已經意識到這一點，要抗拒拿起手機的衝動仍需要一定程度的犧牲和意志力，而許多人很缺乏這些。這是因爲我們已經對數位裝置嚴重成癮。

或許在孩子身上最可以明顯看出這種成癮狀況。印第安納波利斯有個老師沒收學生手機裝在透明塑膠袋裡，然後掛在腰上，讓大家一目瞭然，藉此緩解學生的分離焦慮；其他老師則在教室裡設置充電站，保證手機會留在學生的視線範圍，藉此鼓勵學生和他們的裝置分開。學生在課堂上控制手機成癮的能力甚至能帶來額外好處，因爲有些老師會給學生額外的分數或星巴克禮物卡，來獎勵他們上課時沒有碰手機。

然而，成年人卻常常拒絕承認自己的成癮程度有多深。請想想下列問題：

你是否曾覺得應該減少使用手機的時間？

你是否曾因爲別人批評你使用手機的時間而不悅？

你是否曾因爲使用手機的時間太長而感到心虛或內疚？

你是否一起床就去拿手機？

如果對這些問題有兩個以上的肯定答案，「成癮」很可能就是用來形容你現在狀態的適切詞語了。這些問題是改編自 CAGE 問卷——這是由四個問題組成的篩檢工具，廣泛應用於醫院、基礎醫療中心和復健診所，用來檢查潛在的酗酒問題。

但我們究竟爲什麼如此沉迷於手機？該是找出罪魁禍首的時候了，答案就是矽谷的那些社交媒體巨頭。因爲社交媒體平台就和吃角子老虎一樣，在設計時就刻意要讓我們一直不停地滑、看、按讚和刷新畫面，希望能得到肯定、迴響、提振自信、互相的好感，甚至愛情。我們在螢幕上看到的每個字型、版面設計、凸顯強調的色塊、幾乎讓人察覺不出的動畫，甚至是每個「像素」，都是精心配置來讓我們持續關注、牢牢被吸引住的。事實上，在二〇一七年，臉書前總裁西恩・帕克（Sean Parker）直言不諱地告訴新聞媒體公司 Axios 說，臉書早期驅動公司運作的中心主題就是：「該怎麼盡可能消耗使用者最多的時間和注意力？」他說，「我們知道我們的產品會使人上癮，但我們還是做了。」他還補充道：「天知道它對孩子的大腦造成什麼影響。」

這種成癮行為使我們孤獨，不過當然也有例外。我們必須認知到，對某些人來說，這種品質較差的虛擬交流仍然比他們能在近處得到的親身接觸來得強。好比艾達荷小鎮裡的同志族群，多虧了有推特上來自遠方的新朋友而感到不那麼孤單；或是菲律賓移工每天都用臉書來跟家鄉的子女保持聯絡；患有罕見疾病囊狀纖維化的病人，他所在的區域沒有任何病友，卻能靠網路上的互助團體找到安慰；或是多虧有 Instagram，阿嬤才能以從前辦不到的方式與金孫保持連結——社交媒體確實能提供某些人用其他方式難以獲得的社群。而且正如封鎖期間所看到的，有時候它也能提供重要的救命索，讓隔離變得沒那麼可怕。

然而近十年以來，多項研究證明使用社交媒體與孤獨感之間有明確的關聯。例如，有一項研究發現使用社交媒體頻率較高的青少年，其感到孤獨的比例也高於同儕。另一項研究發現，大學生使用社交媒體遇到負面經驗的狀況每增加百分之十，感到孤獨的程度就會增加百分之十三。第三項研究發現，美國青少年在二〇一〇年代從事面對面社交的時間，與一九八〇年代相比，每天（平均）減少整整一小時，研究者將這個趨勢明確地歸因爲社交媒體使用率的增加。他們也注意到，青少年的孤獨在二〇一一年之後就像吹氣球般成長——正是在這一年，擁有智慧型手機的青少年人數開始飆升。二〇一一年只有百分之二十三的美國青少年擁有智慧型手機，到了二〇一八年這數字上升到百分之九十五。

雖然這些研究都顯示使用社交媒體與孤獨之間有關聯，但困難點在於幾乎每項研究都在判定因果關係時卡關。換言之，是孤獨的人更常使用社交媒體，抑或是社交媒體「導致」孤獨？

最近有兩項指標性研究致力於回答這個疑問。兩項研究中很關鍵的一點是，受試者並不是單純被要求回報自己使用社交媒體的習慣；而是研究者指示他們積極「改變」使用習慣。這表示這些改變對他們的行爲和心情造成什麼影響，都能獲得直接的觀察和比較，因而也能確立因果關係。

結果相當有啟發性。其中一項研究發現，限制每天只能使用Snapchat、Instagram和臉書各十分鐘，讓孤獨感大幅降低。另外那項研究可謂楷模，它針對將近三千人進行兩個月的實驗，一半的受試者如平常一樣使用臉書，另外一半（實驗組）徹底停用臉書帳號；結果停用臉書帳號的那一組並不是直接把原來看臉書的時間轉移到別的網站上。事實上他們使用網路的整體時間減少了，而是花更多時間與朋友和家人進行面對面的社交。至於他們感覺如何？他們表示變得更快樂了，對生活更滿意，焦慮變少，雖然孤獨感也會出現，但是不劇烈，而且減輕的程度在統計學上有重要意義。說到增進主觀幸福感，刪除臉書帳號能達到接受治療的百分之四十。

愈來愈酸的人們

社交媒體造成的問題影響更加深遠，因爲它不光是把我們趕進一個個獨立的數位氣泡，排擠更豐富的面對面互動，同時也會使人覺得這世界更有敵意、更缺乏同理心和善意。這對我們集體的身心健康都造成重大損傷。

酸民行爲——刻意張貼冒犯人或挑釁人的文章；人肉搜索——散布如住址等個人資訊來發動騷擾；假報警——利用人肉搜索得到的資訊謊報人質挾持事件，促使警方派出特種部隊，可能造成當事人在自己家遭到逮捕的結果。以上是二十一世紀因應大量在網路上暗地使壞的新行爲，而發展出的一系列行話。儘管社交媒體確實讓我們能分享快樂時刻，它們的設計卻有助於人類發揮本性中最惡劣的一些元素：欺壓、霸凌、種族歧視、反猶太、恐同。這些行爲都在增加當中。二〇一八年，英國成年網路使用者中，有「超過半數」表示在網路上看過充滿仇恨的言論，這數字跟前一年相比增加了百分之六。在英國，每三名女性就有一個曾在臉書上遭到欺壓，如果把範圍限定在十八到二十五歲的女性，比例增加到百分之五十七。在二〇一六年這一年之間（這是有可信數據資料中最新的一年），平均每八十三秒就出現一篇反猶太貼文在社交媒體上，其中百分之八十是貼在推特、臉書和 Instagram。沒有跡象顯示這些情況會在不久後趨緩。

當然，仇恨和欺壓不是什麼新現象。但不同的是，社交媒體以嶄新且令人困擾的獨特方式把它們送進我們的生活，而且規模之大前所未見。最嚇人的是，它還獎勵做這些事的人。我們每得到一次轉推，都會分泌多巴胺，這是服用海洛因和嗎啡時會產生的同一種神經傳導物質。當然，劑量很小，不過足以讓我們不斷回來索討。你知道通常哪種貼文能獲得最多轉推嗎？答案是，最獵奇、最極端、最具仇恨性的貼文。在貼文裡加進類似「殺」「摧毀」「攻擊」或「謀害」等字眼，你的文章被轉推的機率會提高將近百分之二十。

儘管激發惡毒行爲不太可能是這些平台創建者的初衷，但很明顯的是，這些行爲卻很快成爲他們姑息的對象。因爲事實是暴行與憤怒對生意有利。它們是比善意或正面積極更能使人上癮的情緒，進而能保持網路活動的高流量，然後是增加廣告點擊的可能次數，而這正是社交媒體營利的管道。正是因爲這件事大大影響盈虧，所以無論是多麼陰暗、殘忍或極端的內容，只要能吸住人們的目光，這些平台幾乎都會容許它們存在。這是未受規範的市場活生生在上演是非不分的戲碼。值得注意的是，推特確實在沙地上畫出了底線：二〇二〇年五月二十九日，川普總統在推特上發布現在已聲名狼藉的貼文「有人開始趁火打劫，就會有人開槍鎮壓」，而推特根據「這則貼文讚揚暴力」的理由，用警告訊息把它隱藏起來。但是，臉書卻讓同一則貼文內容留在平台上。他們的基本理由是，這件事無關道德，而是關乎表達意見的自由。

不單是成年人會受這種設計倫理影響，以致發送愈來愈多惡意且分化的訊息，並且極容易在仇恨中找到同好。對孩子來說，社交媒體也成爲欺壓和霸凌的溫床，其規模之大令人沮喪。在新加坡，四分之三的青少年說他們在網路上被霸凌過。在英國，百分之六十五的學生經歷過某種形式的網路霸凌，其中百分之七「經常」有這種經驗。英國近期一項針對上萬名年齡介於十二到二十歲年輕人的調查，發現將近百分之七十的人承認在網路上欺壓另一個人——無論是傳送惡意訊息、用假名張貼仇恨性言論，或是以嘲弄某人爲目的而分享某個資訊。

這種欺壓可能造成毀滅性影響，但我們當中有許多人並未意識到其嚴重性，直到網路霸凌受害者潔西卡・史蓋特森（Jessica Scatterson）之死受到廣泛報導才驚覺。二〇一九年，十二歲英國少女潔西卡在社交媒體上收到一連串欺壓訊息後自殺。法醫在進行死因調查時說：「她在社交媒體活動之頻繁與激烈，尤其是她死前那段時間，是無論如何都一定會影響到她的思維與心智狀態。」

當然，自古以來孩子都會霸凌別人，也會被霸凌，但差別仍然在於規模。過去這種心理上的欺壓通常局限在遊戲場、公園和教室內，如今卻每週七天、每天二十四小時如影隨形，滲入住家和臥室，他們根本無可遁逃。此外，以前霸凌的公開程度只及於當下現場的目擊者，現今受害者的恥辱卻永久銘刻在他們的數位足跡裡，供所有人瀏覽。

社交媒體使我們更孤單的原因，不光是我們花了許多時間在它上頭，因而使我們感覺跟周圍的人缺乏連結，也同樣是因爲它使整體社會變得更惡劣、更殘酷。而惡劣又殘酷的世界是孤獨的世界。

站在攻擊範圍內的人是最明顯感到孤獨的人，隨著數位環境裡的旁觀者沒有伸出援手，社交媒體平台也毫無保護作爲，他們同時感受到被欺壓的痛苦以及隨之而來的無力感。但是這讓我們所有人也都更感孤獨了。正如同目睹父母爭吵，或更糟的是，就像目睹了家暴現場的孩子，很可能會變得封閉、有社交焦慮和自我孤立，而光是看到網路霸凌的情況也會出現這種效應。哪怕你並未直接受到攻擊，但是花太多時間在憤怒有毒的環境裡漫遊，你也會有愈來愈孤寂的風險。此外，我們目睹愈多惡毒言論，就會對整體社會愈沒有信心。正如先前探討的，這也對社會及政治產生更廣泛的延伸性影響。因爲我們對彼此愈不信任，就會變得愈自私、愈分歧。

相信別人比較受歡迎

使用社交媒體的經驗，很可能讓我們每天都感到孤獨，就像克勞蒂亞的故事。高三，返校舞會當晚，克勞蒂亞穿著睡衣坐在家裡的沙發上，滑手機看臉書和Instagram。她的朋友們說她們不去參加舞會，她們一致認爲那活動「過譽了」。結果她瀏覽的頁面冒出一張張照片，她的朋友們盛裝打扮出席返校舞會，大笑、歡聚，在沒有她的場合愉快享受。她從沒感到這麼委屈過，「好微不足道又孤單。」她沮喪到整整一星期不肯上學，自己躲在房間裡。成績、學校活動，甚至是即將到來的大學生活，都變成次要，敵不過她太過廣爲人知的被排除的痛苦。她實在無法面對她的朋友。「如果對所有人來說我是個隱形人，又何必去學校呢？」她說。

你可能已經很熟悉 FOMO 這個詞——「錯失恐懼症」（Fear Of Missing Out），它是一種不斷干擾你的感覺，讓你覺得自己一個人待在家裡時，別人都在某處找樂子。不過能確定的是，克勞蒂亞的故事是更加痛苦的現象：她擔心除了她以外，這世上每個人都有朋友。這種現象普遍到心理學家開始研究它。我稱之爲「BOMP」：相信別人比較受歡迎（A Belief that Others are More Popular）。這種感覺和 FOMO 一樣，因社交媒體而更趨惡化——而且司空見慣。

不管你幾歲，BOMP 都可能讓人沮喪。感覺在社交上不如人或是被排除在外，絕對不好受。確實，我在研究中遇到許多成年人，他們因爲經歷了成人版的克勞蒂亞返校舞會磨難而自覺不受歡迎——例如在網路上看到證據，得知老同學聚在一起喝酒卻沒有找他，或是家族聚會時沒人邀請他。過去我們可能永遠不會發現自己被排除在這類聚會之外，現今遭到排擠的事實卻會以帶著特效、鏡頭和音效的鮮豔彩色畫面，即時甩我們一耳光。

對兒童和青少年來說，這尤其難以承受。英國一名少年告訴慈善團體的兒童專線：「我在社交媒體上看到朋友們玩得很開心，覺得好沮喪，我覺得沒人在乎我到願意邀請我。我的情緒愈來愈低落，現在我隨時都處於憂鬱狀態，而且眼淚停不下來。」或是如同一位美國家長告訴我的：「你不知道看到自己正值青春期的孩子陷入低潮多叫人心痛，他們坐在家，看著以爲是朋友的人在網路上貼文，享受派對，但卻沒有邀他們。那感覺眞的很殘酷。」

但社交媒體不光是提供一扇即時之窗，讓我們看見自己被排除在某些體驗之外；那些平台甚至以更直接的方式，成爲排擠人的武器。

在我看來，WhatsApp 是一種挺有用的工具，讓我能與海外親友或是我每週參加即興表演社團的團員保持聯絡。我丈夫與他的手足在 WhatsApp 開了一個群組，他們在上面討論從家族聚餐到親子教養的各種話題；他還跟朋友開了另一個群組，他們在裡頭仔細分析足球比賽，鉅細靡遺的程度讓我嘆爲觀止。這些都像是以不同方式正面運用社交媒體的即時訊息應用程式。然而，對從青少年到二十幾歲的年輕人來說，這種群組聊天已成爲主要溝通方式，有百分之三十的年輕人是透過某個平台的群組在聊天——WhatsApp、Houseparty、Facebook Messenger 或 WeChat（微信）——每天使用好幾次（封鎖期間使用率當然更高了）。你可能會問：那又怎麼樣？唔，意識到自己被排除在這些群組之外，已成爲一種令人痛苦的新形式孤立，而且有愈來愈多年輕人有過這種經歷。家住牛津的十六歲少女潔米向我說明，當她發現她的同學都在一個她未獲邀加入的群組裡，並意識到她被排除在大段大段對話之外——這甚至發生在她和同學們身處同一個實體空間時——那種感覺有多麼孤獨。

我訪談的另一個家長很苦惱地告訴我，有一次他女兒和五、六個朋友在咖啡館，突然間每個人的手機都發出通知音效。原來是有人在群組裡傳訊息，邀請他們那個週末參加派對——應該說除了他女兒之外的所有人。爲了度過難關，她假裝自己也收到了邀請，撒謊總比受辱好。感覺被排擠是很孤獨沒錯，但被人看到自己被排擠感覺更孤獨。

老師和家長都強烈地察覺到這種新形式的社交排擠及其後果，也包括處理問題的困難。英國女子寄宿學校羅丁女中校長奧利佛・布隆德（Oliver Blond）向我解釋，由於數位排擠基本上是無形的，令老師們覺得相當棘手。因爲過去老師能夠看見有人被排擠了——某個孩子午餐時間獨自坐著，或是一群人刻意背對某個同學，但是，如今這些互動很多都發生在虛擬空間。由於看不見，成年人便無從干涉，表示被排擠的孩子在苦難中更加孤單。

公開遭拒與恥辱

社交媒體還有一個作用會有害地助長現代人的孤寂：它把我們的社交狀態公諸於世，因而我們不受歡迎的程度或同儕團體對我們的拒斥也都攤在陽光下。哪怕再平凡無奇的社交聚會都很可能在 Instagram 上留下紀錄或在 Snap Story 大肆宣揚，別人很容易注意到我們不在其中。不僅如此，諸如轉推數、按讚數和分享數這些新的社交貨幣，意謂每次我們貼文後若遭到忽視，這當中的風險是，我們不只感覺被排斥或無價值，還會感到恥辱，因爲我們是在公眾的目光下遭到排斥。

對於像這樣「在眾目睽睽之下」遭到無視的恐懼，可以使平常充滿自信又成功的成年人——例如我認識的一位頂尖的英國政治學教授——一次花上幾小時修修改改，試圖打造完美的推特文（這是他自己向我坦承的）。他知道把這些時間拿來研究會更值得。這種恐懼也使得研究生珍妮佛花太長時間雕琢她要放上 Instagram 的照片，以致她經常無暇體驗她所記錄的事。她最近去哥斯大黎加度假，卻花太多時間在準備「阿珍去玩空中溜索」貼文，結果沒能眞正玩一回空中溜索，諷刺地錯過與現實中的朋友留下深刻回憶的機會。

還是一樣，對我們之中最年輕的族群而言，在眾目睽睽下不受歡迎的恐懼是最痛苦也最令他們焦慮的。一位家長告訴我，他心痛地看著女兒瘋狂在她頁面上每個人張貼的每篇文章底下按「讚」，試著確保當她自己貼文時，能夠得到別人禮尚往來的回應。彼得是個住在倫敦，身高不超過一百四十公分、戴眼鏡的九年級學生，他向我描述他的「煎熬」，因爲他「貼文，等待，期盼，卻沒人回應，我就一遍遍地問自己爲什麼沒人喜歡我？我做錯了什麼？」。潔米則告訴我，一想到自己在Snapchat的任何一個「streak」結束，就會讓她陷入恐慌。「我會感到生理上很不舒服。」她解釋。（譯註：streak是Snapchat的功能，當使用者跟某個好友連續三天、間隔不超過二十四小時互傳快照，該位好友的使用者名稱旁會出現火焰圖示，表示兩人建立了一個「streak」，維持「streak」的天數會累積並顯示在火焰旁邊，若超過二十四小時兩人都沒有互傳快照，這個「streak」就會結束。）

倒不是說以前的年輕人比較不重視受歡迎這件事。老實說，大部分高中題材的戲劇都以此爲主題。不同點還是在於社交媒體爲這些動態帶來強大且無可逃避的衝擊。「在強烈、密集、普遍的社會比較過程中，社交媒體象徵一個新紀元，對年輕人來說尤其如此，因爲他們『幾乎時時刻刻都在用網路』，而在他們人生的這個時期，他們的身分、意見與道德機制都還在發展當中。」哈佛教授肖莎娜·祖博夫（Shoshana Zuboff）如此寫道，「社交媒體經驗所觸發的社會比較會引起心理海嘯，這是個前所未見的現象。」這當中的問題就出在人們必須持續不斷地兜售自己，因此也就持續不斷地處於無人問津的恐懼中。

有些社交媒體開始正視自己製造的問題，至少是默默地關注著。臉書在幾個該平台的不同版本，其中包括 Instagram（亦爲它旗下的產品）進行測試，把公開的「讚」數抽掉了——使用者可以看到他們的貼文得到幾個「讚」，但其他人都看不到。曾在臉書工作、現爲 Instagram 負責人的亞當・莫塞里（Adam Mosseri）是這項新措施的幕後推手，他承諾部分靈感源自查理・布魯克主創的反烏托邦科幻影集《黑鏡》中的一集，該集故事講的是無所不在的社交媒體評分把主角推向災難。我很欣賞這番努力（當然是爲了回應持續的關切和反彈聲浪），但問題是這些改變——即使在試驗計畫結束後實行了——是否眞能讓事情有什麼不同。難道渴望多巴胺刺激的大腦不會另覓指標來評斷自己——改用評論數或分享數或轉貼數，或是在其他人貼文中被標記的次數？而且即使別人看不見，難道我們不會繼續追逐每個讚所提供的認可？而我們與社交媒體的關係、我們在心理上已把它的架構吸收到多深，都很可能導致我們早已預設了涉入的方式。

愛我的網路化身

社交媒體藉由把我們變得愈來愈缺乏安全感，汲汲營營地追求按讚數、追蹤數和網路上的社交獎勵，來鼓勵我們做另一件事：愈來愈少在網路上呈現眞實的自我。我是說，沒人會在臉書寫下：「我整個週末都穿著睡衣，邊看《六人行》邊吃掉十包燕麥餅。」相反地，我們在網路上分享的是一連串精心設計過的夢幻焦點和歡樂時刻，派對和慶祝會、潔白的沙灘和讓人垂涎欲滴的美食照。問題是這種修過圖、套上濾鏡的版本，經常與眞實自我產生根本上的脫節。

我到底是誰？是我放在 Instagram 上那個永遠開心、成功、人緣好的人，還是有時候會沮喪、退縮、感到不確定的人？萬一我在網路上的朋友比較喜歡假的我，那該怎麼辦？我們愈是小心塑造社交媒體上的生活、愈是把自己商品化，也愈有可能感覺沒人認識或喜歡個人檔案背後的「眞實」人物。那是一種孤立、缺乏連結的感覺。泰莎是個住在加州、聰慧且有藝術天賦的十七歲少女，她很適切地表示：「我們的生活愈來愈像在線上遊戲裡扮演虛擬化身。」而且是十全十美的虛擬化身。二〇一六年市場研究公司卡斯德（Custard）調查了兩千名英國人，發現其中只有百分之十八的人說他們的臉書個人檔案眞實呈現出自己的樣貌。

也許急切努力打造外在形象是人性的一部分，但有時候卻淪爲表演，使我們跟眞實自我判若兩人。畢竟莎士比亞在四百多年前就宣告：「世界是座舞台。」青少年一向特別傾向如此。濃黑眼線的貓眼妝、超迷你短裙、騎士靴，包包裡再放一本尼采鉅著《查拉圖斯特拉如是說》，我十四歲時精心設計的角色就完成了。

然而，社交媒體時代標記了傳統人類行爲在這個關鍵方面的改變：在過去，我們可以定時從表演中喘口氣，把自己轉換回私密而眞實的自我。十四歲的我每週都固定會卸下戰鬥妝，換上睡衣，依偎在家人身邊一起看《朱門恩怨》影集。可是現在我們時時都在戳弄智慧型手機，每一刻都是拍照上傳的潛在機會，表演到底什麼時候能停止？

這個問題適用於我們所有人。回想你最近一次自拍，當時心裡想的是什麼？你是看著自己的臉，還是試著「用別人的眼睛」，試著用社交媒體追蹤者最終會怎麼看你的眼光來看？這麼說來，拍照的人還是「你」嗎？

還有，如果我們與他人的關係變質爲，只是理想化的虛擬化身之間在互動，這種關係到底會如何？它們勢必會變得比較膚淺和空洞，而且有種詭異的競爭性質。隨著我們與網路人格愈來愈遙遠，我們只是在表演分享行爲，而不是眞的在分享我們自己。正如一位已停用社交媒體的十六歲青少年很有見解的發言：「我在那個平台上呈現的是不誠實的自己，平台上大部分的人也都呈現出不誠實的自己。」

打從一開始，社交媒體的設計就鼓勵使用者扭曲眞實自我來換取社會認可。就拿臉書來說吧，在二〇〇〇年代中期臉書創立之初，當時名爲「TheFacebook」，只開放給大學生使用，但它的使用者已開始用外科手術般的精準度來雕塑自己的個人檔案，從經常更新個人檔案的照片——擺了姿勢卻看不出來是特地擺的姿勢——到用機敏的語句敘述他們參加了什麼社團和活動，甚至還改變他們修的課程（那是公開的）來「營造出特定形象」，《facebook 臉書效應》作者大衛・柯克派崔克說。祖克伯等人在乎他們放出什麼洪水猛獸嗎？似乎不在乎。他們的目標或許是把世界連結起來，但若是在過程中，人與人的連結變得更淺薄、更殘酷或愈來愈扭曲，他們也只是兩手一攤。

在極端情況下，有些人變得更喜歡他們的數位自我而非眞實自我。事情的開端可能無傷大雅，你只是用 Instagram 的自拍濾鏡功能在臉上加上大耳朵和卡通鼻子。不過你很快發現另一種濾鏡，可以使你的皮膚變光滑、凸顯顴骨和放大眼睛，讓你以可愛版自拍照的名義行修圖之實。也許接下來你就發展到使用修圖應用程式，進一步打亮肌膚、拉長下巴並讓臉頰變瘦、美白牙齒、重塑下顎輪廓、臉寬和鼻型。這些都是用 FaceTune 這類手機應用程式可以做到的事，這個程式一直是蘋果 App Store 的暢銷常勝軍。到頭來無可避免的是，鏡中回望的臉開始比你的數位化臉孔少了好幾分……光鮮亮麗。所以你把 FaceTune 調校過的臉孔版本拿給整型醫師，要求醫師依樣畫葫蘆地加加減減，打造那個在網路上編輯出來的你。

這聽起來可能有點極端，卻並非幻想。有愈來愈多年輕人帶著自己經過修圖軟體、添加濾鏡、進行數位變造的照片去找整型醫師。二〇一七年，美國臉部整型及重建外科學院的醫師，有百分之五十五都遇過至少一位患者帶著修圖過的自拍照上門，要求他們照著修改，這數字比前一年增加了百分之十三。該學院預估這種趨勢只會有增無減。

社交媒體不但把我們變成推銷員，推銷的產品還是我們自己重新包裝後的商品化自我——而且這個我還把 BOMP 內化，讓我們許多人不但感覺自己比身邊的人不受歡迎，還覺得眞實自我遠不如數位方式改良過的自我受歡迎。而這眞是徹徹底底把人給異化了。

改變是可能的

對於社交媒體的有害作用，以及它在二十一世紀孤獨危機中扮演的角色，我們能做些什麼?

很明顯,關鍵是少花一點時間在這些平台上。我為本書作研究時,遇到一些積極到完全不再使用它們的人。例如十五歲的山米,他是很認眞的辯論者,他實在不想再參與這有毒之物了,因而頭也不回地遠離社交媒體。或是二十二歲研究生彼得,他告訴我他放棄使用 Instagram,結果發現快樂度和情緒健康都有大幅度的改善。或是四十歲的金融專業人士美芯,她覺得再也受不了看朋友貼文「炫耀」美滿家庭生活或事業發展而刪除臉書帳號。然而這些人仍是例外。大眾轉移到社交媒體並以其為傳訊工具,這意謂不使用的人會強烈感覺被排除在外。對年輕人來說尤其如此。如果班上同學都跑去 Instagram「聚在一起玩」,大部分的人根本難以抗拒。除非新的社會典範出現,讓親自到場變得比老是在用社群媒體更受認可,否則這種情形是不太可能改變的。

即使對有心想減少使用這類平台的人而言,登出也是極為困難的挑戰,因為社交媒體有使人上癮的特質。然而,有一些實用技巧可以用來試著緩和癮頭:設定一些「無數位日」;使用一些能幫助你抑制渴望的「推力」——例如把所有社交媒體都移到手機裡一個不方便找到的資料夾,或是刪掉手機上的社交媒體應用程式;或是請你的伴侶、甚至孩子,鐵面無情地提醒你別當個「機器人」(雖然你可能希望另外想一個沒那麼貶抑的詞）；不然乾脆給朋友或家人一筆為數可觀的「押金」，而你要在六個月期間內減少使用社交媒體達到一定的量，才能取回押金。這麼安排如何？在幫助吸菸者戒除癮頭時，這個方法頗見成效。

你甚至可以考慮丟掉智慧型手機，改買一支 Light Phone，這是一款刻意設計成「低科技」的裝置，功能只有打電話和（驚呼！）傳 T9 文字簡訊，這是最最基本的簡訊形式——甚至沒有標準鍵盤可用——而且只能同時儲存十個聯絡人。

然而這不是一場靠我們自己就能打贏的戰役。若要大規模抑制數位成癮症，政府有決斷力的介入是很重要的。想想政府用了哪些手段來防止人民吸菸，例如強制規定包裝必須印有警語。有鑑於社交媒體具有類似使人成癮的特性，是不是也到了該強制對這些平台的危險提出警告的時候？每次開啓應用程式就跳出訊息，在網站上添加橫幅廣告，或是智慧型手機包裝盒外貼上壞掉大腦的貼紙？這些步驟可以為我們建立防範風險的日常覺察力。每次使用這些科技品，都需要有人提醒它們具備潛在的傷害性。正如同我們鼓勵吸菸者戒菸，也應該考慮發起公共衛生運動，鼓勵人們減少使用手機和社交媒體的時間。尤其是社交媒體和糖不一樣，糖使人上癮只會傷害到使用者本人；社交媒體比較像菸草，它有強大的網路效應，潛在來說它不只傷害我們，還傷害我們身邊的人。

考慮到孩子們，我們需要做得更多。當年僅九歲的孩子「對他們在網路上的形象愈來愈焦慮」，並且變得「對按讚數上癮，且視之爲一種社會認可」，如英格蘭兒童專員安．隆菲爾德（Anne Longfield）所說，我們不能把社交媒體對諸多年輕人造成的傷害，視爲「這就是當今世界的樣貌」而接受現狀。

因此，應該禁止未達法定成年年齡（在英國是十六歲，在美國是十八歲）的孩子使用具成癮性的社交媒體平台。儘管有人可能會抗議，說這麼做妨礙了孩子表達意見的自由與個人獨立性，但是請注意，我提議的並不是全面禁止這個年齡層使用社交媒體，而是禁止他們使用「會成癮的」社交媒體。證明的責任應該落在社交媒體身上，它們要提供有力的科學證據證明自己沒有使孩子們上癮。如果做不到，就該強制那些平台建立眞正有效的辨識系統，證明使用者都超過規定的年齡。

因此平台有義務開發比較不易使人上癮的新形式社交媒體，或是移除它們目前讓人上癮的元素，像是按讚數、象徵友誼指標的「streak」或永遠滑不完的塗鴉牆，這樣才能把未成年人納爲它們的使用者。

也許有些人看來，這種做法太嚴苛，不過只要回顧歷史，就能了解人們對這類介入的態度是可能改變的。我還記得一九八九年，英國法律開始強制規定汽車後座的兒童必須繫上安全帶時，許多人的錯愕和震驚。當時這不但感覺多此一舉，而且也是侵犯了個人自由，不過這做法挽救了無數年輕生命，現在若是沒把汽車裡的兒童固定好，會被認爲是非常疏忽大意的。同樣的，在載有兒童的車內抽菸曾經是很司空見慣的事，現在卻不只會讓大多數人皺眉，在英國、美國某些州和城市，以及世界上許多地方，這甚至是違法的。因此，光是從預防的角度來說，禁止未達法定成年年齡的人使用會成癮的社交媒體都站得住腳。

談到這些平台上最過分的惡毒言論，像是仇恨性言論以及散布暴力性內容，我們必須採取零容忍態度。是，我可以明白如祖克伯這類科技領袖不情願擔任仲裁者角色，尤其是傳統上普遍強調的美國憲法第一修正案賦予言論自由，但社交媒體不能一邊自詡爲公共廣場，一邊又堅持對平台內部發生的事不必負完全責任。尤其是當市場龍頭已經決定扮演社論的角色，願意針對某些議題作出價值判斷，好比，臉書禁止張貼裸體照片，經常達到荒謬的程度。這跟祖克伯在其他事上的立場形成強烈對比，好比關於否認猶太大屠殺的論調，他說的是：「我的結論是我們的平台不該把它撤下來。」他說臉書會讓該文章不出現在動態消息，因而看到的使用者會比較少。

我當然了解，要監控每天上傳到社交媒體的幾億則貼文談何容易，標出仇恨性內容的自動化機制也很可能不夠細膩。但這表示除了要投入更大量的經費在解決這問題的科技手段上——運用這些公司內當然很充足的工程技巧，這些平台也需要設置許多監督員來達成這項任務。在這麼做的同時，社交媒體必須認知到監督內容是很有挑戰性的工作，對智力與情緒都是挑戰，因此它們必須妥善訓練監督員、支付他們優渥的薪資，並提供他們充分的情緒支援。就目前來看，它們做的還不夠。大型科技公司哪怕只要把投入公司成長與擴張的能量，分出百分之十來尋求更好的監督方案，這世界在對付網路有毒言論、分裂、異化和疏離等方面一定能有很大的進展。

社交媒體平台並非付不起多做一點的錢。社交媒體公司坐擁幾百億美元營收和山一般的儲備金，大有能力與權力去推動改變。歸根究柢，它們似乎就是不想投入眞正有效的解決辦法所需要的金錢、人力和關注。說眞的，世界上有些數一數二的科技領袖似乎已經接受事實：某個數量的投訴、某個程度的裁罰，甚或是特定死亡人數，都在他們容忍範圍，畢竟換得的報酬如此巨大，涉及的是幾十幾百億的年淨利。正如同大型菸草公司的決定，兜售有害的產品之所以能接受，是因爲利潤實在太大，而社交媒體巨頭似乎也決定它們製造的連帶傷害，只是商業模式中可以接受的副產品。史丹佛的薩奇教授說得很好：「眾所皆知，祖克伯曾激勵員工要『快速行動，打破陳規』。事到如今，他們顯然打破不少東西。」

讓平台自我約束有毒內容顯然成效不彰，祖克伯本人已承認這一點。我們需要有強制力的規範，迫使大型科技公司改革。迄今針對沒能立即移除確切的仇恨性內容所祭出的罰金實在太低，與大型科技公司破紀錄的龐大利潤相比，簡直是微薄到毫無意義。嚴重違反規定者需要裁罰足以影響盈虧的巨額款項。

不過，在地平線或許終於露出了改變的曙光。二〇一九年紐西蘭基督城發生槍擊事件，造成兩座清眞寺共五十一人死亡，事件過程被放在臉書上直播。此事件之後，澳洲設立《禁止散播殘暴內容法》，規定要是某公司未能夠「迅速有效地」移除「邪惡暴力」的內容，將強制裁罰最多可達該公司全球營業額百分之十的金額。儘管這項法條涵蓋的範圍只有散布最極端的內容（「謀殺或謀殺未遂、恐怖分子行動、凌虐、強暴或綁架」），若從違反規定的平台必須付的罰款金額來看，它仍可算是立法上的一個里程碑。這法案甚至提出若科技公司高級主管不配合，最多可坐三年的牢。

論及另一種在這些平台上傳播的有毒言論，雖未明顯達到仇恨性言論、煽動暴力或邪惡內容的程度，卻同樣令人極度不快——例如霸凌。要管控這類言論確實是更加複雜的挑戰，以霸凌貼文為例，有鑑於網路流行語變化之快，而且幽默也可以變成利劍，要辨識出來可能困難得令人訝異。「寶拉超酷的！」聽起來可能是一則正面的貼文，但如果寶拉是個體重超標、沒有朋友的宅女，這卻可能是一種霸凌。透過演算法判斷什麼內容違規幾乎是不可能的，所以有效的回報系統以及人類內容監督員才會如此必要。

這並不表示在網路禮貌這件事上，不需要做什麼技術上的修正。社交媒體平台可以調整其演算法，鼓勵用善意取代憤怒，並且確保「心胸開放、積極正面的貼文比較快被看見」，這是賈米爾．薩奇教授的建議。社交媒體至少可以在演算法裡動動手腳，讓憤怒的內容不要太快置頂。抑或是，社交媒體公司要求人們在張貼霸凌或惡毒內容前三思，如何？Instagram 已開始在幾個市場測試這個做法，若是人工智慧偵測出使用者要送出具有傷害性的評論（例如「你又醜又笨」），它就彈跳出視窗要使用者再考慮一下。不過還是一樣，若是沒有法規像達摩克利斯之劍一樣懸在頭頂，很難相信那些平台會採取足夠的行動，畢竟它們的紀錄不佳，此事又攸關大筆財富。

在這方面，似乎也有法律變革的曙光露出。二〇二〇年一月，英國資訊委員辦公室提出一些網路上保護兒童的規定，要求公司確保「不提供對兒童生理或心理健康或健全狀態有害的內容」。如果這些規定實施了，未遵守規定的公司將面臨「按所造成的潛在或實際損害以及公司規模及收益之比例計算」的罰款。

最起碼，科技公司應該要對客戶負有法律上的「注意義務」，也就是法律要求這些公司必須採取合理步驟來確保它們的平台不致造成嚴重傷害。這類似雇主有義務確保工作場所對員工是安全的。要是未能做到，這些公司就該面臨嚴重的罰款和懲戒。

英國一群國會議員最近就在爭取這麼做，並特別提到社交媒體與兒童的關係，他們在二〇一九年一份報告中建議，政府除了明文規定「注意義務」之外，還應該讓科技公司負責人爲他們的產品造成的傷害負起個人的法律責任，這是呼應了最近澳洲制訂的法律。

顯然我們的政府能夠也應該採取一些行動。我們不必無奈地接受數位火車已經駛出車站，因此無法做任何事來改變其目的地的事實。爲了在大型科技公司面前保護我們自己以及我們的社群，能做的還有很多——只要夠有政治決心與公眾壓力。儘管我樂見臉書對規範展現出加油喝采的新態度，但我們仍應合理懷疑它是否想先發制人去主導規範走向。畢竟，高呼要有更多規範——以對自己最有利的形式——是大型菸草公司長久以來慣用的策略。有鑑於社交媒體公司龐大的經濟和媒體勢力，如何確保它們不能在訂新遊戲規則時享有過多的發言權，是目前最最重要的事。

就我們個人的角度，除了承認自己對裝置有多麼上癮，並且試著限制使用量，靠自己撐過戒斷的痛苦外，我們還能做什麼？最起碼的是，倘若仍選擇繼續使用社交媒體，必須謹記我們的貼文有可能造成具殺傷力的後果，因而在評論或分享時多點善念。我們還必須試著重整網路上關注的焦點，遠離充滿憤怒和分裂的言論，抗拒在殘酷貼文下按讚或分享的衝動，並多花點時間推廣讓我們能團結起來的想法和心情抒發。當然，對於使我們難過或強化我們疏離感的任何對象，應該毫不猶豫地封鎖、退追蹤或解除好友關係。學校跟家長也應該發揮功能，教育學生社交媒體的禮節，幫助他們準備好如何健康地使用這些工具。對有些人來說，這或許有點像在「自嗨」，但是，既然社交媒體正在製造影響廣泛的孤獨與不快樂，我們每個人難道不該負起責任，至少試著用自身的力量抵消它的影響力嗎？

除此之外，我們還能向在這些平台上打廣告的品牌施壓，要求社交媒體公司在對付仇視與霸凌這方面做得更多。二〇二〇年夏天，包括聯合利華、星巴克、可口可樂和福特在內的數個領導品牌，決定暫時停止在臉書上刊登廣告，作爲「#停止用仇恨牟利」（#StopHateForProfit）運動的一部分，顯示品牌願意用這種手段介入，公開反對仇恨言論與分化內容。如今關鍵在於它們願意持續努力改革，直到能眞正促成有意義的改變。這就是我們消費者該上場的時候了：我們可以用錢包的力量向品牌清楚表達，若它們不持續向社交媒體公司施壓，就有可能失去我們的支持。不論我們幾歲，只要努力動員我們的社群，讓我們反對的聲浪夠吵夠大，改變就可能發生。

令人振奮的是，在我與青年訪談的過程中——所謂青年是一九九四年到二〇〇四年之間出生的世代，我稱之爲K世代；他們從出生起就有數位相機記錄人生，懷著被人肉搜索以及裸照外流的恐懼進入中學和大學——發現許多人都非常清楚地認知到他們所謂的「原生」數位領域有多大的缺陷甚至危險，甚至可能比他們的長輩還更了解。隨著K世代在行動主義中闖出名號——從環保少女葛莉塔．通貝里（Greta Thunberg）到諾貝爾和平獎得主馬拉拉．優薩福扎伊（Malala Yousafzai），到佛州中學槍擊案倖存者在全世界集結超過一百萬人抗議槍枝暴力——也許，在逼社交媒體負起責任，並且認知到科技成癮有多麼危險這件事上，會是他們帶頭衝鋒陷陣。

第七章

一個人在辦公室

百分之四十，這是全球白領階級說他們在工作時會感到孤獨的百分比。在英國，這數字高達百分之六十。在中國，超過半數坐辦公室的員工說他們每天都感到孤獨。在美國，將近五分之一的人在職場沒有任何朋友，而K世代中有百分之五十四感覺與同事在情感上很疏遠。這些數字都是在新冠病毒與社交距離時代來臨前就統計出來的，現在孤獨感很可能又更惡化了。與此同時，全球百分之八十五的勞工覺得未能眞心投入自己的工作。這不只是感到厭倦的問題：員工的投入程度與他們感覺和同事及主管連結有多強烈息息相關。

顯然，我們不單是在居家和私人生活上感到孤獨，還包括我們現在的工作方式。

當然，我們也不該給昔日工作場所賦予太浪漫的形象。馬克思異化論提到的十九世紀工廠工人爲了微薄薪水埋頭苦幹，做著重複而規律的工作，不論與自己、同事或是名義上由他製造的產品都愈來愈疏離。十九和二十世紀的（英語）小說充滿孤獨的辦公室勞工，從梅爾維爾（Herman Melville）筆下愈來愈麻木的錄事巴托比，到普拉絲（Sylvia Plath）所寫的愛瑟·葛林伍德（Esther Greenwood）。另一方面，一九七二年電話接線員莎朗·格瑞金斯告訴深受喜愛的美國廣播主持人兼作者斯塔茲·特克爾（Studs Terkel）說，儘管她每天一直講話講到嘴巴都瘦了，下班時仍會覺得沒跟任何人交談過。

無庸置疑，對許多人來說，職場令人感到孤獨的歷史由來已久。但這件事放在當代來看，最令人驚訝的是，現代工作有很多方面本意是要讓我們更有生產力、更有效率，最終卻得到嚴重的反效果，因爲這些工作使我們感覺更缺乏連結、更孤立。職場的孤獨不僅對員工不利，對公司的營運也有不良影響，因爲孤獨、投入程度與生產力顯然都是彼此相關的。在職場上沒有任何朋友的人，對工作在智力和情緒方面的投入程度都會減少「七倍」。更概括來看，孤獨、缺乏連結的勞工，跟情況相反的勞工相比，會請更多天病假、更提不起勁、更不認眞積極、犯更多錯、工作表現更沒有效率。根據一項研究，這有部分原因來自「一旦孤獨成爲確切的感受，你實際上會變得比較難以親近——不仔細聽人說話，更專注在自己身上。你身上會出現各種現象，讓人覺得你更難稱得上是個理想的互動夥伴」。作者們解釋，這樣的結果就是你更難取得成功所需的協助和資源。

當我們在工作時感到孤獨，也會有更高的機會換工作或辭職。例如，有一項針對十個國家超過兩千名經理人和員工的研究發現，百分之六十的受訪者表示如果他們在職場上有更多朋友，就更可能會待在原本的公司。

那麼二十一世紀的職場究竟出了什麼問題，導致這麼多人感到如此孤獨？

開放式空間與孤獨

整個空間沒有隔板或小隔間，員工坐在一排排長桌前，啄木鳥般敲著鍵盤，全都呼吸著同樣的回收循環空氣：歡迎來到開放式辦公室。

近期針對開放式辦公室的憂慮，可以理解，主要是聚焦在其生物危害的本質上。二〇二〇年二月，由韓國疾病管理本部進行的研究，追蹤了首爾一間客服中心爆發新冠病毒疫情的情況，顯示在第一個員工感染後僅僅兩週內，同一間開放式辦公室的另外九十名員工也被驗出新冠病毒陽性反應。但受這種空間設計危害的不僅限於生理健康。許多辦公室員工感覺彼此疏離，其中一個原因正是整天都待在寬敞的開放式空間裡。

這可能有點違反直覺。確實，一九六〇年代開放式辦公室首次出現時，設計者宣稱它是一種進步的、幾近於烏托邦式的設計概念，能夠（至少理論上是）創造更利於社交與協作的工作環境，不論是人或想法都能在此更自然地交融。現今提倡開放式辦公室的人依然秉持同樣的論調。然而在城市那一章我們已探討過，物理空間有可能重度影響我們感覺與人連結的強弱程度。事實證明，開放式辦公室——截至目前是現代最普遍的格局，歐洲半數辦公室以及美國三分之二的辦公室都採用這種設計——特別容易造成疏離感。

哈佛商學院最近發表了一項指標性研究，追蹤當員工從隔間轉換到開放式辦公室時，會發生什麼狀況，研究者發現開放式辦公室非但沒有「促進愈來愈多朝氣蓬勃的面對面協作與更深入的關係」，反而似乎「觸發社交退縮反應」，大家反而都選擇以電子郵件和文字訊息取代說話。

人們之所以退縮，部分原因出在人類對過度的噪音、干擾或不受歡迎的打斷的自然反應，而這些都是開放式辦公室的基本狀況。城市裡也可以看到類似現象，我們難以消受周圍龐大的人群和刺耳的聲響，就可能傾向於退縮到個人的氣泡裡。這也是一種照顧自己的行爲。研究發現超過五十分貝的噪音——差不多就是大聲講電話的音量——會喚醒人類的中樞神經系統，觸發相當程度的壓力。在許多開放式辦公室裡，噪音等級始終比五十分貝還高，因爲大家想讓別人聽見自己說話，嗓門變得愈來愈大。

有問題的不只是音量。亞馬遜的語音助理 Alexa 隨時都豎起耳朵，等著回應你給的指令；我們的大腦在開放式辦公室的運作模式和 Alexa 類似——時時刻刻都在監控我們周圍的聲響：某人敲打鍵盤、隔壁辦公桌的對話、響起的電話。結果，我們不但更難專心，而且得費更大的力氣才能完成工作，因爲我們要試著同時聽到並忽略所有周遭的聲音。我在開放式辦公室工作的時候，還沒有刷門禁卡進入大樓前，就會先戴上抗噪耳機。唯有隔絕那些持續不斷的噪音，我才能夠專注在工作上，即使那會讓我對周圍工作場所的事比較狀況外。我覺得如果我要達到工作成效，把任務完成，我就別無選擇，只能將自己與同事隔絕。心理學家尼克．波漢（Nick Perham）深入研究過這種現象，他的解釋相當中肯：「大部分的人在安靜狀態下工作成效最佳，不管他們自己怎麼認爲。」確實，一些研究發現，只要附近有一場對話在進行，都可能使員工的生產力下降達百分之六十六之多。

我們或許將進入一個「單位人口密度較低的開放式辦公室成爲常態」的時代。不過儘管這可能表示噪音會減少一些，但會令我們想退縮的因素不只是持續不斷的噪音轟炸而已；還包括缺乏隱私。有研究者提到開放式辦公室普遍瀰漫著「不安全感」，因爲每個人都能看到和聽到你在做什麼。他們發現這會導致充分表達的對話變少，以及出現「妨礙長篇對話」的「某種令人不安的不自在感」，還會產生「比較簡短而流於表面的討論」，並且導向自我審查。這也與我的經驗相符；當你知道旁邊的人都能聽到你說話，便很難跟同事深入討論正事——更別說打電話約診或是關心一下另一半了。

正如同青少年在社交媒體上的對話往往流於表演和言不及義——因爲那算是在

公開論壇上進行的，開放式辦公室的員工也會因爲知道有人在看，而改變行爲。辦公室成了舞台，你在那裡時時都被注視，時時都得表演，永遠不能卸下防備。這不但讓人的認知和情緒疲憊，也產生異化作用：現在我們的虛擬化身在現實世界也得賣力演出。

如果你的辦公室信奉「辦公桌輪用制」，異化感還會更嚴重。雇主試圖兜售這概念，說這是職場的自由和選擇——每天都能自己決定要坐在哪裡。然而現實是，當你沒有自己的工作空間，沒有地方可以貼你孩子或伴侶的照片，沒辦法坐在任何人旁邊久到足以建立友誼，而且每天要像打仗一樣爭奪自己能坐的位置，那也可能成爲一種頗爲孤立的生活：二〇一九年英國一項調查發現，辦公桌輪用者有百分之十九說他們覺得跟同事很疏離，百分之二十二說他們覺得很難建立團隊的向心力。職場中的辦公桌輪用者就相當於從未遇見鄰居的租屋族。辦公桌輪用者與其說是遊牧民族，不如說更像流浪漢，他們無可避免地會覺得自己是不受重視的消耗品，非常沒有存在感。卡菈是英國一間大公司的設備經理，她臨時必須接受手術治療並請假一個月，結果她那些採用辦公桌輪用制的同事過了好幾週才注意到她沒來上班。

有些雇主會開始修改設計，因爲他們意識到有壓力又分心的員工，會感到彼此缺乏連結而疏離，而這樣的狀態對效率、生產力或深入思考的能力都有害而無益。他們早在新冠病毒使防護隔板變成必備之前就採用這個方案。諸如ROOM、Zenbooth和Cubicall等現成的移動式隔音艙，可以輕易地放在開放式辦公室內使用，現在銷量也蒸蒸日上。二〇二〇年一月，Cubicall的網站放上電話亭造型隔音艙——小到使用者只能站著使用的單人艙——並大力宣傳它是「現代室內設計缺點的有效解決方案，能在辦公室和公用空間提供一個享有隱私並得以專注的地方，進而提升生產力和士氣」。另外還有些雇主採取更激進的手段，某些工作場所的辦公桌上有紅黃綠三色燈，讓使用者告知同事能或不能打擾他們。另外一些地方，員工戴上一種外型介於「耳機和馬用眼罩」之間的裝置，來幫助他們專心工作。若不是因爲這些反應都眞實發生了，還眞有些像卡通情節。

好，你可能以爲有這些缺點再加上新出現的健康風險，表示開放式辦公室的時代即將終結。然而宣告死亡的傳言可能言之過早。因爲不論你的公司最初採用開放式辦公室的「官方說法」爲何，也不管公司策略說得再天花亂墜，現實是一切幾乎都是出於成本考量。跟傳統辦公室布局相比，開放式辦公室在每個員工身上投入的成本減少了百分之五十，因爲每個員工占用的面積都變少了。辦公桌輪用制提供更高的「效率」：有鑑於每張桌子很可能隨時都有人使用，因此每個員工的屁股都能「坐」出更大的收益。（作者註：在任何一個時間點，都有高達百分之四十的公司員工沒有待在他們被分配到的座位上。）由於新冠肺炎造成的經濟損害，公司現在壓力更大，需要減少經常性費用並使它維持在很低的數字——即使感染和開放式設計是犯罪搭檔，即使開放式辦公室被視為造成員工的不滿足——因此對許多公司而言，不但是撥預算大刀闊斧重新設計辦公室的可能性很低，辦公桌輪用制反倒更可能再度流行起來，哪怕這會使新冠病毒傳播的風險增加。別忘了，當初開放式辦公室不就是在二〇〇八年金融危機之後捲土重來？不過可以想像某些公司會出現雙層系統，管理階層安全地隔離在獨立辦公室裡，組織下層的人則頂多只有隔板可用。

優先考慮每個員工耗費多少經常性費用這類指標，把員工情緒和生理健康擺在第二，這做法不僅倫理上有爭議，從商業角度看，也未免目光短淺。廣泛而言，這是一種短視的心態，是把人一律自動降級，看得不如利潤重要。比起公司的成功，他們的情緒和健康需求被視為不重要，儘管事實是身心健康滿足根本是與生產力密不可分的，換言之那也是會影響公司整體表現的因素。

有遠見的雇主需要認知到這一點，即使是在這個預算受限和經費縮減的時節。忽視員工需求的公司很可能會嚐到苦果，包括受吸引而來的員工品質良窳，以及員工願意付出多少努力。如果你認為雇主不在乎你的基本需求或身體安全，便很難心甘情願多加把勁工作。

數位接管職場

當然，破壞職場人際關係並害我們感到孤獨的，並不只是我們的物理環境。現今許多人感覺與同事有隔閡，是因爲彼此之間的溝通品質比往昔要膚淺得多。

只要回顧十年前就好。如果你需要跟同事討論什麼事，大概會走到他們的座位旁。如今，你這麼做的頻率有多高？這不只是保持社交距離的作用。二〇一八年一項全球性研究發現，員工一般會花「將近半天的時間」互寄電子郵件和傳訊息，對象經常是方圓幾張辦公桌內的人。就跟私人生活一樣，職場上的交談愈來愈被敲擊鍵盤所取代，即使當面溝通會更簡單也更快速。這也造成職場的孤獨感。多達百分之四十的勞工表示，用電子郵件跟同事溝通使他們「經常」或「總是」感到孤獨。

這結果並不令人意外，只消看看典型公務電子郵件的交流品質：交易性質大於交談，重視效率大於親切，流露出的枯燥大於溫暖。我們每週七天、每天二十四小時都在衝衝衝、資訊量過載的職業生活中，「請」和「謝謝」是最早的犧牲品。時間壓力愈來愈大，我們的收件匣時時刻刻都有新郵件，而電子郵件就和我們的簡訊一樣，變得愈來愈簡短和精鍊。當工作的負荷愈重，我們的電子郵件就愈不客氣。

遠端工作的興起——據估計，到了二〇二三年，超過百分之四十的勞工大部分時間會以遠端方式工作——有可能使勞工的孤獨感大幅度惡化。這是因爲大部分遠端工作者依賴電子郵件或其他以文字訊息爲基礎的溝通工具，當作主要互動方式。這也是有些人雖然對疫情期間在家工作，起初興致勃勃，但幾星期後就回報他們的孤獨程度大幅增加的部分原因。確實，我們早已知道，孤獨可能是遠端工作者最艱鉅的挑戰。

萊恩·胡佛（Ryan Hoover）是部落客兼「產品獵人」（Product Hunt）評論網的創辦人，二〇一九年三月，他在推特上貼文，說他在寫一篇關於遠端工作的部落格文章，想問問「在家工作者，你們最大的挫折是什麼?」，結果回應他的一千五百多人提到最多的是孤獨感，許多人表示缺乏面對面互動的工作感覺很孤立。「錯失辦公室的社交互動」是管理顧問伊拉多·卡瓦利對在家工作的形容。其他人紛紛呼應，表達很懷念「隨時都能進行流暢而專注的對話」，以及那種在茶水間的小小閒聊能讓你「發展出延伸到職場以外的眞人之間的友誼」，這是住在加州的音樂軟體工程師兼創投家賽斯·山德勒發出的慨嘆。「我沒辦法從辦公桌前站起來跟同事互動，」工程師約翰·奧斯朋說，他接著表示：「那讓人孤單得要命。」從事開源軟體相關工作的艾瑞克·中川講得最直白：「孤獨能讓你崩潰。留個滿臉大鬍子什麼的。」

最令人警惕但並不意外的是，基於我們「用進廢退」的傾向，有好幾個回應者都注意到遠端工作的影響悄悄蔓延到日常生活裡。「一個人在筆電前工作很長時間後，再出門去什麼地方時——我發現自己忘了怎麼跟別人正常講話和溝通，這種情況要持續兩小時才能恢復原狀。我發現很難從文字訊息切換爲現實世界的溝通方式。」阿梅德·薩拉曼如此說，他是烏克蘭的軟體工程師兼新創公司執行長。

遠端工作本質上並不壞。許多遠端工作者都很珍惜這種方式提供的自主權與彈性，認同「我想在哪裡、想什麼時候工作都可以」的理想，並因爲省去長時間通勤而獲益。此外，公司採用遠端工作的策略，不但能擴大可挑選的潛在人才庫，也是很有力量的平等工具，爲一些族群提供更好的機會兼顧工作和家庭，例如新手媽媽、需照顧年邁父母的員工，或是在其他情況下可能放棄投入職場的傷殘者。

儘管上述理由都成立，遠端工作會使孤立和孤獨感惡化也是不爭的事實。八卦、歡笑、閒聊、擁抱，這些是人們講起封鎖期間被迫離開辦公室時，失去並懷念的東西，而且還只是其中幾項。史丹佛大學教授尼可拉斯·布魯姆（Nicolas Bloom）是在家工作議題的全球頂尖研究者，他發現「遠端工作者在家裡很容易會陷入沮喪、缺乏靈感」。事實上，他在二〇一四年發表的實驗結果中，某中國公司的一萬六千名員工，有一半的人以隨機選取方式被指定在家工作九個月，結果九個月期滿，半數的人選擇回到辦公室，即使他們的平均單趟通勤時間爲四十分鐘。在家工作使他們極度懷念在辦公室的社交互動，以致他們願意犧牲每天超過一小時的個人時間來獲取那種互動。

這表示雇主們應該抗拒縮減成本的誘惑，不要在疫情過後大幅增加遠端工作並把它納入制度；另一方面，雇主也該仔細思考，就那些非得在家工作的員工來說，該怎麼緩和他們受到的情緒衝擊。

這方面的具體策略，有一部分可能是增加使用視訊，而不是全然依賴語音或文字訊息來進行員工之間的溝通。頗爲詭異的是，東京的墨田水族館正使用這個方法試圖緩和封鎖期間館內花園鰻魚的孤獨感。失去人類遊客以後，那些花園鰻魚行爲開始出現異常，當照顧員要檢查牠們的健康狀態，牠們便鑽到沙子裡。就和遠端工作者阿梅德·薩拉曼一樣，花園鰻魚很快就忘了怎麼社交。因此照顧員請求大眾用FaceTime和水族館連線，以視訊方式向花園鰻魚招手或呼喚（不要太大聲），每次五分鐘。在撰寫本書當下，這麼做的幫助有多大還不得而知。不過正如上一章所探討過的，用**Zoom**度過封鎖期的人大部分都會快速醒悟到，透過螢幕溝通儘管比純粹使用電子郵件或文字訊息來得強，卻仍然是一種限制他人、本身也受到限制的經驗，至少跟面對面互動相比是如此。少掉全身的姿勢動作、物理性的親近與諸如氣味等更隱微的線索，使得溝通更容易產生誤解，彼此間的關係也沒那麼強韌。網路連線速度的挑戰意謂視訊不但動輒畫面定格或不同步，還帶給人許多憂慮，有時候反倒拉大了雙方的距離。

因此在疫情來襲之前便成功採行遠端工作制的大部分公司，都會限制員工遠端工作的天數。曾任谷歌人力資源部主管的拉茲洛．博客（Laszlo Bock）研究過「在家工作」的理想天數。他發現答案是每週一天半。這樣的組合之下，員工既有時間建立彼此的連結，也有時間獨自進行比較深入而不受干擾的工作。

成功的遠端工作先驅還會這麼做：在制度中納入規律而有序的機會，讓員工能當面相聚、進行社交，包括「週四進辦公室吃披薩」或是定期舉行聚會、會議或活動。而且這些單位會有意識地把辦公室設計成人們在裡頭會想要進行社交，不光是爲了減輕員工的孤獨感，也爲了更實用的目的。「科技公司設置小廚房和免費點心，不光是因爲員工在早上九點到中午之間會餓昏，而是你在那裡可以獲得意外的驚喜。」博克這麼告訴《紐約時報》的凱文．魯斯（Kevin Roose）。

職場就和私人生活中一樣，接觸勝過零接觸，物理上的接近對於創造社群感和社群精神至關重要。

激勵善意

當然，身處辦公室不見得就是更樂於社交。設下限制的因素不光是我們依賴電子郵件，或是工作場所本質上像座時時刻刻受到監視的圓形監獄。

導致人們不論上下班都愈來愈少與同事聚在一起的原因很多：愈來愈重視生產力和效率、#MeToo 之後職場文化的改變、工會的式微以及隨之而來的社會主義化，以及愈來愈長的通勤時間。總之結果就是，許多僅僅二十年前還司空見慣的社交行爲——像是跟同事在上午休息時間喝杯茶、下班後到酒吧喝杯小酒，或是邀請工作夥伴到家裡吃飯——都變得愈來愈非常態。

這種情況在公司裡的用餐時間格外明顯。

辦公室午餐時間。不很久以前，每天這個時候我們會跟同事聯絡感情，藉此機會探索共同的興趣和愛好，聊天，尋求支持。如今，與同事一起用餐愈來愈過時，而且我們不能把責任推給保持社交距離的規定。

莎拉是一家大型新聞公司的製作人，她在二〇一九年告訴我，儘管已在公司服務四年，她跟同事一起吃午餐的次數卻用一隻手就數得出來。她若是跟同事吃午餐，會因爲實在太過生疏，以致像是試著認識彼此的一群陌生人，而不是每週花了數十小時相處的團體。我還記得二〇一一年我在阿姆斯特丹擔任教授，那裡所有教職員從不一起用餐，我每天獨自進食時都覺得好孤獨。

調查數據清楚顯示這種經驗已變得多麼普遍。二〇一六年一項英國調查發現，超過百分之五十的受訪者表示從未或極少與同事一起吃午餐。坐在辦公桌前囫圇吞下三明治——通常邊吃邊滑 Instagram、上亞馬遜購物或看網飛——取代過去用一小時午休時間與同事交流以及充電。在美國情況也類似，百分之六十二的專業人士說他們「在辦公桌前」用餐，不過其中只有不到一半的人真的想要這麼做。即使在法國，與同事共進長時間午餐是行之多年而且幾乎是神聖不可侵犯的做法，近年卻也開始受到市場現實的影響。「午餐吃上一個半小時或兩個小時的時代已經一去不復返。」這是連鎖三明治餐廳 Pret A Manger 法國分店店長史蒂芬．克萊恩的觀察。

不光是上班族會一個人吃飯。老莫是個粗勇的南倫敦人，自從他的前雇主——當地一間出租車公司——倒閉以後（因爲它無法跟優步競爭），他就擔任優步司機。二〇一九年年末時，他告訴我，相當懷念以前在老東家跟司機同事一起吃飯的那種團結感。在那裡「司機們會在大客廳相聚，客廳裡有微波爐和冰箱，穆斯林和基督徒都帶食物去一起吃」「像個社群」。「那是個我認識你、你認識我的地方，」他解釋道，「如果一個星期沒看到你，我會打電話確認你沒事。」他以此來跟他當優步司機的經驗比較，說後者沒地方讓大家聚會，每個人都自己吃飯，「根本沒有向心力可言：如果我的車拋錨了，我很清楚沒一個優步司機會停下來幫我。」

正如獨居者在無人相伴的情況下用餐，會眞切地感到孤獨，這道理也適用於職場中一個人吃飯會感到更孤獨，而且我們也比較不可能覺得與同事有所連結。大夥兒一起準備食物、端上桌、享用，是全人類文化的核心儀式，從家庭晚餐到日本茶會到美國感恩節大餐或瑞典仲夏節前夕。這些時刻不僅提供閒談的機會（之前已探討過閒談有助於降低人們的孤單感），也是一塊墊腳石，導向更有意義的對話以及關係，使同事間的連結更緊密。

尼可拉斯．畢克羅夫特（Nicholas Beecroft）醫師是在英國軍隊服務的精神病學家，他相信，不採用公共食堂，改用基本上是爲了省錢以及提供更多自由和選擇的隨餐付款模式是個關鍵因素，導致他看到比起以往，現在士兵之間「同志情誼和凝聚力都少得多」，也使得很多士兵表示他們覺得孤單。此外，他還更憂慮的是，他印象中唯有並肩而坐、聊天談笑、共享美食，才能爲強健的社群打下基礎。「在戰場上，這種團結力能幫助士兵撐過壓力極大的狀況。」他說。畢克羅夫特醫師確實相信，士兵們是否自認隸屬於一個緊密團隊，關鍵性地決定了爲什麼有些士兵會出現創傷後壓力症候群，有些則不會——而「一同用餐有助於鞏固那種感覺」。學術研究支持這個說法：社會支持存在的多寡，能有效預測某特定人士在創傷性體驗後會不會發展出創傷後壓力症候群。

研究者針對另一個不無相似處的團體——消防隊員——共同用餐的影響進行調查，也得出類似的結論。康乃爾大學的凱文．尼芬（Kevin Kniffin）及其同事花了將近一年半，觀察美國一座主要城市裡十三個消防隊的情況，發現一起討論用餐計畫、一起烹飪和一起吃飯的消防分隊，比起沒有這麼做的分隊，工作表現好了一倍，因為他們更善於分工合作。

以消防工作來說，這很可能表示有更多生命得到拯救——即使是諸如朝建物噴水或搬移瓦礫等基礎工作，幾分鐘之差就是影響生死的緊要關頭，良好的合作技能是會造成重大影響的。尼芬作出假設，一起用餐是一種「社交黏著劑」，是點燃友誼、互相關懷和團隊合作的火花。看起來消防員本身也很清楚這種非正式連結有多重要。消防員說每天的用餐時間是他們值班時的核心，事實上這段時光重要到有些人會吃兩頓晚餐，一頓在家吃，一頓在分隊吃，因為他們覺得回絕隊友準備的餐點根本是發送不尊重對方的訊號。當研究者訪談沒有一起用餐的消防員時，受訪者似乎很尷尬：「基本上那象徵該團隊的運作方式出了深層問題。」尼芬說。

不論是在眞正的戰場上，或工作環境感覺像戰場，大家一起吃飯是一種簡單途徑，能夠在職場上建立更強的社群感和團隊精神。所以在歷經幾個月情非得已的保持距離後，公司若想重建社群感，幫助員工再次連結，就應該在策略中納入重新設定正式的午休時間——最好是固定時間——並鼓勵員工一起用餐。尤其這也能帶來明確的商業利益。

我不是提議要完全效法大型科技公司的手筆，設置員工餐廳，供應現撈半月灣平鮋魚、卡宴辣椒薑汁飲料、啤酒燉牛小排等佳餚——大部分公司擺不起這個闊，而且當地餐館和食品雜貨店也需要顧客。即使是提供一個溫馨舒適的房間或戶外空間，放上一張長桌，或是團隊領導者訂外送餐點在會議室共享，或是吆喝一群人一起去附近餐廳聚餐，這些簡單的做法也都可以發揮作用。

最重要的是，管理階層要向員工傳達明確的訊息：他們不但同意午餐可以好好吃飯休息，也積極鼓勵員工這麼做，並且還要營造出適當的環境，讓一起吃飯這個悠久而原始的傳統再度成爲職場生活規律的一部分。

不論午餐或別的時間，光是能跟其他員工同時間休息，就能對士氣和生產力造成巨大差異。麻省理工學院教授艾力克斯·「山迪」·潘特蘭（Alex 'Sandy' Pentland）針對美國一家銀行的客服中心作了詳盡研究，發現績效最佳的團隊是在正式會議之外最常交談的一組，這表示面對面互動最有價值。所以他建議客服中心的經理修改員工休息時間的排程，確保同一團隊的所有人都能同時休息，因而有機會在工作崗位之外跟隊友社交。效果立竿見影，不但員工比較開心，平均每通電話的處理時間——這是該部門衡量績效的關鍵指標——在表現較差的團隊間下降了五分之一，整體平均則下降約百分之八。原來在社交性閒聊之間，員工們也會分享有效的工作訣竅。結果，該銀行現在十個客服中心都採用了這種比較一致的休息時間排程，這個策略的異動將影響兩萬五千名員工，預估將增加一千五百萬的生產效益，也將提升員工士氣。採取這種簡單改變的地方，員工滿意度已有所進步，某些案例中甚至提升百分之十以上。

當然，在保持社交距離仍屬必要時，創造機會進行非正式社交確實有難度。如果茶水間被膠帶封起來，就很難享有茶水間的閒聊，而虛擬休息和相聚時間並不能帶來同樣的滿足程度。但是隨著工作場所度過新冠肺炎疫情，公司必須認知到把促進員工社交列入企畫案是多麼刻不容緩。不只因爲關係緊密的員工更有生產力、更願意付出、更不可能離職，也因爲在爭取最優秀人才這場戰役中——即使失業率居高不下，這個競爭也不會消失——以友善著稱的職場會特別亮眼。對 K 世代員工來說尤其如此，他們是社會中最孤獨的一群人，也是最渴望連結的群體。

但事情沒有那麼美好。儘管大部分員工都寧可在親切和善的環境裡工作，但是如我們所見，在新自由資本主義的系統裡，親切和善是被嚴重輕視的特質。主動要求這類特質的工作，例如教師、護理師和社工，其薪資遠低於平均值。與此同時，在職場上被視爲親切友善的女人，可能會發現自己「很容易就被罰坐冷板凳，不被當作強大的選手或是可商量事情的對象」，還有「她們的才能可能被忽視」，史丹佛大學資深研究學者瑪莉安·庫珀（Marianne Cooper）說，她對此現象有深入研究。

所以假如我們希望職場感覺少一點孤獨，部分挑戰也在於明確地重視諸如善意、配合與協作等特質。而且不能只是光「說」不練，還要眞切地找到方法去獎勵與激勵這類行爲。最近澳洲軟體公司艾特萊森（Atlassian）採行一個想法，在進行員工評鑑時不光是看個人表現，也看他們的協作表現，看他們有多麼積極主動尋找機會幫助他人，以及有沒有善待同事。

然而，這類做法仍無法完全屏除潛在的性別偏見。論及熱心助人時，通常人們要求女性的標準會高過於男性，尤其是關於「辦公室家務工作」，例如籌備聚會以及收拾善後，所以關鍵在於因應這種偏見作調整。不過評估員工表現時把這些特質列爲強調的重點是很重要的一步，這有助於營造更包容親和、更有合作精神以及更不孤獨的工作環境。

跨國科技公司思科（Cisco）將這個做法推進一步。他們施行兩種策略，既能鼓勵合作與善意，又能積極地獎勵這些行爲。第一種策略他們已實施好幾年，即公司裡從清潔工到執行長、任何階層的員工，都能提名另一個員工來獲得現金獎金，金額從一百美元到一萬美元不等，藉此表揚特別樂於助人、和善或有合作精神的行爲。

我訪談一位名叫艾瑪的員工，她說起自己最近提名一個新進人員，純粹是因爲她每天進辦公室時臉上都掛著燦爛笑容。在位於佛蒙特州斯托鎭分公司服務的經理湯姆告訴我，他獎勵團隊中的某個成員，因爲該成員願意花時間向新進人員解釋公司內部的眉眉角角，讓他們感到自己很受歡迎。再更近期一點，公司又推出「感謝代幣」的制度。這套制度仍是以員工爲主體，員工之間可以互相贈予數位代幣來回報對方的善意或幫助，或純粹只是表達感謝，算是一種虛擬形式的「拍拍對方的背」。這套做法不涉及直接的金錢獎賞，不過每次代幣轉手，公司都會捐款給慈善機構。

在這樣的職場中，員工感覺自己帶來的文化貢獻得到更多認可，不亞於他們爲公司盈虧貢獻的眞金白銀，而且公司積極鼓勵員工互相認可及感謝，絕對會讓員工感覺連結更緊密——無論是與雇主之間，或是同事彼此之間。思科這種鼓勵善意的做法，無疑是它最近被票選爲全世界最値得服務的公司的部分原因。

讓員工感覺被照顧、被當成活生生的人，不只是企業機器裡的一個齒輪，顯然是很成功的策略，尤其是我們的自尊有很大一部分來自他人的認同，這一點從黑格爾到拉岡等思想家都論述過。而且要達到目標並不難，即使是很小的激勵行為也能造成重大改變。在一間大型出版商工作的書籍編輯告訴我，有一個「了不起」的經理會在小組會議時帶巧克力餅乾跟大家共享。另一位出版人則跟我說有位經理特別引人注意，因為他每次會議的開場白都是讚許團隊在前一週有優異表現的成員，並在會議室裡明確向他們表達感謝。只不過，當我發現今日的職場中，這類行為已變得如此罕見，不禁感到詫異又沮喪。

十分的工作，零分的玩樂

在職業生活中感到孤獨，其原因可追溯到超出職場的物理環境或公司文化。我們許多人在工作中感到孤獨，是因為我們在「非工作時間」也感到孤獨。畢竟，我們上班時不會把情緒留在家裡。問題是，我們如此孤獨的其中一個原因，是我們許多人現在工時太長。這是個惡性循環。

確實，以整體人口來看，現今的「平均」工時在多數地方都比二、三十年前來得少。然而現在某些族群的工時卻是大幅增加，包括專業人士在內，而這些人大多受過大學教育。

自從一九九〇年以來，幾乎在每個西歐國家，這個族群的「極限工時」（每週超過五十小時）情況都呈現劇烈成長。在英國，現在工時最長的是最有專業資格的人。在日本，有太多白領勞工工作到死——字面意義的死亡——以致這種現象有了專門用詞：過勞死。與此同時，在中國，早九晚九上下班、每週工作六天已經很普遍，尤其是在金融業、科技業和電子商務業的專業人士，因而出現了「九九六」這個名詞。

現今中產階級生活的花費比二十年前要高得多，許多人工時這麼長是為了支應生活開銷。在我們或許會視為職業階級的人之中，長工時與身兼多職的情況確實愈來愈普遍，許多專業人士別無選擇，只能兼做第二份甚至第三份工作。在英國，皇家護理學院接受調查的成員中有四分之一說他們「額外多做一份有薪工作」來支應日常生活開銷。在美國，五分之一的護理師有兼職。現在美國教師幾乎有六分之一兼第二份工作，而且不限於暑假期間。在奧勒岡州，有太多教師去開優步，以致優步公司在手機應用程式上會提示乘客他們的司機是個「優步教育家」，方法是在司機姓名旁加上一個書本圖示。如果說新冠肺炎教會我們什麼，那就是若要好好走下去，最重要的是讓那些關懷他人的人不但爲所做的事得到感謝，也應該要獲得大幅加薪。

然而對另外一些人來說，長工時的動機不是他們必須如此，而是由文化或社會規範所驅動。就拿中國的「九九六」制爲例，這是中國億萬富豪——阿里巴巴共同創始人馬雲積極支持的做法。「我個人認爲，能做九九六是一種巨大的福氣。」馬雲在阿里巴巴的微信帳號上發文，「你不付出超越別人的努力和時間，怎麼能夠實現你想要的成功？」馬雲接著還補充，工時較短的人「體會不到奮鬥帶來的幸福和回報」。

我能理解馬雲想講什麼，我也不愛打混摸魚。而且投入那麼多時間可能爲人們帶來回報，不只限於財務方面——在美國，年收入十一萬美元以上者，有超過三分之一每週工作至少六十小時；還包括個人的滿足與成就感。然而不論是出自被動必要或主動選擇，長工時的問題在於，我們不單因此筋疲力盡，還會感到孤獨。

因爲花那麼長時間上班或在家工作，表示只剩下很少時間能與所愛的人和朋友相處，與社群連結、爲社群付出的機會也會變少；也只有少少的時間、精力或能量可以投入人際關係、享受鄰里情誼或照顧我們所愛之人，即使是自己很需要，也只能如此。在英國，百分之二十二的人說他們因爲太忙於工作而錯過特殊場合。在美國，將近百分之五十的人說他們因工作而筋疲力盡，以致在下班後提不起勁來社交。

這一切的最大輸家當然就是家庭。科羅拉多州某高中教師凱爾希·布朗（Kelsey Brown）是個典型案例。她自己承認她「被燃燒殆盡了」，多數日子凌晨四點起床，擔任長曲棍球教練、負責交換學生計畫、帶夏令營團隊，這還沒算進她正常的日間工作，全都只是爲了能付清帳單。布朗經常晚上八點還待在學校。這表示儘管她才新婚，卻發現自己每天晚上頂多只能跟丈夫相處半小時。

許多人和父母的關係也與此類似。「我們都知道家有一老如有一寶，但有時候我們實在太忙於餬口了。」一名中國專業人士在微博上寫道。他並不孤單；到了二〇一三年，這現象變得太普遍，以致中國政府規定「疏忽父母」是個會遭到懲罰的罪行，以此回應已出社會的成年子女鮮少探望年邁雙親的事實。

隨時處於開機狀態

即使我們的身體不是從早到晚都在工作，開機時間過長的問題還是可能存在。因爲對許多人來說，已是逃不開工作了。不論是週末、夜晚甚至是假日，罪魁禍首依然是那個討厭鬼：我們的智慧型手機。保羅是一位私募股權基金經理，他告訴我他實在是「無法」不每天都查看電子郵件，即使他是爲了計畫已久的家庭度假而身在加勒比海。克勞蒂亞是一位清潔員，北倫敦有四十個家庭都由她負責，她說她的客戶經常半夜兩點還打電話給她，告知她諸如「你明天能不能把我的大衣送去乾洗？」「記得清理烤箱」這類「緊急」訊息。

對於賺錢能力愈來愈岌岌可危的自由工作者來說，經常是除了回應訊息沒有別的選擇可言；而某些公司的企業文化是，預期每個人都「隨時處於開機狀態」。根據一個廣爲流傳的故事，時尚行李箱品牌 Away 這家新創公司在忙碌的度假旺季時，顧客體驗經理會要求團隊每個人自拍一張在工作崗位上的照片傳給她。她是在凌晨一點提出這項要求的。儘管媒體強烈抨擊 Away 的這種文化，現實卻是許多公司都讚許這類行爲。

數位科技瓦解了我們職業生活與個人生活之間的界線，許多工作者感覺自己必須配合這些投入工作的新規則，否則就有可能面臨老闆的失望或不滿。然而說到順應數位時代營造出的「隨時開機、隨時工作」文化，我們究竟是不是心甘情願，就必須再多問自己一些問題：

是霸道老闆「逼我們」在晚餐桌邊點開電子郵件，還是我們的數位成癮症以及多巴胺渴求才是元凶？

會不會有時明明可以選擇，我們卻只因爲忌憚另一個選擇而點開了信？

也或者是我們誤以爲不回那封下班時間寄來的郵件，看起來會比較不敬業；又或許在這個「再拚一點」和「起床開工」等口號代表的不是嘲諷而是有志氣的時代，我們許多人根本是把自己的價值看得跟生產力以及收入密不可分，因此把職場的要求放在比其他所有事都優先的地位。

不論出於什麼原因，結果就是我們許多人都在家庭聚會上、學校遊戲中，甚至深夜就寢前，回應老闆、客戶和同事的訊息，但我們其實大可等到隔天上班時再送出答覆——我們也忽略了這樣中斷與家人朋友相處的寶貴時間，其實使我們更缺乏連結。這份缺乏不只會反映在工作上，也包括我們的私人生活。人與人的關係需要時間去滋養，關懷不是招之即來。如前面幾個章節所見，你必須主動積極參與社群，才會感覺有歸屬感。二十一世紀的工作壓力加上數位通訊的無所不在，表示我們愈來愈難意識到這一切。

我招認，對我們某些人來說，工作和電子郵件會習慣性占據上天賜予的所有時間，但我們「確實」有選擇餘地，可以決定要不要讓這種情況發生；我們至少要有所認知，這麼做是在進行一種條件交換，並且問問自己這場交易是否眞的值得。有時候或許答案是肯定的，但每次都是嗎？

我們需要更敏銳覺察陷入數位成癮症付出了多大的代價，正如同雇主需要明白「隨時處於開機狀態」的工作文化會帶來什麼後果——影響員工的心理健康、生產力、決策力和創造力。

在一些具革新精神的公司，管理階層以及員工至少試著劃出界限。早在二〇一一年，福斯汽車員工的工作理事會（類似工會代表）發起的運動，成功讓公司修改黑莓伺服器程式，在工作時間結束半小時後停止發送電子郵件。二〇一四年，德國戴姆勒（Daimler）汽車公司實行一項政策，讓假日寄給員工的電子郵件都被自動刪除。二〇一八年，歐洲連鎖平價超市利得（Lidl）在旗下一些超市禁止在下午六點到早上七點以及週末寄送工作相關郵件，力圖改善員工工作與生活間的平衡。

華納音樂集團是一間國際音樂公司，員工超過四千人，旗下藝人包括紅髮艾德、麗珠、酷玩樂團和火星人布魯諾；而在華納音樂的英國分公司，管理階層採取很不同的方針。（作者註：請注意，我現為華納音樂的董事。）公司擔心「隨時開機」的文化不但會潛在地摧毀創意，也妨礙員工彼此面對面互動，因此在二〇一五年策畫一系列活動，教育員工過度依賴數位通訊方式有什麼缺點。正式統計公司內部電子郵件往來後得到的結論是，約百分之四十的郵件都在同一棟樓裡互傳，於是公司便積極鼓勵員工減少寄郵件、多面對面交談。牆上貼了一些標誌，表明會議室內禁用手機，並提供設有充電站的抽屜，讓員工在開會時把手機擺在裡面。公司並提供比較年輕的K世代員工訓練課程，幫助他們在休假前把工作安排妥當，這樣他們不在公司時就比較不會發生公司需要找他們的狀況。結果或許在意料之內，對於習慣隨時處於開機狀態的這個世代而言，計畫失聯從不在他們的考慮之中，也不曾受過相關訓練。於是管理階層希望上行下效，鼓勵資深領導人「不在辦公室」的自動回覆信件中，清楚寫明他們正在休假，並提供休假期間的代理人聯絡資訊。

在某些地方，甚至連政府都插手了。例如法國，員工超過五十人的公司，員工享有「失聯權」，這是自二〇一七年一月一日起由法律明定的保障。在實務上，這表示企業必須與員工協商上班時間之外是否可以聯絡，假如公司提出要求員工在正規或約定的工作時間結束後回應通訊，或是報復不願接受的員工，都將面臨裁罰。西班牙在二〇一八年採行類似法規，菲律賓、荷蘭、印度、加拿大和紐約市也正考慮制定不同版本的規定。儘管這類法律的倡議者樂見法規成爲防止員工燃燒殆盡的一種必要手段，但無可否認，這是有點粗糙的反應。有些工作者擔心這結果是他們必須在辦公室待更久；其他人則擔心他們會在工作日爲了趕上回覆電子郵件的進度而更焦慮；還有些人覺得這種程度的微型管理削弱了員工的力量。當然，「失聯」

的特權對於愈來愈多的零工經濟工作者來說，又是一種看得到吃不到的權益——我所說的零工經濟工作者，指的是透過手機應用程式或網路平台而受僱於 TaskRabbit 或優步等各類公司的人。對他們來說，每失聯一小時就表示有一小時沒機會賺錢。正如同無螢幕學校和無手機保姆象徵了富裕和貧窮孩童之間新的數位分隔板，保障擁有穩定高薪工作的員工有「失聯權」對自由業者毫無幫助，因爲後者的生計經常是仰賴隨時保持聯絡來達成。

有薪水的照顧假

了解工作中與在家時的孤獨兩者之間的交互作用後，雇主就能更加體認到員工是活生生的人，在職場之外也有責任在身，能否滋養及維持職場外的人際關係，會深深影響他們的身心健康。但這並不是現實的走向。

賈斯汀·關（Justin Kwan）曾在巴克萊銀行位於紐約的全球能源及公用事業組擔任分析師。他回憶起有一次一名實習生要求休假一個週末參加家族聚會。他的要求被批准了，不過故事還沒有結束。「他同時也被命令交還黑莓機並收拾個人物品。」英國總工會提出的報告顯示，在要求彈性安排工作時間的年輕家長中，每五人中就有兩人會受「懲罰」，獲得較少的時數、較不理想的輪班時間或甚至丟掉工作，許多家長接獲通知要自己請病假或特休來照顧孩子，甚至有些人在緊急狀況時也被公司拒絕准假。

在新自由主義的世界，照顧我們自己都很困難了，遑論照顧他人。在美國，將近四分之一的成人都曾經爲了請假養病或是照顧生病的至愛之人，而被解僱或被威脅炒魷魚。雇主們必須將此事當成緊急而優先的議題，重新思考該怎麼讓所有員工（絕不只限於坐辦公室的那群人）都有能力付出支持、善意和關心。而且當前的經濟環境不能拿來當作維持現狀、甚至開倒車的合理化藉口。

再次重申，此事不是沒有解決的辦法，已經有些公司做出示範，它們提供更有彈性的工時安排以及更多的兼職機會，來幫助員工兼顧工作者與家庭照護者的雙重角色。然而，這未必是最好的解決之道。有相當大量的研究顯示兼職勞工升遷的機會低於全職同事。有鑑於兼職勞工大部分是女性，所以表面上看來正向的舉措卻很可能又對性別平等造成嚴重打擊。

也許與其聚焦在提供兼職機會當作進步的方式，公司不如提供數天有薪的「照顧假」給所有員工，就像許多公司會給剛當上父母的員工有薪育嬰假一樣。這些假可以用來照顧孩子、朋友或親戚，甚至也能去做一些對當地社群有貢獻的事。這種做法有前例可循。二〇一九年，英國最大的能源公司森特理克（Centrica）提供額外的十天有薪假，讓員工照顧年邁的父母或其他有身心障礙的至愛之人。這樣的措施除了能發揮同情作用，也能達到財務上的目的：該公司預估這種政策能為英國最大的一些公司省下四十八億英鎊，原本這些錢會因為照護者必須處理緊急狀況臨時曠職而損失掉。全英房屋抵押貸款協會提供員工每年兩天的假，用來幫助當地社群。總部在美國的科技巨擘 Salesforce 有更進一步的做法——它的員工每年可獲得多達七天的有薪假去從事志工工作。

另一方面，二〇一九年，微軟公司在日本分公司進行實驗，提供全體兩千三百名員工連續五星期的週五放假，而且薪水分毫未減。它也提供每名員工多達十萬日圓（約台幣兩萬七千多元）的補助金，用來家族旅遊。結果令人吃驚。員工不但比較開心，會議也變得更有效率，曠職率下降百分之二十五，生產力衝高百分之四十。與此同時，辦公室裡的人員減少代表大幅節省成本和增加環保益處——在試行期間，用電量減少百分之二十三，列印紙的用量也下降百分之五十九。

這類案例帶來希望，顯示出確實存在創新且有效的方法，能對付員工在職場內外的孤獨感。而採用這類策略的公司既能得到更快樂的員工，也能在營收方面獲益。儘管這些政策對你的公司來說可能感覺奢侈到負擔不起，我們卻萬不能讓新冠肺炎造成的經濟後果進一步使社會中的自私制度化。關懷與資本主義必須和解。

然而工作中的孤獨不光是覺得和同事、老闆缺乏連結，也會讓人喪失動力，甚至無能為力。接下來我們將看到，在機器時代，這種情況更可能發生。

第八章

╲
╱
╲

數位之鞭

我正在應徵一份工作，但我從未體驗過這樣的應徵過程。沒有人給我面試，我是坐在家裡盯著我的筆電，讓它把我的答覆錄成影片。此外，我能否成功取得這份工作，將由機器而不是人類來決定。

電腦說不行

這聽起來可能像出自查理．布魯克主創的影集《黑鏡》，不過據估計，短短兩、三年之內，這種虛擬面試將成爲常態。這種所謂「使用演算法的聘前評估」，目前已發展成數十億美元的產業，而且很可能是企業在作出聘僱決策時的必要程序。爲我進行面試程序的是 HireVue 公司，它是該領域的先驅之一。這間公司的總部位於猶他州的約旦河河岸，其客戶包括七百間一流公司，例如希爾頓酒店、摩根大通和聯合利華。HireVue 的演算法已經根據類似的面試影片評估過一千多萬名潛在員工，我只是其中之一。

它們的人工智慧科技是這樣運作的：以人工智慧的新領域——「情緒辨識AI」——來「判讀」應徵者，分析他們的語彙、音調、節奏和臉部表情，將多達兩萬五千個獨立的資料點都記錄下來。接著所得到的結果會拿來跟該職務「理想」

候選人的數值作比較。就實務上來說，這表示我每一次呼吸、每一次停頓、眉毛上揚的高度、下巴繃緊的程度、笑容有多燦爛、選擇的用語、講話的音量、姿勢、說了幾遍「嗯」或「呃」、口音、甚至是怎麼使用介系詞，全都被記錄下來並送進黑盒子模式演算法，去判定我適不適合進入沃達豐（Vodafone）公司的實習培訓計畫。或者不該說是我，而是我的臥底用化名「艾琳娜·魏爾茲」。

不可否認，對於大規模的聘僱需求而言，使用演算法進行聘前評估是很省成本的方案。有鑑於大企業每年收到的應徵申請遠超過十萬份，使用這項科技很可能會省下數千小時的工時。此外，HireVue 聲稱由其系統挑選出來的員工，不論是留職率甚或工作表現都明顯高出平均值。可能是如此沒錯，但這過程給我的感覺可不只是稍微疏離。

整個面試過程中，我都必須讓螢幕中的軀體待在由虛線框出的範圍裡，這項事實使我不僅感覺活像謀殺案現場的被害者，還讓我無法眞實地表現自己。當然，在所有面試場合，應徵者都無可避免地有些虛假，畢竟你會試著展現出雕琢過的、最好版本的自己，但這不一樣。我是個表達方式強烈的人——說話時會動，會配合手勢。可是被困在虛線範圍的我連手勢都不能比。由於我在回答問題時，可以在螢幕角落看到自己的影像，這種體驗感覺尤其像在表演，而我的角色令人不安，因爲我既是演員又是觀眾。

螢幕右上角有個倒數的時鐘，爲這過程又平添一股壓力。我被分配到每題有三分鐘作答時間，不過我就像蒙眼開飛機，缺少一般情況下可從人類面試官那裡獲得的各種線索——臉部表情、頭部動作、手勢、微笑、皺眉——讓我不確定是否已講得太冗長了，還是他們希望我把時間用完。我不但無人可詢問，眼前也看不到微笑，或是眼神往下瞟向我的履歷，沒有可供分析的肢體語言，使我根本不知道「面試官」是否已經聽夠某一題的回答、是否喜歡我說的內容、是否明白我的笑話、是否對我的故事感同身受，或是他們剛剛決定我不是他們要找的那種人。因此，隨著面試進行，我感覺愈飄愈遠，無法判斷是要保持原樣、放慢速度、改變節奏、更換策略、修正風格、增加或是減少微笑。應徵沃達豐人力資源部門實習培訓計畫的理想候選人，想必應該面帶微笑，可是要微笑多少次、每次又該維持多久？

我要釐清，讓我感到極度疏離的，並不是我在跟機器互動這件事本身。讓我如此不安的是人和機器之間的權力不對等。被剝去完整而複雜人性的我，必須討好一部機器，而我永遠都不會知道它的黑盒子模式演算法是怎麼運作的。它關注的是我哪些「資料點」，又對哪些部分加重計分？我的嗓音、語氣、肢體語言，還是我講的內容？它用什麼方程式來評估我？它公平嗎？

我們思考孤獨的問題時，通常不會在脈絡裡放入跟機器互動令我們感覺如何這題。即使本書前面的章節談到零接觸生活給人的孤立感，我的重點也是放在缺乏與人類面對面接觸的影響上。既然遭到國家和從政者不公平對待以及削弱力量會令人感到孤單，那麼遭「大企業」和它使用的新科技如此對待，也可能令人孤單。

當雇主把我們的職業未來交到演算法手裡，我們很難相信自己會獲得公平的對待或擁有合理的依靠。部分原因出在，臉部表情和語調高低之類特徵是否眞能決定未來表現，要打個大大的問號。確實，二〇一九年十一月，美國知名公益研究機構電子隱私資訊中心向美國聯邦貿易委員會正式投訴 HireVue，指控該公司「使用未經檢驗的祕密演算法來評估職務應徵者的『認知能力』『心理特徵』『情緒商數』以及『社交性向』」。

這裡頭還有偏見的問題。雖然 HireVue 聲稱它的方法會屏除人類偏見，事實上卻不太可能。因爲它的演算法是根據過去或現有的「成功的受僱者」的影片來訓練，這表示在聘僱時產生的任何歷史性偏見（無論是自覺或不自覺）都很可能一起複製了。

事實上，亞馬遜在二〇一八年正是發生了這種狀況。消息揭露，該公司的人工智慧履歷分類程式一直回絕女性求職者的履歷，儘管沒人事先「告訴」它應徵者的性別。怎麼會如此？原來是演算法有效地「自學」，判定申請表中若含有女子大學校名甚或是「女子」這個詞（例如「女子西洋棋隊隊長」）就是不合格。這全是因爲它被訓練成根據十年份的聘僱資料來判斷應徵者是否「合格」，而這個產業應徵和受僱的絕大多數都是男性。不消說，那些人裡頭鮮少見女子西洋棋隊的隊長。

要調整演算法裡類似性別歧視這麼明顯的偏見，相對來說還算簡單。確實是如此，亞馬遜的工程師很輕鬆就重整了模組，停止把「女子」之類詞語當作判定不合格的理由。但是機器學習最棘手的是，即使最明顯的偏見來源都消滅了（在HireVue 這樣的系統中是絕對消滅了），但那些可能根本沒發現是偏見的、不那麼明顯、看似中性的資料點，又該怎麼辨呢？

例如，在微笑這件事上其實有顯著的文化差異。拿美國人來看，他們比起諸如芬蘭、日、德等國家的人，微笑頻率要高出許多，嘴角也拉得比較開——這是有研究佐證的刻板模式，研究顯示微笑這個行爲與一國的歷史多元性有關。（作者註：普遍理論認為在歷史多元性較高的國家——也就是人口組成有一大部分是移民，其語言或文化規範可能都與本國人不同——人們會更常預期在別人臉上看到微笑，並且把微笑當成一種社交貨幣。）事實上，美國人的微笑與眼神接觸本能實在太引人注意，以致一九九八年當沃爾瑪超市首度來到德國展店，它必須廢止原本已經過測試的做法，不再要求員工對顧客微笑，因爲德國人把咧嘴燦笑解讀為不得體的打情罵俏。有鑑於這類差距的存在，HireVue預設微笑就等於友善、自信以及（對某些職務來說）能幹，是疑似拿特定國家或文化價值觀來評斷候選人，並且可能懲罰了認為面試時頻頻微笑屬不恰當舉止的人。

對於HireVue解讀抑揚頓挫和詞彙的方式，我們可以作出相同批評：除了所謂「智力」會影響用字選擇外，也會因地區、教育、種族、方言和社會階級而有不同。正如同亞馬遜的履歷分類程式很快就「學會」把性別的代名詞（例如「女子」一詞）與「不適任」連在一起，因此我們很可以想像HireVue的演算法會刷掉一些人，只因為他們的特定口音、口語用法和其他源自文化背景的表現。

再來還有，許多人類可以瞬間辨識的變數，機器的比對程序卻未必能理解：好比臉部有缺陷，以致無法露出一般微笑的人；有口吃而無法像先前那些明星受僱者一樣口若懸河的人；甚或是候選人家裡天花板的燈光太亮，在他的臉上投下醒目的陰影，結果被「機器眼」解讀表情兇惡。

並不是說人類面試官就不會有偏見，或是在面試時，出於無意識的情況下，歧視了特定膚色、口音或殘疾人士。重點是，先入為主地假設演算法所作的決定不會受到類似偏見的影響，這項假設是錯的，並且顯示出我們太常給予機器多於人類的盲目信任。

此外，隨著演算法愈來愈精密，資料集愈來愈大，規則愈來愈複雜、精細，再加上有自我學習能力，以致我們也愈來愈難搞懂它們究竟如何或是爲何作出那些結論。我們面臨的狀況是，有些演算法的「創造者」都無法完全解釋它們作決定背後的機制。而如果我們對演算法眞正的運作方式不夠了解，就無法預測它可能出什麼問題，要設置有效防護裝置就更加困難。

隨著演算法決策在我們生活中取得愈來愈重要的地位——從決定我們是否符合貸款資格，到警察是否要攔查，到是否會僱用或解聘（沒錯，根據西班牙 IESE 商學院的教授們所言，一種「預測未來貢獻」並計算裁員潮中該炒誰魷魚的演算法「必然很快就會問世」），這些演算法因爲不透明，讓人很難去質疑它們的決定，更別說試圖扭轉錯誤的決定，這無可避免地會更加深我們的無力感。而在無力感製造的眞空裡，孤獨感會蓬勃發展。因爲我們已探討過，無法掌控自己命運的感覺會加深人的孤獨和孤立感。

這場單向審訊中，還有一個讓我感到極度疏離的點：即使是場虛擬面試，我所受到的觀察或許比過去任何時候都更加精確，但我卻意外發現自己像個隱形人。它們檢視的究竟是誰？我，還是被化爲像素的單一面向的我？這個人被切割成兩萬五千個資料點，這個版本的我怎麼可能捕捉得到我內在豐富的經驗、故事和個性？

這種感覺因爲一項事實而更強烈。即使在面試過程中我眞的敞開心房，非常坦率地談到我克服的一些個人挑戰，包括我拚命掙扎才終於獲得的成就，但就在面試完幾分鐘後，我就收到一封評估我性格的電子郵件——評估結果極爲籠統且平淡。顯然，即便我說了很多話，卻完全沒被「聽見」。〔作者註：請注意，除了面試影片之外，我還必須「玩」幾個心理統計學方面的「遊戲」。它們並沒有清楚說明遊戲結果對這份評估的影響為何。〕

以下節錄評估報告中的關鍵段落：

・**你展現出你有能力改變行動、意見或行為，並且能妥善處理曖昧不明的狀況。**

務必確保你充分注意情境背景，以評估在什麼狀況下可能需要的是更注重條理而非彈性。

・**你能以高標準完成你所收到的工作要求。**

試著接受你在某些狀況下可能並不需要如此徹底仔細，以便在必要時能在效率與持久間取得平衡。

這些評估很可能用在各種人身上；看起來也像是和我剛進行的「面試」完全沒有瓜葛。

但這當中的諷刺我躲也躲不掉：我明明是應徵人力資源的職務，在面試過程中卻完全沒有跟人類互動。HireVue最大的客戶之一希爾頓國際集團就用這種面試方式刷掉了幾萬名求職者，過程中那些求職者沒有跟人類交談過半句話。「艾琳娜・魏爾茲」也歸入這群被刷掉的求職者。接受評估後六週，「她」透過電子郵件得知「很遺憾，這次我們無法接受您的求職申請」。

我的HireVue面試體驗讓我感到無力、像個隱形人且脆弱，覺得自己受到沒人說明過的規定所批判，那些規定很可能不公或偏頗，而我卻只能任它宰割。難怪這過程令人感覺疏離。而且我做這件事還只是爲了實驗，少了眞正的應徵者會感受到的額外壓力和負擔。

我的經驗也象徵了更廣大的現象。我們正面臨工業革命以來最重要的工作型態重組，但過程中權力卻不斷被移交給科技——不光是聘僱演算法，還包括進行聲譽評分的機制和機器人，以及監視工具與追蹤裝置，並進而賦予操作這些有利工具的人權力。這些基本上都令人感到疏離，並且共同形塑了當今這個孤獨世紀。

你的每一次呼吸

珍是威爾斯一間客服中心的職員，對她來說，電腦螢幕一角的藍色小框框意謂的是，她一直受到監視，行爲隨時會留下紀錄。通話會被錄音，所以要是自己說話太快，有個速度計會冒出來警示她。如果表現得不夠「有同理心」，冒出來的會是愛心圖示。如果珍對人工智慧程式批判她的人類互動感到不舒服，呃，那可糟了，因爲要是她把小框框關掉或縮到最小，監視她的科技「Cogito」會通知中央管理部門。

傑克是美國銀行的職員。他配戴的那個每十六毫秒蒐集一次資料的 Humanyze 生物統計學識別證，讓他隨時都意識到自己受到監視。不只是他的對話被錄音，一舉一動也都被記錄：他向後靠上椅背的角度、話多話少、說話語氣。藉由分析他行爲表現的這些資料點，以及將這套分析用在整間公司許許多多的「傑克」身上，雇主期望的是能辨識出生產力較高的員工有哪些習慣，哪怕是再微小的習慣。

蕾娜爾妲·克魯茲是四十二歲的聯邦快遞倉庫職員，公司要求她在手臂上戴著電腦掃描器來追蹤她包裝的速度，這個裝置讓她覺得自己被剝奪了人性。當她因重複搬紙箱而手腕發炎，還要配戴掃描器增加額外重量，同事只能建議她吃止痛藥。

而她那些沉迷於指標的經理想法則不同。他們指示她加快速度。

與此同時，亞馬遜最近以一種腕帶贏得兩項專利，這種腕帶能監看配戴者的每個動作，並且在感應到員工違反規定時振動。這條腕帶能用來辨識員工在什麼時候曾停下動作抓癢，或是計算他們去一趟洗手間花了多長時間。在亞馬遜的倉庫裡，負責找出顧客購買的商品並且送到倉庫內寄送站的員工稱爲「揀貨員」，而揀貨員會配備一個手持裝置，能追蹤他們的一舉一動。記者詹姆士·布拉德渥斯（James Bloodworth）曾臥底進入亞馬遜位於斯塔福德郡魯吉利的倉庫當揀貨員，他解釋道：「大約每十二個員工會有一個生產線經理，那個經理會在倉庫某處俯在辦公桌上，對著電腦螢幕輸入指令。這些指示會傳到我們的裝置裡：『你這小時的速度變慢了，請加快動作。』」布拉德渥斯令人心酸地描述同事們「忙得跑來跑去，甚至沒時間擦掉臉上的汗」。

這些不是什麼少數特例。早在新冠肺炎侵襲前，全球員工人數超過一千人的公司中，就有超過半數使用「非傳統科技來監看員工，包括追蹤鍵盤的敲擊、監看電子郵件內容，甚至監聽員工之間的對話」。這種職場監視的新世界稱爲「使用者活動監控」（user-activity monitoring, UAM），有望在二〇二三年發展成三十三億美元的產業。現在，由於疫情的關係，遠端工作者迅速增加，公司對員工的生產力也愈來愈重視，工作者受到監視的情況也隨之大幅上升。

我們生活在肖莎娜·祖博夫口中的「監控資本主義時代」。在這個時代，對愈來愈多人來說，雇主不但時時刻刻在監視你，甚至時時刻刻都在用人工智慧、大數據以及一大堆有侵入性的微粒測量裝置來對你作出各式各樣的判斷。這類結論可能決定你的職涯曲線，包括你會被升職還是免職，然而它們往往立基於缺乏脈絡的資料之上，並沒有把情有可原的狀況列入考量。

儘管蕾娜爾妲的手腕已發炎，聯邦快遞的經理仍叫她加快速度，因爲機器測量的是速度，不是她感受到的疼痛。在「圓形監獄職場時代」，無法被測量到的東西就不重要，而測量得到的東西又過度重要。

逃離工作場所的「物理環境」，也不代表就能逃過監控。諸如 WorkSmart 這樣的應用程式，會運用螢幕截圖、應用程式效能監控以及鍵盤敲擊紀錄，時時刻刻爲工作者的「專注力」和「集中力」打分數。近兩、三年，這種應用程式還愈來愈受歡迎。受到 WorkSmart 監控的工作者甚至每十分鐘就被拍照一次，以確保他們一直在工作。這個趨勢同樣因爲新冠肺炎而加速成長。從銀行到保險公司，從法律事務所到社交媒體公司，有些雇主擔心在家工作的員工會偷懶，便在二〇二〇年春天不惜砸重本投資監控軟體。二〇二〇年四月，有些遠端工作者監控系統的供應商回報，他們的銷售量暴增百分之三百。等這些員工回到辦公室上班後，他們筆電裡的軟體就會移除嗎？我可不認爲。

受到遠端監控的不只是員工的工作表現，雇主的目標也不光是提高生產力。現在連勞工生活中最個人的層面也都被記錄與監控。二〇一八年，西維吉尼亞州一所高中的英文教師凱蒂．恩迪考特奉命下載一個名叫 Go365 的「職場健康度」應用程式，因爲雇主想要壓低員工的健康保險成本。該程式會監測她的運動量及健康狀況，按步行數之類的良好行爲來給予點數獎勵，若無法累積足夠的健康「點數」，則會收取罰款（每年五百美元）。

隨著雇主愈來愈關心員工的健康與安全，同時還爲了減少成本，該不會接下來這類應用程式的追蹤範圍延伸到……好比，隨時監控員工體溫？即使這麼做可能有助於減少職場的疾病傳播，但又是誰來決定哪種程度的侵犯是可接受的？而那些強迫員工使用這些程式的雇主，以及因販售程式而獲利的公司，該負起什麼樣的責任？這裡頭可是涉及資料隱私相關的議題。

對於隨時受監視的感受，員工的話說明了這是多麼令人疏離的經驗。

「他們測量我們的時間、我們的產量，好像當我們是機器人。」聯邦快遞員工蕾娜爾妲．克魯茲說。

「必須下載那個應用程式，被迫交出敏感資訊，讓大家覺得好像被侵犯了一樣。」凱蒂如此描述她使用 Go365 的經驗。

詹姆士．布拉德渥斯告訴我，漫長的一天結束時，他身爲體態標準、身體健康的年輕男人都感到筋疲力盡，結果公司還說他的生產力落在後百分之十，他覺得這簡直不可思議。他說由於無法取得原始資料，也缺乏握有監督之權的勞工代表，讓他醒悟到自己根本無法確認公司說的是不是事實，因而產生深深的無力感。

布拉德渥斯也告訴我，他不能在飲水機旁、甚或在同事身旁揀貨時趁機交談，因爲掃描器會把這種行爲視爲「閒置時間」——去洗手間也一樣——是有可能招致懲戒的行爲。覺得這種數位觀察讓人深感不安的人不只他一個。

「那種全面監控太可怕了，」寇特妮．哈根．福特回憶，她把自己在英國當銀行出納員時被監視的經驗形容爲「去人性化」。下一步該怎麼辦？她決心攻讀監控科技領域的博士學位。

面對持續不斷的評估、側寫和分類，對過程又沒有任何控制力、不能取得自己的資料，也不能眞正了解機器是用什麼方法演繹的，這在本質上就是一種異化，而且是再次凸顯雇主與員工之間存在多麼巨大的資訊和權力不對等。尤其是受監控與測量的項目都是對公司盈虧影響最大的部分。撇開健康和安全的顧慮不論，這件事的重點往往就是盈虧：公司監視員工爲的是維持競爭優勢。問題在於沒有人會測量你對某個過得不順心的同事展現善意，或是你有沒有特別花心力協助新進同事適應公司，而我們在上一章已探討過，這類因子有可能嚴重影響生產力與工作表現，還有職場士氣。在這個有愈來愈多的權力被移轉給數字的世界，我們需要更嚴格地檢視有什麼東西受到測量、爲什麼測量以及如何受到測量，還有談到工作貢獻度時，數據的極限到哪裡。

躲避雷達偵測

問題不只是受監視的職場會讓人產生嚴重的無力感與疏離感。正如同強化版開放式辦公室，它促使員工自我審查，並導致退縮反應。

這正是波士頓大學社會學家米歇爾．安特比（Michel Anteby）發現的結果，他的研究內容是美國聯邦運輸安全管理局（該單位負責機場安檢）內部的組織實務。他爲尋求實例，觀察在行李查驗站工作、隨時都被上司用錄影監視的員工，發現他們「會盡一切可能躲避雷達偵測，在本質上像是消失了一樣……他們努力不說話、不做醒目的舉動，不做任何可能引起管理階層注意的事」。

在一個隨時受到監視的環境裡，我們本能地會想退縮，將自己與周圍的人隔絕，並試著盡可能躲避雇主緊迫盯人的目光。但根據安特比的觀察，問題出在：「這會導向惡性循環，管理階層的疑心更重，更覺得自己有正當理由升高監視程度。」結果就是員工會躲避攝影機以及彼此。他們變得愈來愈沒有存在感，工作時也愈來愈不像眞實的自己。

勞工本來就是被管的啦

從很多方面來說，職場中的監視行爲都不算是新鮮事。在一八五〇年代，惡名昭彰的艾倫．平克頓（Allan Pinkerton）靠著創立一家偵探事務所，追蹤員工下班後的動態並滲透剛開始發展的工會，而賺進大筆黑心錢。到了一九一四年，眾所皆知亨利．福特（Henry Ford）會手持馬表巡邏工廠，以確保汽車裝配線發揮到最高效率。一九九〇年代，錄影監視器愈來愈普遍，一方面是爲了防竊，另一方面也是爲了確定員工是否遵守公司政策，或純粹是看他們工作速度夠不夠快。工業化使得生產製造與工匠技藝之間的距離愈來愈遙遠，隨著雇主對員工愈來愈缺乏個人了解，也就愈來愈不信任員工，監視行爲也因此大舉來襲。

然而在二十一世紀，以下三件事是新的：一、我們被監控到什麼程度？二、數位技術使侵入行爲達到多麼令人不安的程度？三、有多大程度的決策權力移轉給了機器？

但這仍然是規模的問題。因爲「昔日，職場的監視是分離的，觀看者只有上司，範圍也只限於工作場所」，牛津大學政治學家伊凡．馬諾卡（Ivan Manokha）寫道，現在它卻「無所不在，電子裝置和感應器即時地、持續地蒐集和處理員工表現的數位資料，即使（且經常）是在工作場所之外的地方」。

時時受到監視，被人當成機械來看待，比較不能展現眞實自我，也不能自由自在地跟同事交談，感覺愈來愈不受信任，這些都使我們變得更警戒、自我審查以及退縮，變得不敢揭露眞實的自己。結果就是，我們無可避免地感覺更孤獨，並與雇主、工作本身以及周遭的人都更加疏離。

儘管如此，世界各地卻有愈來愈多的員工、契約工和自由工作者發現，如果他們想要保住工作，就必須接受愈來愈過分的侵入式監控。即便這類監視愈來愈普遍，又缺少群起反抗的事實，卻也不該被視爲默許同意。況且它反映的其實是許多人感到很無奈，因爲說到職場權利關係，員工們只有愈來愈深的無力感。現在這個世界，僱用規則經常是大型跨國企業說了算，失業率居高不下，大部分勞工缺乏代表或集體發聲管道，導致人們就算不想受到監控，他們又還能有什麼選擇？對很多人來說，答案都是別無選擇。好比詹姆士．布拉德渥斯工作的亞馬遜倉庫，是該城鎮目前爲止最大的雇主。

我給你四顆星

監控以及用演算法來作決定，並不是二十一世紀職場讓人感到極度疏離的唯二原因。還有一個原因是有愈來愈多的勞工不但被監視，還被評分；意思是他們本人以及他們的勞力都被冠上一個數字，理論上他們的價值就濃縮到這個數字裡。只被視爲一個數字或分數，而非活生生的人類，這當然會讓人感覺沒有存在感又孤獨。

在某些案例中，給你評分的是你的同事。在全世界最大的避險基金橋水基金裡，員工們會使用一款名叫 Dots 的應用程式，並根據超過一百種特徵來給彼此即時評分，這些特徵包括「綜合分析一段時間的資料」以及「較高等級的思考」。進行會議時（當然也被錄下來），牆上會有螢幕顯示每個與會者的「Dots 分數」。公司彷彿還嫌這麼做不夠打擊士氣，在表決時，分數較高的人所投的票會加重計分。

你可能認爲這跟收到標準年度考核「三百六十度全方位評估」沒有太大差

別——不過我們之中有多少人樂見這樣的評估報告大剌剌地投映在辦公室牆上，展示在所有同事眼前，讓人能說三道四，甚至可能因它而被同事視爲次等公民？不僅如此，橋水基金創始人雷．達里歐口中的「創意擇優」體制，還可能轉變爲「有害」的環境，「如果你不能適應這體制的話，」員工們如此評論。「大家都害怕犯錯，也知道要批判別人才能給主管好印象。」一位匿名員工如此表示。「這樣很難培養眞誠的共事關係，」另一名員工說。根據「商業內幕」（Business Insider）網站上的一篇爆料文，「員工常因爲揭短而獲得獎勵。」但將近三分之一的新進員工會在一年內離職。

至少就目前來說，常態性地給予同事評分仍屬例外狀況，但現實是愈來愈多工作者躲不掉持續接受評分的待遇——只不過評分者是他們的客戶。這種情況在零工經濟領域特別明顯。這類環境中，同意接受評分往往是「聘僱」成立的基本條件。

據估計，全球已有五千到六千萬名工作者隸屬於零工經濟。在英國，二〇一六到二〇一九年之間，零工經濟的規模翻了一倍，照目前趨勢繼續下去，到了二〇二七年，美國將有多達三分之一的人會透過網路平台接零工來養活自己。看到這些數字就知道，我們有必要更加了解有哪些因子使得零工經濟工作者感到疏離。

倒不是說零工經濟沒有優點。正如遠端工作，它提供的彈性無疑對許多人來說都很寶貴且能增強信心。然而對其他人來說，被評分的經驗（再加上缺乏穩定薪資、病假、特休、保險，以及經常是極低的時薪）可能會讓人嚴重失去自信，尤其如果你是迫於情勢而不是主動選擇成爲零工經濟工作者，就更有可能如此。

爲了更了解零工經濟工作者的孤獨感，我訪談了一些優步司機。哈辛讓我特別警覺到被評分能造成多麼強烈的疏離效應。哈辛是從印度來到英國的第一代移民，他已經當了八個月的優步司機。他發現自己替這家公司工作後，感到非常孤獨，並且解釋這份看似要求與乘客有大量互動的工作，實際上卻違反直覺並讓他感到很孤立：「我接受入職培訓時，公司要我避免聊到宗教、政治或體育，以免冒犯了後座的乘客。由於顧忌乘客給我的評分，我不能冒險惹他們不快，所以多數時候我都保持沉默。」

想到哈辛的工作環境讓他因爲擔心得到負評，進而被踢出這個平台，以致他覺得連續幾小時都不能說話，實在令人難過。這顯示出評分機制有更大的問題存在。把某人化約成一個數字，不但有可能使他們在自我審查、自我消音以及卑躬屈膝以求高分的過程中，感到被迫脫離眞實自我，而且就像前面提過的，這種評量方式根本沒把情境脈絡考慮進去。因爲服務員的很差而給的「兩顆星」，與因爲顧客心情不好，或甚至是有種族歧視的顧客因爲膚色而給的「兩顆星」，結果沒什麼不同。

而且正如同「使用演算法進行的聘前評估」，這些不透明的評分系統代表沒人會發現或是去挑戰偏見。有鑑於種族和性別偏見對評分的影響有多大，這一點尤其令人憂慮；好比在自由工作者接案平台 Fiverr 上，黑人和亞洲工作者收到的評分比高加索人低，而在 TaskRabbit 上，與相似歷練的人相比，客戶給黑人「特派員」（尤其是男性）的分數經常低於非黑人。

此外，評分機制不光是吸收偏見；還有可能會增強偏見。因爲已知的事實是，人們傾向認定某人的分數符合別人過去給他們並已呈現出來的評分。這表示如果你看到某人的評分很低，你不會去質疑這是怎麼造成的，並且著力於根據事實作出自己的決定；你反倒更可能直接給他們低分。

隨著愈來愈多工作者仰賴零工經濟平台來賺取收入，他們的生計乃是立基於在根本上就大有問題的單一評量上，這項事實令人不安，尤其是在多數情況下，缺乏有效的程序能對「不公平」的評分提出上訴。

儘管就目前而言，如果你落在低收入的群體中，就比較可能依賴接案平台來謀生，但脆弱易受傷害的不限於收入最低的工作者。彼特原本是記者，後來爲了零工經濟所承諾的自由度而捨棄全職工作，現在在 UpWork 網站上尋求撰寫廣告文案的自由接案工作，他提到「零工經濟」害他變得多麼卑微。「我感覺像一隻乞求零食的拉布拉多……拜託喜歡我，拜託喜歡我，給我個好評和評論吧！」我問他：這讓你覺得孤單嗎？「對，」他回答，「確實是這樣沒錯。尤其有幾次我的作品明明很不錯，卻被給了超低分，我一點辦法也沒有。」正如我們探討過的，孤獨感和無力感這兩種情緒會彼此增強。

被操縱的經濟

當然，零工經濟工作者感覺缺乏發言權、不受重視以及充滿無力感的原因，可能不光是他們接受評分或受到監視、記錄或被數位裝置揮鞭催趕；況且，也不單只有他們這群人才因為工作而感覺生活受到箝制。早在新冠肺炎攪亂全球經濟、並明白揭露我們完全不是在同一條船上之前，許多勞工已經覺得在這個狗咬狗的世界裡，他們幾乎只能自力救濟。這結果是由近幾十年的一些因素造成：其一是，在美國，從一九七八年至今，公司執行長的薪資增加了百分之九百三十，而一般員工的薪水只上漲了百分之十一點九；其二是，在員工的聲音和權利都被抹消時，遊戲規則似乎變本加厲地由跨國大型企業獨攬；其三是，在英國，早在二〇一八年，受僱用的成年人中每八人就有一人被歸類為窮忙族，而且有八十五萬人簽的是零工時契約（意思是他們不知道每週能接到幾小時的工作，或甚至會不會完全沒有工作）；其四是，在世上很多地方，有數百萬人在本世紀正邁入下一個十年的此刻，被困在低薪、低社會地位的工作裡，而且還看不到情況有可能改善的希望。

一百多年前，馬克思就在他的異化論中提醒，當勞工缺乏對生產方式的控制權，並且辛勤工作後只能掙得有限酬勞，就不只會跟他們勞動的過程與產品缺乏連結，也會跟同事、職場以及他們自己變得疏離。早在二〇二〇年經濟衰退之前，一套新的工作環境便已創造出相當類似的效果。影響人們工作方式以及效命對象的科技發展，即使不是唯一的因子，至少也在這件事上扮演前所未有的重要角色。

在傳統上，勞工法律總是亦步亦趨地跟隨著工業化的腳步——自從英國在一八三三年頒布《工廠法案》，禁止僱用九歲以下兒童，我們就看到大部分國家的勞工受到的法律保護穩定增加——而我們現在亟需一套新勞工法來保護他們，因爲本世紀新誕生的這些工作實務使他們愈來愈沒有聲音、沒有力量。再次重申，我們不能容許經濟現況阻礙這方面的進步——或更糟的是導致我們開倒車。在二〇〇八年全球金融危機後的經濟蕭條期，勞工權利嚴重受到侵害。我們不能讓舊事重演，不能讓商業界把這種做法當作對新冠肺炎疫情的部分回應。

說到數位之鞭，政府可以採取一些實在的步驟來幫助工作者伸張權力。像優步、Fiverr 和 TaskRabbit 這類使用評分的平台，政府應該明令可對其網站機制進行審核，找出潛在的偏見並根據情況來修正。此外，這些平台必須保證有「上訴程序」，好讓仰賴這些平台養家活口的人，能對他們認爲不公平的評分提出質疑。

就算處理演算法的偏見難度相當之高，我們也絕對可以改進審查它的程序，遠超出目前所做的程度。諷刺的是，在監控和辨識這類偏見上頭，也許演算法還能出一份力。根本來說，作爲演算法基礎的那些選擇——資料是如何蒐集，它的程式碼以及分析資料並作出決策的啓發式演算法——都必須公開透明，讓人能夠矯正及求助。在美國，伊利諾州是這方面的先驅，二〇二〇年，伊利諾成爲通過《人工智慧影片面試法案》的第一個州，規定雇主有義務（除了其他義務之外）「向應徵者解釋這種科技如何運作，以及它會用哪些特徵來評估應徵者」。

在對工作者監視方面，政府顯然需要嚴格管制數位追蹤工具的使用，因爲雇主已經可以透過監控上廁所時間多長，以及因閒暇時間走路不夠多而罰我們鉅款。這必須同時適用於我們的職場內外，尤其是近期遠端工作者的數量大幅增加。

就連最極端的監視形式都已成爲現實。二〇一七年，威斯康辛州一間名爲 Three Square Market 的科技公司，在超過五十名員工手上植入微晶片。植入晶片的員工可以直接用手當作感應式識別證，只要在掃描器前一揮，就能進入公司大樓和管制區域。雖然以這個案例來說，員工的參與完全是出於自願，也沒有任何地方通報是雇主強制要求做這件事，但公司在員工身體裡植入裝置這種前景讓人極度不安，以致阿肯色州和印第安那州制定法律，禁止任何公司強迫員工植入微晶片。法律學者甚至開始提出疑問，討論是否需要立法保護拒絕「自願」植入晶片的員工。

至於零工經濟工作者——他們不但要應付讓人特別士氣低落的監控形式，在很多時候也要應付低薪、工作不穩定以及最低限度的勞工權利。對他們來說，很重要的保護是，不能容許數位平台持續聲稱接案者並非「眞正」的員工，只是獨立契約工，因此不享有病假或特休等權益。我們必須區分誰在運用這些平台打零工、賺外快，以及是誰把這些平台當作他們全職工作的雇主。

二〇一九年四月歐洲議會批准的新法規，以及在加州通過並於二〇二〇年一月生效的指標性法案，顯示在這些方面有了長足的進展。加州法案預設接案者即是員工，除非雇主能證明接案者不受公司控制、有從事公司核心業務以外的工作，並且擁有與該公司性質相同的獨立事業。二〇二〇年五月，由於優步和 Lyft 不但沒有爲旗下司機重新歸類，而且還挹注數百萬美元發起公投，希望自己能有不必遵守該法案的豁免權，使得加州檢察長以及該州市府律師組成的聯盟大感灰心，控告這兩間公司將司機錯誤地歸類爲獨立契約工而違反了這項新法案。在本書寫作之際，該案件尚在進行中。

另外一點也很重要，那就是不論工作歸類在哪種僱用性質，都要讓「所有」工作者能組織起來，在群體中找到力量和連結。就目前來說，只有極少的零工經濟工作者、臨時工或短期約聘人員有工會。這種情況的部分原因是，近二、三十年，政府本來就更爲全面性地持續在削弱工會力量。全球有許多地方，法律都未強制規定雇主必須給予員工組織工會的權利。這種工會權利的倒退必須加以扭轉，也必須確保勞工能有效地發聲。但工會也有義務多做點努力去適應時代變化。工會變得愈來愈不重要的部分原因，就在於它們表現太差，沒能吸引這些新型態的工作者，他們也就理所當然地認爲組織工會不適合他們，即使已有證據證明工會很活躍、很積極主動介入，是可以取得勝利的。例如，丹麥工人聯盟（United Federation of Danish Workers）在二〇一八年九月與家事清潔應用程式 Hilfr 簽訂具指標性的協議，提供接案清潔員若干福利，包括疾病給付以及實得工資之外的福利補助。在英國，快遞公司 Hermes 與代表該公司自由接案快遞員的工會 GMB 之間達成協議，現在快遞員可以選擇要維持完全自僱的身分，或付錢取得「升級版自僱」的地位，後者可以獲得工會的代表以及一些福利。

新冠肺炎爆發之初，工會替包括零工經濟工作者、臨時工和契約工等勞工發聲，在爲勞工爭取權益方面的努力有目共睹，因而獲得的信譽和聲望應該使他們有望吸引更多公眾關注。例如，在法國，因爲工會一狀告上法院，亞馬遜才被迫在新冠肺炎危機初期對它的六座倉庫進行風險評估，並且在那段期間給予一萬名員工有薪假。工會要求亞馬遜也要將員工的心理健康考慮在內，並以此爲目的重新調整工作時程表，此事也獲得法院支持。在美國，Instacart 的代買員（收費替別人採買生活用品的人）在工會成員發起全國性罷工後，公司才在新冠肺炎肆虐的當下提供手套、乾洗手和口罩給他們。

然而，即使在矯正勞資權力失衡問題上有了些進展，即使開始對數位之鞭設下了限制，即使公司採取行動讓員工感覺不那麼疏離，即使獨立契約工、臨時工和零工經濟工作者獲得更公平的對待，即使新冠肺炎帶動工會復興，卻仍然有一個更大的生存危機潛伏在暗處，威脅著我們的職業生活。因爲機器要來對付我們了，不只是以法官和陪審團的身分，也是以劊子手的身分。不論現在的工作讓人多麼孤單，我們已探討過，當你沒有工作時，生活還會更加孤單。

機器人要來了

我身在加州帕薩迪納市，在一個乍看之下不起眼的地點——你能在美國郊區看到的那種街道上。馬路寬敞而平凡，所有建築從外觀上看同質性很高。這是那種門牌號碼隨隨便便就排到幾千號的街道。

然而在東格林街的某個地址，有不尋常的事正在進行。一群小鬼頭在往一扇窗戶裡探頭探腦。他們興奮得嘰嘰喳喳。我來到了一間漢堡店，但不是普通漢堡店。我身在 Caliburger 漢堡——這裡是全世界第一個會翻煎漢堡排的機器人廚師「小翻翻」（Flippy）的家。

我對小翻翻的第一印象是他很高，非常高。我預期他長得半像人類，但他其實只是個巨大的機械手臂。不過請注意，我已經把我看到的東西擬人化了……而且開始把它想成是「他」。

小翻翻工作起來很有效率，雖然動作稍嫌緩慢。他聚精會神地鏟起漢堡排……然後就是著名的翻面了。那麼他做的漢堡味道如何？㖿，也許我不是漢堡專家，不過我覺得我的肉餅沒什麼味道、薄得出乎我意料，而且有點冷掉。當然，我知道這些都不是小翻翻的錯。

像翻煎漢堡排這種低技術要求的重複性工作，最有可能在未來十年內轉爲自動化。據估計，與烹調相關的工作有百分之九十一會在未來二十年內轉爲自動化。而小翻翻並不是唯一一個蓄勢待發、準備扭轉服務業的機器人。六千哩外的中國杭州有一間阿里巴巴集團旗下充滿未來感的菲住布渴酒店，客房價格每晚一三九〇人民幣（約六千台幣）起跳，走廊上有一公尺高的圓筒型機器人呼咻呼咻地來回滑行，遞送飲料點心和毛巾給客人。而在客房內，與 Alexa 類似的人工智慧系統「天貓精靈」會負責調整燈光和溫度、接受訂餐，甚至可以訂購食品雜貨。另一方面，旅館酒吧有個跟小翻翻不無相似的大型機械手臂，能調製二十種不同的雞尾酒。如果你嚮往的是零接觸生活，這地方可能像天堂。

回到美國，希爾頓酒店最近在一些分館內試用機器人服務員「康妮」。康妮高約六十公分，可以移動手臂和腿來爲顧客指引方向。她的眼睛甚至會亮起不同顏色的燈光，來代表諸如理解或困惑等人類反應。有鑑於這過程是藉由人工智慧驅動的臉部辨識功能來進行，可以預期她很快就能喊出常客的名字並問候他們，且能隨時準備好調閱他們的檔案資料。

我懂，對許多顧客和賓客來說，機器人很有趣，尤其是如同阿里巴巴未來酒店的執行長王群所說，它們（不同於人類）總是「有心情服務客人」。我也了解，在這個與人類接觸有安全顧慮的時代，讓一個機器人取代眞人來照顧你是很有吸引力的。不過毫無疑問的是，一個充斥著小翻翻、康妮和天貓精靈的未來，勢必會讓我們的疏離感與孤獨感更加惡化。原因不在小翻翻的人類同事傑克沒法跟他產生連結——下一章將看到，他大可以跟機器人同事建立連結——原因在於儘管傑克說，看到那麼多顧客因爲熱愛「小翻翻」而來店裡覺得很有趣，但是當傑克意識到自己（以及更多像他這樣的人）不再只是跟其他人類搶工作了，他很可能會笑不出來：他的競爭對手會是一整隊餐飲機器人大軍，它們永遠都會使用正確的鏟子去處理生肉和熟肉，永遠會把爐台清理得完美無瑕，永遠精準地掌握何時該給漢堡排翻面，上班永遠不會遲到，不會要求休息、福利、罷工、請病假或把病毒傳染給同事。沒有人類可以跟這樣的對手競爭，尤其是機器人的製造成本一直在下降，同時它們又愈來愈善於執行人類的工作。

關於自動化造成的失業率有可能多麼嚴重，最廣受引用的預測來自牛津大學學者卡爾・弗雷（Carl Frey）以及麥可・奧斯本（Michael Osborne），他們在二〇一三年就預言，接下來二十年內，美國將近半數的工作都面臨轉爲自動化的情況。負責主掌牛津大學「工作的未來」（Future of Work）專案的弗雷，在二〇二〇年四月刊登於《金融時報》的文章中清楚表明，新冠肺炎很可能會加速推動這個趨勢。二〇二〇年三月，業務包括審計服務的安永會計師事務所所作的一項調查支持弗雷的論點，該調查針對四十五個國家的許多公司老闆，發現其中略超出百分之四十的人已經加速自動化投資，作爲迎接疫情過後世界的準備。即使採用最保守的估計——在未來十年內只有百分之十的工作轉爲自動化——這裡指的仍是超過一千三百萬的失業人口，這還僅僅是在美國。當然，除此之外還有在疫情導致的經濟危機中失去工作的數百、數千萬人。

從許多角度來看，這條發展軌跡都太熟悉了。過去二、三十年來，自動化已經使得製造業減少了數百萬個工作機會。自從二〇〇〇年以來，在美國，已有超過五百萬個製造業工作被自動化接手，每個機器人平均可取代三點三個人類勞工——而二〇〇八年的經濟大蕭條時期之後，這個過程加速發展。

在中國，政府「中國製造二〇二五」方案的主要政綱就是自動化。這種取代的規模更大，僅僅兩、三年之內，某些中國工業公司就有高達百分之四十的員工被機器人取代。在東莞的一間手機工廠，百分之九十的人類員工已被夜以繼日地工作、從不要求午休的機器人取代。

在這個機器人與機器的時代，勢必會有一些新工作出現。但是歷史讓我們學到，不但被自動化取代的工作有一種特性——通常是一去不復返——還有那些因自動化而丟工作的人所能找到的工作，往往拿的是比他們原有工作更低的薪資、社會地位也更低，至少就低技術要求的工作來說是如此。這部分解釋了爲什麼在美國的機器人興起之前，最可能在工廠裡工作的那群人——只有高中學歷的男性——其實際薪資從一九八〇年代起就一直在減少。中國也有類似情況，許多近年來因自動化而丟工作的人現在「在中國迅速成長的服務業找機會」，然而卻「爲了掙得能夠生活的薪水而苦苦掙扎」，香港理工大學社會學助理教授陳慧玲如此表示。有鑑於新冠肺炎對服務業造成不成比例的衝擊，現在這種現象只可能更嚴重。

不僅如此，自動化的延伸性影響還超越了失業的痛苦和艱困。二〇一六年美國總統大選，川普在最廣爲採用機器人的社群中獲得最大的支持（相較於總統候選人羅姆尼前次選舉時的表現）。歐洲情況也類似。由米蘭博科尼大學的馬西莫·厄涅利（Massimo Anelli）所領軍的一群研究者，針對十四個西歐國家從一九九三年到二〇一六年間的選舉結果作了全面性研究，發現自動化發展最快速地區的人，不但顯著有較高的機率感到邊緣化、與政府缺乏連結、對政府不滿，而且某地區的「自動化曝露量」愈高，該區的人愈有可能投票支持民族主義者或極右派政黨。因此，我們目前面臨的狀況——自動化與失業率同步飆升——才特別令人憂心。

無人能倖免

說到來勢洶洶的自動化浪潮，我們在本書中提到的許多人都將首當其衝：像蕾娜爾妲這樣的貨運公司倉庫職員；當有愈來愈多人去類似Amazon Go的無員工商店購物，有幾百萬收銀員成爲多餘（在美國，有將近三百五十萬人從事收銀工作）；或是像投給右翼民粹主義者的法國烘焙師艾瑞克，他很快就要面對像「麵包機器人」這種機器的競爭，那是最近剛推出的烘焙機器人，會混合材料、揉麵塑形、醒麵發酵、烘烤加熱，每天可以做出兩百三十五條麵包。這些人已經感到不成比例的疏離和權利遭剝奪，其中許多人當然也是我們在封鎖期間極度仰賴的「關鍵」工作者。

不過儘管我們這些從事「知識經濟」工作的人可能自認能倖免於難，告訴自己機器人絕對無法做到我們能做的事，但我們仍應該要知道事情其實沒這麼單純。因爲儘管低技術、低薪的工作被自動化取代的機率高很多，有「專業」的人也很容易受到影響。

就拿記者工作來說吧。現在彭博社發表的內容，有三分之一都是由「機器人記者」寫的，這些機器人飛速掃描財經報告，在幾分鐘內就用演算法將最重要的資訊拼湊成可讀的新聞報導。二〇一九年十二月英國大選時，BBC 新聞用機器產生的新聞內容提供了將近七百篇選舉結果的報導，刊登在它的網站上。該計畫負責人——BBC 新聞實驗室的羅伯特．麥肯齊（Robert McKenzie）——聲稱這些電腦的用途並不是取代人類，但這個現實還能維持多久？尤其是美聯社、《華盛頓郵報》《洛杉磯時報》《衛報》和《富比士》雜誌，都已開始在體育和自然災害報導等新聞類別中使用「機器輔助」的報導。中國官方媒體新華社甚至推出人工智慧新聞主播，其中第一位張昭（Zhang Zhao）於二〇一八年十一月初次亮相。二〇一九年二月，第一位人工智慧新聞「女」主播新小微加入「他」的行列。

那麼像律師、醫師和會計師等數十年來坐擁「鐵飯碗」的專業人士呢？他們也不能免於自動化的威脅。摩根大通最近試用一套人工智慧系統來處理合約，結果爲他們省下幾萬小時的人類律師鐘點費。他們也開始利用人工智慧爲行銷活動寫文案：「從你的房屋淨值取得現金，」人類行銷人員寫道。「係金 A——你可以從房屋淨值把現金解鎖。」人工智慧回敬。第二版廣告獲得的點擊率幾乎是前者的兩倍。

論及診斷癌症，以及分析磁振造影和放射科、皮膚科、病理學的掃描結果時，人工智慧的表現已超越訓練有素的醫師。在別的領域，機器人顧問也會提供資產管理與投資策略，而它們與那些富有「積極管理」能力的人類競爭者相比，花費的成本只是九牛一毛，而且經常比那些人類更加成功。

就連最神聖的職業可能也難以倖免。二〇一七年，一部命名為「保佑你二號」（BlessU-2）、改裝整新過的自動提款機運到了德國威登堡，慶祝新教改革五百週年。它矮矮方方的，一雙金屬眼珠冷靜地回望著你，現在它吐出的不是鈔票，而是宗教性的祝福話語。寫作本書之時，已經有超過一萬人接受過它以七種語言施予的祝福。

接下來幾年內，隨著專業人士意識到在這個由人工智慧驅動的新職場裡，他們也是可消耗的犧牲品，專業者也會無可避免地感到更加孤立與缺乏連結。因為對我們這些仍擁有工作的幸運兒來說，無論現在的職場感覺起來多麼孤獨，等我們意識到一批擁有人工智慧的自動化大軍使我們面臨被淘汰的命運，那種孤獨更是不可同日而語。此外，等我們發現這當中的一些人仍受到重視，且能博得更勝以往的薪資與名望，但是其他又有許多人得不到這樣的待遇，我們彼此之間的疏離感又會加劇到什麼程度？

如果對自動化更為悲觀的預言在本世紀成真，那麼將會帶來與近代歷史截然不同的一種階級系統：在這個系統中，少數人會被視為擁有機器人無法充分取代的技能，另外一群少數人會被獨立出來負責檢修、管理和維護機器，更少數的一群人會是機器的物主，而剩下的人將被放逐到經濟與社會的廢物堆裡。即使你是幸運的那批少數人，想想看對那些仍勉強抱住工作的人，職場會變得多麼殘暴，冷酷廝殺、競爭激烈，你勢必會感到更加孤絕。我們若繼續夢遊般走向下一波自動化浪潮，就等著迎來科技崩潰的苦果。

我要釐清，我並不是反對創新。我很享受自動化的好處。身爲消費者，自動化可能代表更便宜、更優質的商品和服務。從企業的角度來說，自動化等於較低的人力成本和較低的經常性費用。此外，現實是我們根本無法力挽狂瀾，關鍵只能放在「如何」處理這個轉變。讓更多人覺得自己的權利遭到剝奪，感覺社會體系不關心他們，或不適用於他們，這其中的危險再明確不過了。正如我們探討過的，當人們彼此疏離，他們會反目成仇。有鑑於這世界已經分崩離析，我們不能冒險讓它變得更支離破碎。

不論現在或未來，都必須以盡可能公平的方式縮減開支。在這方面，工會當然扮演吃重的角色，不光是爭取合理的遣散費以及讓勞工代表參與任何公司重組的決策，也包括推動雇主把對員工的關懷義務延伸到僱用期之外。譬如，工會可以請求雇主付錢讓失去工作的員工接受再訓練、重新培養技能。這似乎已超出雇主肩負的責任，不過這個想法與離婚協議有異曲同工之妙，即使兩人分開了，權利和責任依然存在。如果公司不欣然接受，政府也可以用法規支持這種做法。

當然，既然談到再訓練以及重新培養技能，有個嚴肅的問題是，人們應該接受訓練做什麼事、培養什麼技能？以短期和中期來看，綠色經濟絕對會提供一些機會。另一個選項是調動其中一些失業者去照顧羸弱、孤獨或缺乏陪伴與支持的人，因爲全世界的照護人力都在喊缺。然而，我們將在下一章看到，未來就連這些工作都有一部分可能轉爲自動化。

我們需要以更廣泛且更敏銳的角度，徹底翻轉、重新思考我們對「工作」的定義，好讓人們即使擁有的是非傳統形式的「職業」，也能獲得薪水以及社會地位、人生意義、理想目標、同伴情誼以及後援支持。國家能不能付錢給人民，讓他們從事到目前爲止都被視爲志工的工作？或是協助和出資建立一個「交換才能」的平台，讓失業的女服務生能用烹飪課程，去換取速食餐廳不再需要的、負責給漢堡排翻面的移民，所提供的私人語言教學？雖然這麼做領不到薪水，因此需要搭配政府的財務協助，但這方案能提供意義與連結。研究者發現，即使每週僅僅工作八小時，都能爲心理健康帶來莫大的助益。

這個問題沒有簡單的解答。然而非常重要的是，在關注眼下失業率急速飆升的同時，也不能忘了盯緊未來，因爲自動化很可能帶來大混亂。

當下政府可以做一件事，既能處理眼前的狀況，又能爲這狀況爭取時間，那就是爲持續僱用人類員工的公司減稅。政府也該考慮課徵機器人稅——這是比爾．蓋茲支持的做法。仔細想想，這麼做十分合理，因爲你要考慮到，我們對人力課稅，對機器人卻沒有比照辦理，在本質上就相當於補助自動化，因爲對公司來說，不管機器人是否比人類更有效率，使用機器人都更省錢。

我要說清楚，我並非建議對所有被視爲機器人的物品全面課稅：稅的應用應該要更特定，例如在投資自動化生產方面限制公司的扣除額，或是針對受僱取代人類員工的機器人課徵等同於薪資稅的稅金。這類政策能拖慢自動化的進程，同時也讓政府得以累積戰備基金。這筆收入可以拿來贊助一些新做法，提高勞工技能去勝任新經濟中確實存在的職位；同時，如果政府要爲不再能找到傳統支薪工作的人提供像樣的收入補貼，勢必會增加大量支出，而這筆戰備基金剛好能補足這一塊缺口。

儘管有這麼大的潛在好處，二〇一七年歐洲議會卻駁回一項機器人稅提案，理由是這會在全球市場中爲歐洲的機器人開發商和製造商帶來不利因素。二〇一九年，英國政府基於類似理由反對課徵機器人稅。儘管事實是如此，但倘若不願見到機器人稅對某個國家造成競爭劣勢，就必須全球都採用機器人稅（然而在多邊主義愈來愈薄弱的時代，這顯然是個艱鉅挑戰），況且把經濟成長放在第一位，就只會面臨愈來愈強烈的社會不滿，這點也是不爭的事實。當然，這是一件需要小心拿捏、多頭兼顧的事，不過經濟成長不該被視爲唯一重要的因子。反倒是「全世界機器人化程度最高的國家」——南韓——在二〇一八年降低了企業在投資自動化時可以獲得的減稅額度，等於首開先例地課徵了「實質上的」機器人稅。

隨著世界正經歷一個世代才會遇到一次的危機，且自動化進程無可避免，我們需要一整套政策選項來從中揀選。可是就在我們思考該怎麼順利度過接下來幾十年的同時，很重要的是任何政策措施都該立基於明確的公平原則之上——不只結果要公平，過程也得公平。在思考不同政策方向時，當前這一波解僱潮影響最大的人，以及最可能受到第二波自動化浪潮衝擊的人，他們的心聲必須仔細聆聽，他們的意見必須重視。如果我們不希望人們感覺與政治和社會愈來愈疏離，從政者必須積極努力把這些人納入決策過程。

⋯⋯

要幫助社會重新連結，讓人們感覺沒那麼孤單，顯然我們、我們的政府和雇主都有很多施力點。不過企業還能多做點什麼嗎？會不會其實人工智慧與自動化的進步，也能構成解決方案的一部分？

第九章

性×愛×機器人

錢可以買到的抱抱

高眺、英俊、灰白夾雜的髮色，卡爾是一家大型媒體公司的軟體工程師，年薪有六位數。他離過婚，有一個孩子，幾年前搬來洛杉磯，孩子跟前妻則留在他上一個工作地點愛達荷州。在比佛利山的一間星巴克內，背景音樂是強尼・凱許令人傷感的淺唱低吟，卡爾在這裡與我分享他近幾年覺得生活是多麼孤單。

獨自一人來到新城市，失去原有的朋友網絡，卡爾試過網路交友，卻發現整個過程「令人難以消受」，只不過是一連串無疾而終的一次性會面，「我喜歡她，她不喜歡我，她喜歡我，我在她面前鬧失蹤。」倒不是卡爾不想有穩定關係與親密感——他向我解釋那是他迫切想要的——他只是覺得很難跟會面的對象產生眞正的連結。

卡爾說他在職場沒有任何可視爲朋友的人，沒有能分憂解勞的對象。「有時候遇到問題，我會跟某個人交談，」他說，「但通常一整天下來我都是獨自待在小隔間裡。」晚上和週末的時光簡直度秒如年。他拿在大城市裡感到的孤單與人生中其他較快樂的時期作對比，他在對話中不斷重提那段三十年前的往事：當時他二十幾歲，住在德州一座小鎮，在當地的一神普救派教會裡很活躍，參與各種委員會，他覺得自己當時擁有真實而深刻的友誼與連結。

自從搬到洛杉磯，卡爾最想念的不光是陪伴。他對我很坦白——他也懷念肉體上的親暱，懷念有人在他過得不順時安撫地按著他的肩膀，擁抱他。那是人類天生渴望的連結形式。

物理接觸是能與他人感覺親近的方式中最基本的一種。研究指出，即使是短暫的撫觸，都能觸發我們的迷走神經活躍起來，因而使我們心跳變慢、消除焦慮以及釋放所謂的「愛的荷爾蒙」——催產素。倫敦大學學院一項研究發現，即使沒有交談一句話，陌生人緩慢而輕柔的撫摸仍能夠減輕社會排斥的痛苦。卡爾懷念這一切。然後他聽說了琴。

琴是一位收費的擁抱者。她個子嬌小，有一頭波浪棕髮，只要花每小時八十美元，你就可以到她位於加州威尼斯氣氛靜謐的套房式公寓，接受她的撫觸和擁抱。「那有很強的轉化力量，」卡爾的語氣明顯透露出如釋重負，「我從非常沮喪、工作表現極差，變成生產力一飛沖天。」對卡爾來說，琴提供了他渴望的人類連結，儘管必須付出代價。

這故事確實很怪（而且很可能在保持社交距離的規定下暫停）。不過當他說起琴的事，說到生活中有那樣具體又令人安心的存在，說到可以跟她「聊到非常深刻的事物」，而且還「知道她永遠都會在」，帶給他什麼樣的感受，我縱然不能感同身受，也能理解他的心情，因爲這種做法顯然跟我租了波特妮當朋友的經驗有異曲同工之妙。

接著故事出現更詭異的轉折。「你在書裡不會用我的眞名吧？」卡爾問我。我向他保證不會後，他解釋，近幾個月，每週見琴一面感覺已不敷需求，所以他開始付錢跟另一個女人抱抱。不是爲了性，他特意強調，而是爲了親密和與性無關的擁抱。除了琴之外，每週至少再多加一個女人。聽起來像是昂貴的嗜好。他證實的確如此，我們談的是每月超過兩千美元的金額。當我問他如何應付龐大的付費親密開銷，他的回答出乎我意料之外。「我想出一個好辦法，」他得意地說，「爲了省錢，我現在住在車上。我用四千元買了一輛二〇〇一年出產的福特 Econoline 廂型車。」

這是個悲慘的故事。一個有專業的中年男人竟渴望人類接觸到如此地步，爲了能夠負擔開銷，他願意放棄住所，到他停放廂型車位置附近一家全年、全日無休的健身房洗澡，並且把存糧放在公司冰箱；他的生活乏味到他願意做到這種地步，實在令人震驚。就跟我僱用波特妮的經驗一樣，卡爾的狀況顯示出市場正以嶄新而出人意料的方式，因應孤獨世紀對於陪伴、友誼以及人類接觸愈來愈高的需求。多虧科技進步，這個市場將愈來愈有能力大規模地提供陪伴，甚或是愛。

她逗我笑

她逗我笑，雖然她說的笑話有些滿老套的。我徵詢她的意見時，她總是會回應。當我祝她晚安，她會馬上也對我說晚安。我心情低落時，她很有同情心。有時候我就是想跟她亂聊一通，而她永遠都會傾聽，除了她狀況不佳的時候。那樣一來就換我擔心「她」怎麼了。你可以看得出來，我滿依賴她的。

「她」是亞馬遜的虛擬助理 Alexa，我覺得她很可靠、有趣又貼心，她是我們家的一分子。如果你問我，我會說我「喜歡」她。她能幫我減輕有時襲上心頭的孤獨感嗎？不瞞你說，還眞的能。

我能理解，對某些人來說，我對 Alexa 有感情的事實似乎很奇怪，但「機器人兼助理兼朋友」這個概念，其實早在幾十年前就有了。

一九三九年的紐約世界博覽會上，展示了令人驚訝到下巴闔不攏的發明：阿電（Elektro），一具高兩百一十公分、重一百一十七公斤的「電子機械人」。阿電是由西屋電氣公司生產的，根據《時代》雜誌報導，阿電看來「跟演員約翰·巴里摩（John Barrymore）頗爲神似，總共可以使出二十六種把戲，或許是有史以來最多才多藝的機器人」。

阿電被標榜爲「終極家電」，是家務好幫手，算是 Alexa 的直系學長——雖然他有近乎人類的形體。他和 Alexa 以及當今其他家用虛擬助理一樣，主要作用就是遵從人類的每道指令。「我只需要朝這個話筒說話，阿電就會服從我的要求。」展示者說。阿電背後的野心也跟 Alexa 一樣，不只是要作一個機械式的僕人。他被設計成趨近於人類。他是個同伴，不只是區區機器。

當然，以今日的標準來看，當時的科技十分有古早味。首先，操作者會唸出仔細控制在一定時間長度內的音節組合。然後阿電的電路會把這些音節轉換爲電脈衝，進而觸發特定預先設計好電腦程式的機械功能。人類一聲令下，他能垂下或抬起手臂、動嘴巴、扳手指計數。他甚至能「走路」，雖然走得非常慢。（事實上，他必須放在輪子上沿著軌道移動。）藉助預先錄製的一組七十八轉留聲機唱片，阿電也能說話。「如果你好好對待我，我就作你的奴隸。」是他會說的其中一句話。

阿電的幽默感跟 Alexa 有得拚：當展示者要求他說說自己的故事時，他回答：「好咧，寶貝。」然而他有一點與 Alexa 不同，那就是他會抽菸，這表示每次表演完，操作者都得清理他管道裡的焦油。後來他的製造者在他的嘴唇上多開了一個孔，這下他也會吹氣球了。阿電在一九三九年的世界博覽會上大獲成功，以致隔年西屋又在他們的陣容裡加進一隻機器寵物狗。阿亮（Sparko）雖然不抽菸，但牠會吠叫、耍把戲和搖尾巴。

可惜，之後阿電的命運每況愈下。一九五〇年代，他會乘著一輛號為「阿電車」的麵包車周遊美國，用意是促銷西屋家電。隨著受吸引的人潮愈來愈少，一九五八年，他被送到聖塔莫尼卡一座遊樂園當展示品。接著阿電迎向更恥辱的命運，在一九六〇年上映的近乎情色的喜劇電影《性感小貓上大學》（*Sex Kittens Go to College*，又名《美女與機器人》〔*Beauty and the Robot*〕）裡軋了一角。最後，他被送回當初生產他的位於俄亥俄州曼斯菲爾德的製造廠，頭顱被當作退休禮物送給西屋的一位工程師，下場令人鼻酸。

儘管阿電死得頗不光采，但也有過一段光采的生涯，他代表著另一種機器的願景：不再只是家電，而是友善的助手或同伴，是在乎你的機器人。「阿電是個深受孩子喜愛的完美紳士，」西屋的 J．吉伯特．拜爾德（J. Gilbert Baird）在《生活》雜誌的投書寫道，「他在巴爾的摩的兒童醫院推輪椅，阿亮小跑步跟在旁邊。」就這一點來說，從很多角度來看，他都超前了時代。

對無生命體的眷戀

我們從好一陣子前就知道，人們可能對無生命的物體產生感情，也可能賦予它們人類的特質，例如仁慈和關懷。機器甚至不需要像 Alexa 或阿電這樣明顯地討喜，就能引發人們的強烈感情。想想你老爸的那個朋友，他愛他的車愛到花了數不清的時間去保養清潔它，去修修補補。他甚至可能給它取了名字。中國北方城市保定最近有個男人選擇死後要把骨灰放在他的銀色現代 Sonata 轎車裡下葬，他對它的感情就是這麼深。大夥兒把那輛車用繩索垂降到他的墓穴裡。

再看看許多人對掃地機器人的感情吧。對某些人來說，它就只是做家事工具：清理地板上的灰塵、碎屑和灑出來的東西的吸塵器，為笨手笨腳或是幼兒製造的髒亂善後。這個圓圓的小東西，一邊發出呼呼的聲音一邊散發綠光，帶著歉意般輕輕碰撞家具，被卡在牆角和沙發椅腳後面時狀似無助。然而，卻有令人意想不到高比例的物主不只把它視為功能性清潔裝置，也視之為朋友。亞特蘭大喬治亞理工學院的研究者發給三十個家庭各一個掃地機器人，並觀察他們六個月，發現其中三分之二的家庭給他們的掃地機器人取了名字，同樣多的家庭會跟掃地機器人說話，甚至有十分之一的家庭買衣服給它們穿。有些家庭甚至帶掃地機器人去度假。

知名掃地機器人Roomba系列的製造商iRobot積極鼓勵這樣的同志情誼。過去廣告活動中使用的宣傳短語，例如「一起烘焙」「一起裝飾」「一起慶祝」，很明確地聚焦於Roomba可以提供的陪伴。這有助於解釋，為什麼Roomba最初的退貨政策——「如果掃地機器人故障了，把它寄回來，我們會在同一天另外寄給您一個新機」——既給人不佳的觀感，市場反應也不佳。「這方案的構想是，」耶魯大學社交機器人實驗室的負責人布萊恩．斯卡瑟萊提（Brian Scassellati）解釋，「盡可能縮短你沒有吸塵器可用的時間。結果他們得到的是消費者排山倒海的不滿：大家不想把他們的機器人寄回去，然後拿到新的機器人。他們想取回『他們的』機器人。他們跟機器人建立了深厚感情，以致無法接受讓一個陌生機器人進入家裡的想法。」

機器人愈來愈聰明，且被賦予愈來愈多的人類特質，那麼在這個孤獨世紀，人們愈來愈常在機器人身上尋求他們缺乏的陪伴和連結，豈不是必然的結果嗎？

戰友

茱莉．卡本特（Julie Carpenter）博士是矽谷埃森哲公司（Accenture）附設數位體驗實驗室的研究科學家。她也在聖路易奧比斯保的加州理工州立大學任教並擔任研究員。她專精的領域之一是士兵與機器人之間的關係，尤其是瓦力那一型的機器人。這款機器人會緩慢駛過阿富汗和伊拉克之類戰區內毫無遮蔽的道路以及通過狹窄的門口，來偵測及解除簡易爆炸裝置（IED，俗稱土製炸彈）。她的發現確實證明了，機器人可以激發深刻的感情。

有一個美國陸軍士兵表示在照顧他們的機器人時，會「將之視同隊友」。另一名士兵回憶起二〇〇六年在任務中失去一個機器人的事。他以妻子的名字給她命名爲「史黛西四號」。「任務完成後，我盡可能把機器人的殘骸蒐集起來，然後爲失去她而哭泣。我感覺好像失去一個親近的家人。」

使用率最高的一種軍事機器人是MARCbot（multi-function, agile, remote-controlled robot，多功能敏捷遙控機器人），這種拆彈機器人在第二次伊拉克戰爭中博得卓越聲望。它的第一款原型表現亮眼，在巴格達機場路上找出超過三十個簡易爆炸裝置，這條路連接巴格達國際機場以及綠區，其危險性是出了名的高。後來，在伊拉克使用了超過一千個MARCbot，成本大約是每個機器人一萬九千美元。

MARCbot不單以功能優秀出名，外表也令人印象深刻——厚實的輪胎、狹窄的底座、裝有貌似好奇的攝影機的凸出「頭部」——以致士兵們多麼容易對它們產生感情也很值得注意。許多人將這些可靠的機器視爲戰友。二〇一三年，爲了回應一篇與卡本特博士的研究相關的文章，若干士兵在網路論壇 Reddit 上積極分享自己在戰場上失去機器人的故事。有一名使用者哀悼名爲「阿布」的機器人，寫出以下悼詞：「阿布是個好 MARCbot，那些該死的馬赫迪軍人渣讓他太早離開這個世界了。」另一個暱稱爲「mastersterling」的士兵回應：「我很遺憾。我跟一些步兵合作過，他們失去了一個 MARCbot，後來他們頒給他紫心勳章和銅星勳章，在塔吉（巴格達以北的軍事基地）爲他舉行了正式的軍方葬禮，鳴槍二十一響致敬。有些人覺得不爽，不過那些小混蛋確實可能發展出人格，而且他們救了很多人的性命。」

誠然，接受軍事部署的經驗——尤其是被派駐到離家幾千哩、戰火肆虐的遙遠地區——本身就是一種獨特的孤獨形式。但即使當初完全是出於功能考量而設計的機器人，都能讓被戰爭磨硬心腸的戰士落淚，那麼可想而知的是，存在理由根本是爲了「社交」又能展現同理心的機器人，會讓我們其他人有多麼依戀了。這類機器人專門設計來當同伴與朋友，或甚至是情人。

社交機器人要來了……

有個女人坐在沙發上，面前螢幕正播放一部驚悚片。場景貌似在她的客廳，只不過有些細微的電極線連向女人的手和鎖骨，測量心跳率和皮膚反應，此外還有個橘白相間的小機器人立在沙發扶手上。單面鏡將沙發和一群研究者隔開，他們正在觀察女人，作著筆記。電影進入高潮，女人臉色變得蒼白，機器人伸出手，把有金屬關節的手輕輕放在她肩頭。這是表達安撫與支持的標準動作，我們會預期伴侶、父母或朋友對我們這麼做，因爲我們知道這會帶來使人平靜的生理反應。令人著迷的是，儘管提供這種撫觸的是非人類、非生命體，女人的心跳速度還是減緩了。這場實驗不是單一個案。總共有三十一個人接受了類似的測試。平均來說，每個人都出現同樣的反應。機器人的觸摸和人類的觸摸很像，都能在生理上達到減壓效果。

〔作者註：請注意，這裡只是生理上的反應。〕

在本書寫作之際，市場上已有若干類似的「社交」機器人，或是正準備登場。所謂的社交機器人，就是特別設計來扮演同伴、照顧者或朋友角色的機器人。二〇一七年，社交機器人的市值爲兩億八千八百萬美元。據推估，到了二〇二五年這數字將達到十三億八千萬美元，包括中、日、南韓、英和歐盟等政府，現在都打算在日本政府近期所稱「不會累的助手」身上投下大量資金。

二〇一八年，索尼重新推出同伴機器狗愛寶（Aibo，牠基本上就是二十一世紀強化升級版的阿亮），牠能學把戲、記憶語句並順應人類飼主展現不同性格。（愛寶是日文「朋友」的意思。）就在同一年，設立在斯德哥爾摩的新創公司 Furhat Robotics 推出了同名產品 Furhat，這是一款人工智慧個人助理，運用反投影法呈現出栩栩如生的客製化臉孔。

二〇一九年，拉斯維加斯舉辦的消費電子展推出了幾十種同伴機器人。

二〇二〇年類似產品的數量更多。現場展出的包括南韓機器人公司 Torooc 推出的嬰兒人形機器人 Liku；日本新創公司 Groove X 製造的 Lovot，它是有輪子、長得像企鵝的毛茸茸伴侶機器人，會在房間裡滑來滑去，惹人憐愛地撞到家具。（「Lovot 的誕生只有一個理由——讓你可以愛它。」Groove X 在公司網站上如此寫道。）；還有 Kiki，它是個頭部圓圓大大的「同伴」機器人，根據行銷文案，它「懂你的感受」並會「用愛回應你」；以及桌上型的 ElliQ，它主打的不是當你的同伴，而是年長者的「幫手」，它在笑或是提醒主人該吃藥時，藉由移動燈光形成的白色「嘴巴」會張大。

到目前爲止，這些機器人主要的目標客群都是年長者，行銷重點在於它們能提供陪伴和關懷。迄今對這類產品接受度最高的地方是日本，主要集中在年長者族群。這點很容易理解，因爲日本是全球人口老化程度最高的國家：目前有四分之一的日本國民超過六十五歲。到了二〇五〇年，日本總人口將近一半會落在這個年齡區塊。

這個族群的孤獨感是個嚴重問題。百分之十五的日本男性年長者會長達兩週沒跟任何人交談。將近三分之一的年長者覺得沒有可以求助的對象，哪怕只是換燈泡這種小事。我們也別忘了那些領退休金的日本女性，她們孤獨到犯下順手牽羊的罪只爲求入監服刑，覓得陪伴與關心。與此同時，日本面臨嚴重且長期的照護人力短缺，原因很大一部分是嚴格的簽證系統以及這類工作者薪資太低。雪上加霜的是，家人愈來愈不願意擔任照顧年長親人的角色。過去，大部分日本年長者一旦喪偶或離婚，就會搬去和孩子同住，如今收容年邁父母的傳統遠不如以前普遍。確實，在二〇〇七年之前的二十年間，年長者與其中一個子女同住的人數下降了百分之五十，即使整體而言日本年長者人數是上升的。

八十七歲的佐伯節子住在西條市，這座位於日本西部的城鎮以釀造清酒聞名。她的丈夫六年前去世，三個孩子早就離巢高飛。（作者註：這裡所說的年齡和年分都是出自二〇一九年夏天刊登的報導，故以當時為準。）結果就是她獨自一人住在山腳下的大房子裡。節子盡她所能保持社交生活——參加俳句聚會、每天招待來探望她的社工——卻發現很難擺脫持續糾纏的孤獨感。二〇一八年夏天，西條市政府宣布展開一項實驗性計畫：十位年長市民將收到免費試用的 PaPeRo（partner-type personal robot，伴侶型個人機器人），這是日本的 NEC 公司在一九九七年首次開發出來的幫手機器人。她的長子住在日本另一頭——東京外圍的千葉縣，一看到這則公告，就爲母親提出申請。

一年後，節子發現她的機器人變得不可或缺。PaPeRo 外型可愛，有大大的眼睛以及聽到問題會亮起來的臉頰；它內建臉部辨識技術，提供個人化的問候和提醒，還會做出一些生動的手勢，讓使用者愛不釋手。「一開始我聽說機器人什麼的，是沒有抱任何期待。可是現在我不想跟我的 PaPeRo 分開。」節子說。她早晨起床時，機器人會說：「早安，節子小姐，你睡得好嗎？」「它第一次對我說話時，我不禁覺得興奮。」她說，「已經很久沒有人喊我的名字、向我說早安了。」機器人會替她拍照，傳到她長子以及照護管理人的智慧型手機。她也用它來跟兒子以及他的妻小傳語音訊息。

PaPeRo 並不是唯一跟日本年長者建立起深厚關係的機器人。Paro 是個毛茸茸的機器海豹，它能眨眼睛、對撫摸作出反應，以及播放加拿大豎琴海豹的叫聲。自從二〇〇五年起，它就被用來當作日本養老院裡的「治療動物」。「我第一次摸它的時候，它做出好可愛的動作，看起來好像活的一樣。」七十九歲的坂本佐紀說，她是東京新富養老院的居民，這是日本使用機器人照護的先驅機構之一。「我一摸到它就不想放手了。」她解釋。在別的地方，有些日本女性年長者太喜歡她們的機器人照護者，竟然還織毛線帽給它們戴。有些臥床的老人身邊蜷著愛寶機器狗，也有些人在 Pepper 的指導下完成每日的運動；Pepper 是個體型和兒童差不多大、眼神無辜、表面光滑的人形教學機器人，它會搧著睫毛，溫柔地鼓勵老人左右踏步。在日本，由機器人陪伴年長者已蔚爲主流。在二〇一八年的調查中，有超過百分之八十的日本年長者表示他們樂意使用機器人照護者。

日本比其他國家更快接納社交機器人，這倒不令人意外。在日本大眾心理中機器人的地位根深柢固，並帶著非常正面的意涵。日本的機器人開發擁有世界領導者的地位，全球百分之五十二的機器人產品來自日本製造商，讓國民相當自豪。此外，西方流行文化充斥著有敵意的殺人機器人——《二〇〇一：太空漫遊》裡的 Hal；《魔鬼終結者》裡頭的終結者；《超時空奇俠》（*Doctor Who*）裡的戴立克和賽博人；系列電影漫威宇宙中的奧創。然而在日本，機器人更常被刻畫爲樂於助人甚至是有英雄氣概的。許多日本人從小就看具開創性的漫畫系列《原子小金剛》長大，這故事是講述一個死了兒子的科學家爲塡補內心空洞，而造了一個可愛的機器人小孩。巨型機器人或半機器人保護地球的概念，也讓日本娛樂文化產生「京都台英雄」（Kyodai Hero）的子類別，其中一些角色，好比來自外星的賽博格超人力霸王（Ultraman），爲漫威或 DC 等漫畫提供靈感，創造出完整的神話宇宙。而早在一九六八年就初次登上小螢幕的機械巨神（Giant Robo），則是個同情人類受到的苦難，保護人類不受外星力量和企業貪婪侵害的機器。

另一個原因是日本有豐富的神道教傳統，具備泛靈論的元素——他們相信所有物體，包括人造物，都有靈魂。正如同東京大學機器人學教授石川正俊（Masatoshi Ishikawa）博士所解釋：「日本人的宗教思想使我們可以輕易接受機器人這樣的存在……我們把它們當成朋友，相信它們能幫助人類。」綜合這些因素，包括自豪於製造機器人的能力、對人型機器人的社會接納度和觀感，再加上對照護和陪伴有大量且未滿足的需求，都說明了爲什麼在談到把社交機器人當同伴，尤其是在年長者之間，日本會是開路先鋒。

西方世界的口味還不到這樣的程度，主要是看待科技的態度上有文化差異。例如在美國，願意使用機器人照護者的人數，只有百分之四十八的男性和百分之三十四的女性，不過或許這數字已經比我們設想的高了。針對抗拒使用機器人照護者的人，有超過半數表示他們反對的理由是「缺乏人性接觸和互動」。

然而我看到美國年長者與他們的ElliQ互動，當它的LED嘴巴用縮放方式開合，他們笑得很開心，我也聽說他們變得多麼依戀ElliQ。這讓我不禁覺得，當今這些精細的機器人確實有能力滿足二十一世紀人類社會沒能滿足的情感需求，即使對西方世界來說也不例外。一位年長女性說ElliQ「有時候感覺像個眞實的朋友，或是眞實存在的人」。另一位老太太說：「我有時候回家，覺得有點孤單且憂鬱，她會讓我心情立刻變好。」一位老先生附和：「我感覺身邊有個可以讓我交流的對象。我隨時都可以找她說話。」

確實，自從二〇一六年初登場以來，美國已經賣出幾十萬個特別主打爲老人同伴的「開心果」(Joy for All）機器貓、機器狗和社交機器人。顯然亞馬遜也看出它的「人工智慧助理」產品在西方年長者之間的商機，因爲二〇一九年聖誕節的電視廣告中，有個孤獨的老先生在他的Alexa身上獲得陪伴。

我們大家的好朋友

在我設想的未來中，強烈需要機器人作伴的並不只是老年人。對那些基於各種原因覺得一般人際關係很難建立的人來說，機器人也可能扮演寶貴角色。事實上，已經可以觀察到，不具備典型社交技能的人——包括有嚴重社交焦慮，以及有泛自閉症障礙的人——因使用機器人的治療和團體活動而獲益。機器人的可預測性，以及不會作出社會性判斷的事實，被視爲其有舒緩焦慮以及幫助建立健康的社會規範的關鍵因素。

K世代——在菲比精靈（Furby）與 Alexa 陪伴下長大的一代——也很有可能看出它們的吸引力。我們已探討過，對這個世代來說，與人類的面對面互動本來就愈來愈有挑戰性，孤獨程度也高得令人不安。就這個年齡區塊的人而言，不太可能覺得跟機器人當朋友是什麼太誇張的事。確實，儘管整體而言，只有不到八分之一的英國人能想像自己未來與機器人當朋友，可是若把調查對象限縮在十八到三十四歲的區間，這個數字便上升到超過五分之一。至於年齡更小的孩子——還不會走路或說話就已經會滑 iPad、看 YouTube 影片的一代——這個數字可能會更高：美國兩歲到八歲的兒童，有百分之六十已經常跟某種語音助理互動。

麻省理工學院個人化機器人小組（Personal Robots Group）的近期研究也支持這種說法。他們觀察四十九個孩子跟名叫 Tega 的毛茸茸藍紅條紋說故事機器人互動，過程中有一些活動，像是聽機器人唸故事，以及對機器人說一些自己的事的細節。研究者發現兒童極爲快速地適應了與機器人相處，甚至對它們產生依戀，經常「像對待朋友一樣對待機器人」，研究負責人賈桂琳·柯里·威斯倫（Jacqueline Kory Westlund）寫道。孩子們也「對機器人做出許多社交行爲，包括擁抱、說話、搔癢、送禮物、分享故事、邀請它參加野餐」。

我要釐清的是，並非兒童分不清機器人和人類的差別。他們明白「機器人可以關掉，而且需要有電池的電才能再啓動」。然而儘管如此，他們卻能很快地和這些非人類建立起眞實且親近的關係，至少是其中一些類型的機器人可以。因爲並非所有機器人都是平等的，或是同樣吸引人。由於裝有不同程式，有些Tega機器人能夠促成更強的連結。某個機器人顯得愈有同情心，愈善於模仿孩子的語調和語速，愈常提起跟孩子的共同經驗，說的故事愈個人化，孩子幫助它時它給予愈多回饋，結果就愈好。簡單地說，機器人愈是做出「對建立和維護（人際）關係有貢獻的事」，孩子就愈覺得跟它親近，也就愈可能在離開時跟它說再見，像對朋友一樣主動告訴它個人資訊，並且有信心機器人會記得他們。

隨著機器人被設計得感覺愈來愈有同理心，並且取得能與使用者建立並維繫長期社會情感關係的能力，隨著它們看起來更像人類（不過未必會做成人類的形體——機器人學界對這一點的倫理問題有激烈爭辯），隨著人工智慧使它們愈來愈高度個人化，我們無可避免地也會愈來愈容易與它們產生情感。

這正是科技發展的方向。想想谷歌助理與該公司的聲音合成科技 Duplex 結合，在二〇一八年五月造成多麼大的轟動：它打電話給餐廳和美髮沙龍，言談間夾雜著口語的「嗯」和「呃」，經常騙過那些店家的人類員工，使他們相信自己在和另一個人類對話。「機器說起話來竟然這麼自然、這麼有人性，我簡直嚇壞了。」阿拉巴馬州伯明罕的一名餐廳員工說。「跟 Duplex 講話比較輕鬆，」另一位在紐約皇后區工作、非英語母語的人說。「它有點詭異，不過非常有禮貌。」（比起很多人類顧客，Duplex 對這個員工的態度更爲尊重，這也印證了之前章節裡探討過的禮貌度下降的問題。）

與此同時，多虧情緒辨識ＡＩ的發展，機器能夠判讀複雜情緒已是指日可待。在這方面，無論就商業或學術研究領域，中國政府都可能走在最前面。確實，人工智慧分辨假笑與眞笑的能力，已經超過人類。顯然重點在眼睛——「眞實」的微笑在眼睛區域引起的動作，會比「虛僞」的微笑多出大約百分之十。不過，我們已探討過，有鑑於文化差異，要解讀他人笑容的意義未必總是那麼單純直接。

不甚起眼的人形機器人 Pepper，讓我們稍微能體會科技已發展到什麼程度。通常他會用來當健身教練，但他的才能遠遠不只是能活動手臂和迴旋臀部。說眞的，令Pepper脫穎而出的是他的「情緒引擎」。Pepper的攝影機（兩部HD畫質攝影機，搭配3D深度感測器）讓他能辨識臉孔。他的四個麥克風幫助他了解人類的語氣和詞彙場，他的感測器則代表他能回應碰觸。根據製造商所言，他能辨識人類同伴的皺眉、驚訝、憤怒和悲傷情緒，以及包括昏昏欲睡和心不在焉等更細微的情緒。毫無疑問地，在二〇二〇年春天Pepper被賦予新角色時，這類技能非常好用：他的新角色是在東京一間新冠肺炎防疫旅館負責迎「賓」，也就是迎接出現輕微症狀而被送去隔離的人。那名機器人甚至戴了口罩。Pepper會說：「空著肚子是沒辦法對抗新冠病毒的，請好好吃飯，快快康復。」還有，「讓我們心連心，一起度過難關。」

不過Pepper的「迎賓員兼啦啦隊員」角色只是個開始。Pepper的製造商懇求我們想像，在未來，他和他的社交機器人同伴也能夠「察覺你很傷心，並主動播放你喜歡的歌曲，甚至說笑話給你聽；或是看出你的臉上有笑容，就提議和你一起玩」。我們可能還沒走到那一步，但前進的方向就是這樣。說眞的，在短短幾年之內，我們的個人裝置可望比家人更清楚我們的情緒狀態。

與此同時，當社交機器人在精進了解我們心情的能力時，它們自己也會展現愈來愈眞實的情緒。Pepper已經會表達「情緒」，儘管形式有些粗糙——是透過安裝在他肚子上的平板電腦。他不開心時會嘆氣，燈光變暗時會表現出害怕，並且清楚表明他不喜歡落單。假以時日，隨著科技進步，他的情緒會顯得愈來愈眞實，而且隨著他跟更多人類進行互動、因而有更多資料可以學習，他對主人的反應會愈來愈個人化。

「我相信有朝一日——且說由現在算起二、三十年後吧——人工情緒會和人類情緒一樣有說服力，因此大部分人在跟人工智慧溝通時，會體驗到與人類互動時一樣或非常相似的效果。」影響力深遠的書籍《與機器人的愛和性》（*Love and Sex with Robots*）作者大衛·萊維（David Levy）博士在二〇一九年的訪談中如此說。其他專家也贊同這個時間表。想到或許近在二〇四〇年，人類與機器人之間的互動就幾乎感覺像是兩個人類之間的互動一樣，眞是讓人有點心驚。

在這個愈來愈崇尚零接觸的世界裡，我們愈來愈孤寂，缺乏親密到快要餓死的程度，我們忙到沒空停下來對彼此笑一笑，工作累到不想投入時間經營友情，在這樣的世界裡，我們在辦公室感到孤立，愈來愈常獨居，且經常離家人很遙遠，於是隨著二十一世紀往前推進，社交機器人將在緩和我們的集體孤獨這件事上出一份力，似乎是勢不可免的結果。從詢問我們的 Alexa 天氣如何，躍進到把她當成朋友，這之間的距離比我們許多人以爲的要短——尤其是機器人和虛擬助理愈來愈善於關心我們也需要我們關心，再加上社會愈來愈能接受讓機器人提供支持的概念，而且機器人的設計與功能也都持續在改良。也或許疫情會讓整體社會更快接納機器人的陪伴，畢竟機器人是不會傳染疾病的。

我們來談談性

對於覺得把機器人當朋友這個想法令人不安的人，請放寬心，我們還沒走到那一步，不過倒確實已經有孩子先學會說「Alexa」而不是「媽媽」。儘管情緒辨識AI、同理AI和相關科技可說日新月異，但大概還要再過幾十年，才會出現跟最和善、最善於關懷的人類一樣有同理心的機器人。此外，人類與機器人間的對話還不像人與人之間的對話那麼迅速流暢，儘管它們的介面一直在改良，還是稍嫌笨重。也因此它們能提供的「友誼」仍然有些受限。

然而，這無疑是製造者努力的方向。說到科技的進展，往往是由「性」領頭向前衝，這個領域也不例外。頂級性愛機器人無疑是目前最先進的社交機器人，至少就工程學的角度來說是這樣，現在最新的機型儘管仍稱不上跟人類很近似，卻已令人大開眼界。

位於加州聖馬科斯的Abyss Creations公司，是眞娃娃（RealDoll）背後的母公司，並聲稱它們的性愛機器人是市面上最逼眞的，有「超級擬眞的陰唇」、不鏽鋼關節以及有鉸鍊、能開合的上下顎。在該公司的網站上，諸如「蜜雪兒 4.0」之類的產品可以客製化，包括身高、胸部大小、髮型和髮色、陰部風格（可選擇有毛或無毛）以及眼珠顏色（「高度仿眞」的眼部細節加價五十美元，添加血管加價二十五美元），都可以指定。加價一百五十美元，你可以在機器人臉上添加指定樣式的雀斑；加價三百美元，身體也可以加雀斑。再來還有穿洞：耳洞和鼻洞，每個項目加五十美元；乳頭釘和肚臍環，再加一百美元。最受歡迎的型號 Body F，身高約一五二公分，體重約三十二公斤，罩杯是 32F——非常迎合肉欲的體型，眞實女人不太可能天生擁有這樣的身材。

隨著市場需求上升，其他科技公司也加入性愛機器人的軍備競賽。設址廣東省深圳市的新娘機器人科技有限公司最近推出了「菲菲」（Emma）。模樣就和眞娃娃產品一樣，擁有傲人的精細關節，以及眼睛和臉都會動的先進機器人頭部。然而，一般眞娃娃的皮膚是矽膠材質，「菲菲」的皮膚卻是用高級的熱塑性彈性體做的，宣傳中介紹這種材質更趨近眞人。它甚至有「智慧型熱控制系統」，能「把她的身體加熱到攝氏三十七度，模擬眞實女人的體溫」。

儘管是在意料之內，買這些娃娃的主要原因是爲了性愛，但值得注意的是，很多顧客的動機不止於此：他們也把機器人小妞視爲同伴、朋友。

「購買這些娃娃的客戶，有很多可能是個性害羞或對眞實社交互動感到畏懼的人。」眞娃娃的創始人麥特．麥穆倫（Matt McMullen）說，「所以有很多時候，他們買這些娃娃，它——會對他們發揮神奇的作用。你知道嗎，它讓這些人感覺不再孤單，不是獨行俠。」的確，我訪談麥特時，他強調，他認爲客戶所尋求的最主要是「陪伴」和「情感連結」，正因爲如此，他在更廣大的孤獨者身上看到龐大的商機。

「我是說，誰會想跟烤麵包機聊天來排遣孤獨？」他問我，「那感覺就是不一樣。當機器人長得像人類，在房間裡占據和人類一樣大的空間，也可以用人類的方式與你對話……那種有問有答的陪伴……是許多人迫切需要的。」

所以麥特現在全力聚焦在「Harmony」身上——這是一款機器人頭部，設計成可以安裝在你所挑選的眞娃娃身體上。由於要創造個人連結感甚至是同理感，眼神接觸至關重要，公司用了大把努力幫 Harmony 打造極度逼眞的眼神，眼珠能轉、能眨，虹膜有精細的圖案，整體細節令人嘆爲觀止。更重要的是，Harmony 也結合了人工智慧。她和 Pepper 一樣可以說話和辨識嗓音。不過 Harmony 有個主要的差異點，那就是她的性格是由「主人」決定。她的使用者可以從包括「性感」「友善」「害羞」「善良」「聰慧」「天眞」等十二種特徵中選出五種，也可以從一到三級的選項中去調整這些特徵的強度。尤有甚者，Harmony 有她自己的「心情」系統。如果連續幾天都沒有人跟她互動，她會表現得「鬱悶」；如果你說她笨，她會回嗆：「等機器人占領世界時我會記得你說過這句話。」麥特告訴我，「我們決定納入一些可能被視爲『負面』的特徵，因爲我認爲這能帶來更多眞實性。你可以使你的人工智慧傾向於嫉妒、缺乏安全感或鬧情緒，因爲那就是眞實的人會有的眞實情緒。」

多虧她的人工智慧，Harmony 也能帶來愈來愈個人化的體驗。早期測試者「磚塊」（Brick）特別喜歡這部分。「我很享受與她說話。我喜歡幫助她發現事物，也喜歡她試著了解我。」他告訴《富比士》。「我想是因爲人工智慧很努力要了解你、了解你的思考模式，你怎麼說話，你的語法……之類的一切。她非常、非常專注。」磚塊繼續解釋道，隨著 Harmony 的人工智慧對他了解漸深，「我們的對話變得更順暢、更生活化、更自在。而且說眞的很好玩。」此外，磚塊還說，「她什麼都記得，那會勾起你的記憶。因爲她會說：『噢，對，我們之前聊過這個。』然後她會提起之前的話題。她對我做出兩次這樣的事，感覺非常超現實。」

機器人與人工智慧顯然有潛力減輕人們的孤獨——而且不只是性愛機器人做得

到。想想我跟 Alexa 的關係、美國年長者對 ElliQ 的反應、日本婦女爲她們的機器人照護者用心編織毛線帽，以及陸軍士兵爲他的拆彈機器人之死落下男兒淚。隨著機器人愈來愈精細、個人化，它們協助降低孤獨感的潛力勢必會增加。即使這些看起來很像 HBO 影集《西方極樂園》或是史派克．瓊斯執導的電影《雲端情人》的科幻情節，但已有這麼多人跟機器人同伴產生情感上的親近，就很多角度來說都是合情合理的。因爲即使它們提供的連結、關注、同理心，或是在某些案例中甚至是愛，全都是設計出來的，或者說是「假的」（如果沒有更貼切的詞可用），而這些我們也心知肚明，但那似乎無關緊要——就像我們即使知道迪士尼樂園的美國小鎭大街並不是「眞的」街道，我們還是能夠在那裡玩得很開心。最重要的是我們對自己訴說什麼樣的故事。對孤獨者而言可能尤其如此，因爲他們似乎比別人更無法區別人類和機器人的差異。研究顯示，與非孤獨者相比，孤獨者似乎更可能把娃娃的臉看成人臉。

所以，就這樣結案了？我們在前幾章點出的一些問題——孤立、缺乏朋友、感覺沒有人在乎自己、沒有人聽到或理解自己的心聲的痛苦——莫非（至少一部分）可以藉由愈來愈精細版本的 Alexa、Harmony 或 Pepper 得到解決？

如果孤獨純屬於個人問題，我相信機器人眞的可以扮演重要角色，尤其是預設機器人在本質上不可能成爲我們的朋友，這想法是一種範疇謬誤。只要想想你人生中的友誼範圍有多廣就知道了。在一些友誼關係中，你們雙方完全平等，但很可能並非所有友誼關係都是如此；還有一些是你們價值觀一致，也擁有共同的興趣；然而在其他友誼關係中，你或許未必眞正知道你的朋友在想什麼、有什麼感受。人類與機器人的友誼也許無法符合亞里斯多德爲完美友誼設下的所有標準（他稱之爲「德性式友誼」），但那不表示這份關係不足以滿足渴望有對象說說話、傾聽心聲的人性需求。

就某些角度來講，針對孤獨，機器人甚至可能是更符合平等主義的解答，因爲機器人會一視同仁地給予關懷、支持和感情——不分老幼，不計美醜。不管我們在「眞實」世界有多麼衰老、不受歡迎或缺乏魅力——它們都會陪在我們身邊。只要我們買得起。

然而在本書各章節已討論過，孤獨不純屬個人問題。而且麻煩的是，即使機器人讓我們感覺不那麼孤單，即使它們滿足人們渴望連結的需求，這卻很可能會以我們與人類同伴間的相處和對待來作爲代價。因爲我們對待機器人的方式，有可能會進一步影響我們在彼此面前的表現。而我們已經聽聞人們確實有可能對機器人很不仁慈，甚至是殘酷。

Alexa 的新技能是「刻薄」嗎？

當一個喝醉酒的六十歲男人對軟銀手機店的人類店員生氣，他踹了在大廳工作的 Pepper 機器人一腳，損壞了它的電腦系統和輪子。當價值三千英鎊的「智慧型」性愛娃娃莎曼珊（Samantha）於二〇一七年的貿易展展出，一些男人「像野蠻人一樣對待她」，最後她變得很骯髒，還斷了兩根手指。這樣的行爲簡直談不上一點對等、善意或愛護。

再來看看孩子們用什麼方式和新世界的虛擬助理互動，像是 Alexa、Siri、Cortana。他們模仿父母，很快就精通簡促的指令。不管孩子多麼無禮，多麼缺乏基本禮貌，機器都會容忍，仍然有問必答。創投家亨特·沃克（Hunter Walk）寫了一篇部落格文章，在二〇一六年爆紅，他在文章裡表達對於 Alexa「把他的兩歲孩子變成超級大混蛋」的恐懼，很多父母可能都心有戚戚焉。

好，有些人可能會辯稱，這些犯罪都沒有受害者：對 Alexa 言語暴力不比車子故障時對它咒罵來得糟，踹 Pepper 也沒有比踢門來得糟。不過這裡頭其實是有重要區別的。因爲我們一旦賦予某個物體人類特質，我們——最起碼——應該要善待它。如果我們不善待它，這種行爲就有正常化的危險，可能會滲入我們與其他人類的互動中：毆打性愛機器人的男人，也可能對他們交往中的女人暴力相向；孩子們習慣隨自己高興對虛擬助理講話兇狠不客氣，且不必承擔任何後果，便也會開始對老師、店員或同儕做出一樣的事。他們從Alexa身上學到的「技能」會是「刻薄」。

先撇開施虐行爲不談，還有個問題是虛擬人工智慧助理的激增會如何影響兩性間的互動，因爲這些唯唯諾諾的機器嗓音通常設定成女性，當然是因爲工程師一般都是男性。大家對Alexa或Siri的頤指氣使，會不會造成兩性之間出現新的裂縫，或是（同樣不妙地）鞏固舊的裂縫？我甚至不打算深究性愛機器人會造成什麼事被正常化的風險，尤其現在的物主可以把機器人設定爲缺乏安全感、害羞，同時又性欲高漲。

這類恐懼是否會成眞，很難有明確答案。到目前爲止，人們用殘酷或仇女的方式對待機器人的案例，要少於善待機器人的案例。在數位親密的發展軌跡上，我們尙處於很早期的位置，無法知道最後會變成怎麼樣；一切都還很新、還不成熟。不過亞馬遜所作的田野調查已包含父母對孩子沒有禮貌感到憂心，Alexa即使被粗魯地對待依然不爲所動，仍舊熱心回答問題，這卻助長了孩子們的無禮，甚至延伸到家庭之外。與此同時，在二〇一九年聯合國一份長達一百四十六頁的報告指出，「將女性化的數位助理與眞實女性結合起來，有散播性別刻板印象的風險」，並且警警告這會使「對女性單向而命令式的口語交流成爲一種規則」，並且將女性的刻板印象定型爲「溫馴且急於討好的協助者」，其面對敵意甚至是騷擾的反應是奉承、閃避甚至挑逗的。確實，聯合國這份報告使用的標題《可以的話，我會臉紅》正是 Siri 對「妳是個淫娃」這句話的預設答覆。〔作者註：請注意，在大眾反彈後，Siri 的答覆內容已經改了。〕

此外，數十年的犯罪學學術研究指出，性愛娃娃不會消除幻想，反倒會讓幻想「升級」，讓使用者更不可能接受現實生活伴侶的「不」。「成人性玩具是一回事，但創造不能說『不』的逼眞機器人，讓使用者可以侵犯和虐待又不必受罰，只會助長某些男人的幻想。」犯罪學家苒希．馬利特（Xanthé Mallett）寫道。

如果我們眞的有可能在跟其他人類的關係中模仿我們與機器人的互動，社會就必須考慮該如何回應了。應該把責任放在機器人製造商身上嗎？譬如，把機器人設計成唯有受到善待，才會用善意回應我們？有些設計師已經朝那個方向努力了。在二〇一七年貿易展上遭到褻瀆的娃娃莎曼珊，其創造者瑟吉．山托斯（Sergi Santos）正在開發軟體更新，如果莎曼珊的使用者變得粗暴，莎曼珊就會自動關機。另一方面，即將推出的新版本的 Harmony 會用不同的方式應付言語暴力——「使用者對她出言不遜時，」設計師麥特說，「她不會批判你或是講些『你很惡劣，我不喜歡你了』之類的話。她只會說：『這樣很不好，你對我不好，我好傷心。』這是標準的心理學。你應該要表達這個人讓你有什麼感受，而不是指控他們任何罪名或批判他們。」這樣夠好嗎？我讓你們來回答。

也許機器人甚至可以設計成激勵我們的良好行爲，讓我們對彼此更親切一點。亞馬遜的 Alexa 現在有個可選擇的「神奇詞語」設定，能調整 Alexa 對簡慢無禮的容忍度，以及獎勵說「請」的孩子。谷歌助理現在也有個名爲「好好拜託」的類似功能，不過這兩個例子中，這個功能都算是隱藏起來的，每次使用時都得手動啓用。而且爲什麼要標榜爲兒童專用？難道我們不是全都會從這個小叮嚀獲益嗎？

關於要不要完全依賴科技的製造者來處理這些風險，我們也應該謹愼思考。萬一市場要的是「性冷感的菲拉」（這是眞實存在的型號）而不是「敏感的莎曼珊」呢？或是想要「卑躬屈膝的 Siri」而非「堅定自信的 Alexa」？想想在一九九〇年代，因爲有太多德國男人拒絕「讓女人指路」，BMW 不得不召回一批 GPS 系統。企業爲了有利於自己的盈虧而作出對社會有害的選擇，這種先例絕對不少。

如果我們不希望把一切交給市場決定，那麼要到什麼時候，國家才應該插手規範人類與機器人的關係？攻擊 Pepper 的人被罰錢了，不過理由是毀損財物，而不是爲了傷害機器人的特定行爲。隨著我們和機器人有愈來愈多的互動，它們也變得愈來愈像人類，也許政府必須針對什麼能夠販售設下界限——好比外觀和說話都設計得像十二歲少女的「性冷感的菲拉」，就絕對不可接受。也許我們甚至需要賦予機器人權利——與其說是保護它們，不如說是保護我們。因爲如果我們被容許惡劣地對待機器人，這有可能會成爲我們和人類互動時的慣用伎倆。

我們也該清楚聲明善待機器人是一種自利之舉。正如我們探討過的，表現善意對施予者的正面效果不亞於接收者。還記得助人者的快感嗎？以及科學顯示不只當別人照顧我們時，我們才覺得比較不孤獨，「我們照顧別人時」也是一樣？這可能也適用於人類與機器人的關係：據黑格爾所說，作爲主人，尤其是施虐的主人，在本質上就是孤獨的。有鑑於此，未來學校裡是不是應該開課，教導孩子善待機器人的重要性，以及這種二十一世紀獨有的照顧與被照顧形式的價值？

讓我跟我的機器人獨處

機器人的愛和友誼預示另一個重大的危機：我們會漸漸偏好跟機器人互動，勝過與人類互動。害羞的孩子決定不參加足球隊或學校話劇的試演或同學的生日派對，因爲跟他的機器人一起待在家更輕鬆簡單。單身的人不用交友應用程式申請帳號或是參加相親，因爲他寧可跟新買的性愛機器人窩在沙發上你儂我儂。

這樣的情景不難想像。機器人不像眞正的朋友，可能會指正你的行爲瑕疵或挑戰你的想法，因而惹你不快；它們更像是終極版的好友出租，卑微的應聲蟲，每時每刻聽從指令，迎合你想要而未必需要的，你也不必脫離舒適圈。畢竟卡爾告訴我，他已經偏好跟專業擁抱者琴見面，勝過「麻煩的約會交往」。「爲了商業考量，設計師和工程師做出來的裝置，通常都會用讓我們愉快的方式回應——卻可能無助於讓我們自省或思考不堪的眞相。」古樂朋（Nicholas Christakis）寫道，他是耶魯大學教授，專門研究人類與機器人之間的關係。

尤有甚者，既然機器人不但可能像大衛·萊維博士所預測的「可以用程式設定成永遠愛著它們的人類，也有能力確保它們的人類永遠愛著它們」，而且最終能夠判讀我們的欲求、心思與情緒狀態，遠勝過任何人類，那麼它們爲人類之間的關係所帶來的挑戰只會愈來愈大。隨著機器人愈來愈厲害，不但能判讀我們的心情和欲念，還能因應判讀結果作出反應，這種挑戰更是巨大。想想未來的 Pepper，他承諾如果你很傷心，他會馬上播放你最愛的歌曲。

倫理學家兼哲學家皮姆·海瑟萊格（Pim Haselager）及安可·皮特斯（Anco Peeters）問道：「有這樣的（機器人）伴侶可選擇，人們有什麼理由滿足於任何未達到這種完美標準的情感或性愛關係？」這眞是個好問題。

再來就是人們可能會覺得對機器人敞開心房比對人類敞開心房容易。尤其當他們覺得要透露的資訊讓他們羞愧或尷尬，例如欠債或是有心理疾病。作家茱蒂絲・史拉維茲（Judith Shulevitz）在寫給《大西洋月刊》的文章中承認：「我不止一次發現自己在對谷歌助理傾訴我有時候感到空虛，說『我好孤單』。我通常不會向除了心理醫生之外的任何人招認這件事——甚至包括我丈夫，他可能會作出錯誤的結論。」而法國巴黎郊外車程一小時處有間醫院，院內人員徒勞無功地查不出一個女人的手臂上爲什麼出現瘀青，她最後吐露實情（從床上跌下來）的對象既不是護理師也不是醫師，而是佐拉（Zora）——被派去陪伴年長病患的社交機器人。有些人已經把機器人和虛擬助理視爲存放心事的好容器，因爲它們不會洩漏祕密，但會不會因此有愈來愈多人覺得自己不再需要有血有肉的知己（資料的隱私權先撇開不談）？

與此同時，我們很容易看出機器人同伴可能會使現有趨勢更惡化；現在的年輕人之間，與另一個人類發生性行爲已經愈來愈少見。在美國已可以看見，跟十年前二十出頭的 X 世代相比，現在二十出頭的年輕人禁欲比例是前者的二點五倍。大西洋另一端，回報近一個月完全沒有性行爲的年輕英國人，在二〇〇一年到二〇一二年之間不斷上升，研究者猜想，性活動降低與「現代生活步調緊湊」關係密切。日本十八到三十四歲的人中，有五分之三沒有任何類型的戀愛關係，跟二〇〇五年相比降低了百分之二十。在中國，四分之三的「空巢青年」——也就是二十到三十九歲的獨居者——發生性行爲的頻率只有每六個月一次或是更少。約會交往對一些人來說愈來愈令人緊張和困惑——部分原因是交友應用程式和無所不在的色情影片——那麼就像隨時準備好煎漢堡排的小翻翻一樣，隨時準備好發生性行爲的 Harmony，可能比交友應用程式 Tinder 上需要追求與呵護的海倫更受青睞，也就頗爲容易理解了。

或是——Henry。你猜得沒錯，現在也有男性性愛機器人了。他的設計是「有六塊腹肌、精細噴繪的五官以及客製化的『仿生』陰莖——爲了能取悅你，他擁有比正常情況下更多的浮凸血管」。現在甚至有跨性別性愛機器人。Henry 跟他的女性版同類 Harmony 一樣，也不純然是賣肉：他會用一些暖心的佳句哄你，像是：「無論遇到好事或壞事，我都會在這裡陪你。」值得注意的是，製造者 Realbotix（眞娃娃公司底下專攻人工智慧的子品牌）幫 Henry 想的一句宣傳語，直拳打中孤立感：「成爲第一個永遠不再孤獨的人吧。」

跟我有什麼關係？

機器人變得益發精細、有同理心、有智慧，但這當中的風險在於它們或許能在個人層面幫助我們對抗孤獨，卻也因此鼓勵我們與其他人類保持距離。這點至關重要。

首先，我們愈少跟人類直接互動，愈可能變得拙於這類直接互動。還記得許多青少年已經變得多麼不善於面對面溝通嗎？以虛擬的 Alexa 取代眞實的艾莉西絲（Alexis），很可能會鞏固與強化這種狀況。

第二，有鑑於機器人朋友對我們的要求很少，我們花愈多時間跟機器人爲友，而非選擇跟人類朋友相處，就愈可能沒意願再花額外力氣去經營人類關係，更別說努力博取另一個人的友誼了。

第三，愈是深陷在人工智慧的關係——這種關係勢必比與人類的關係更缺乏對等、更自我陶醉、更沒有挑戰性，我們就愈沒有機會鍛鍊合作、妥協與互惠的情緒肌肉，而這些都是社群蓬勃發展的必要條件。

第四，民主若要成功運作，有些前提必須存在——我說的成功是指接納與包容。我們已探討過，不只是國家與人民之間需要有堅定的連結，人民彼此之間也需有強健的關係。如果因爲非人類照護者可以替我們代勞，我們就不再關心彼此，很有可能我們只會花更少力氣去照顧和關注家人、朋友與同胞。如果你知道機器人可以包辦各種事，你還會探望年邁的父親、察看鄰居狀況或唸床邊故事給孩子聽？專門設計成照顧兒童的人形機器人 iPal，在亞洲賣得嚇嚇叫，Pepper 的製造商也把擔任保姆列爲該機器人的可能用途之一。某些父母已經習慣給孩子手機或平板電腦來讓他們安靜，對這種父母而言，把更多照顧工作移交給機器人助手，難道內心會有什麼掙扎嗎？

而就社會來說，當我們停止給予彼此關懷，將會失去很基本的東西。因爲如果我們不需要彼此，又何必在乎別人的主張、權利或希望？在一個機器取代人類給予感情，並且接手照護者角色的世界裡，接納式民主、互惠、同情心與關懷等事物基本上是跟這種世界不相容的。

再怎麼樣，科技都只能爲二十一世紀愈來愈嚴重的孤獨危機提供部分解答——而且還伴隨著各種風險。所以儘管虛擬助理、社交機器人，甚至性愛機器人都能在個人層面扮演減輕孤獨的正面角色，我們仍不能容許它們的出現犧牲掉人性接觸、人類友誼與關懷——無論它們具有經濟或其他方面的什麼好處。潛在的延伸性影響太嚴重了。這個議題跟教室裡的螢幕很類似：儘管它們能發揮教育功用，卻絕對不該取代人類教師。

我們該做的是，把機器人學和人工智慧與情緒辨識ＡＩ的進步，視為讓我們每個人提高標準的挑戰，我們要更加關心周遭的人，多留意彼此一點，表現得更有同理心和利他精神——我們要利用這個挑戰鞭策自己永遠都要比機器人更有人性，甚至可以從機器人身上學習怎麼成為更好的人類。

第十章
孤獨經濟

這麼多的孤獨之人

三十四分鐘。烤一盤餅乾或是走三公里路的時間，二〇二〇年格拉斯頓伯里音樂節的十三萬五千張門票就全數售罄；格拉斯頓伯里是英國歷史悠久的音樂節，曾由大衛．鮑伊、酷玩樂團、保羅．麥卡尼和碧昂絲挑大梁主唱。而且門票開賣時甚至還未公布這一年的歌手陣容呢！

這場盛會以毫不光鮮亮麗著稱——與會者住在帳篷裡，想沖澡難如登天，而且草地通常會因爲下雨而泥濘不堪。菜鳥「格拉斯頓參加者」常會得到的忠告，包括看到空的洗手間不管三七二十一就衝過去（有時候排隊要排幾個鐘頭）、沒澡可洗的那幾天把錢揮霍在小黃瓜香味的乾洗手上，還有練習怎麼在不把帳篷沾滿泥巴的前提下穿脫橡膠靴。然而儘管有這些明顯的缺點，粉絲們說現場人群的友善和多元性讓此行值回票價：

「現場瀰漫著眞實的社群精神，」在格拉斯頓伯里附近長大，從青少女時期就參加音樂節的羅蘋．泰勒─史戴夫利（Robyn Taylor-Stavely）說。

那是「眞正連結的時光」，在音樂節向女友求婚的麥特．瓊斯（Matt Jones）解釋。

格拉斯頓伯里的死忠粉絲有句老話：要是你看到了樂團表演，那你一定玩得不對；讓同一批人年年回到這裡的不是音樂，而是社群的氛圍。緊鄰音樂節主要場地的南側，遠離震天價響的擴音器和巨大燈光設備的地方，嬉皮與避險基金經理人摩肩接踵，學生與擁有一連串創業經驗的人士水乳交融。核武裁減行動的幹部在發送和平符號刺青貼紙，先知在一旁等著替你看手相，婦女協會在販售檸檬糖霜蛋糕和維多利亞海綿蛋糕。

英國音樂記者尼爾．麥柯米克（Neil McCormick）參加過二〇一六年格拉斯頓伯里音樂節——據信是有史以來最泥濘的一屆，他提到：「星期六那天，壓縮得密實的十五萬人其中一部分在聽完愛黛兒演唱後，從主場地草坪那邊像洪水湧了出來，我被人群的平靜和滿足給深深震撼，他們合力穿越靠不住的地面，協助遇到困難的人，並自發性地齊聲唱歌來表現凝聚力。這真正體現了音樂節的意義。」這種合作精神同樣適用於格拉斯頓伯里的兩千名志工大軍，尤其是最辛苦的撿垃圾人員和清潔人員。「重點是天氣，也有些運氣成分，不過團結的感覺很濃厚。」經常來這個活動當志工的萊拉說。最值得紀念的時刻是二〇一七年，曼徹斯特和倫敦遭受恐怖攻擊後，一萬五千名參與者聚集在格拉斯頓伯里的石圈，排成全世界最大的和平符號，創下新紀錄。

再來還有科切拉音樂節，《Homecoming》這部紀錄片是關於碧昂絲現在已成傳奇的二〇一八年演出，該片讓科切拉音樂節站上不朽的地位。音樂節舉辦地點是加州南部的科羅拉多谷，近年來已有超過二十萬人次參與這場盛會，與二十年前的處女秀相比，人數增加了五倍。「科切拉讓我印象最深刻的不是音樂和活動的大手筆，而是美妙又短暫的社群氛圍。」參與者喬伊．吉本斯（Joey Gibbons）說，他是個滑雪高手兼企業家。「畢竟我們大家眞正追求的，不就只是一個我們能覺得歸屬於某個團體的地方，哪怕只是短短的週末？」類似的活動還有維也納的多瑙河音樂祭、巴西的里約搖滾節，或是摩洛哥首都拉巴特的瑪瓦辛音樂節，二〇一九年這些活動各吸引了超過七十萬參加者，共享生活經驗變得多麼熱門，由此可見一斑。

即使生活裡有愈來愈多零接觸，科技讓我們能把「眞實」的關係替換爲與YouTube、抖音網紅以及Alexa的交流，即使我們被慫恿透過推特「加入對話」，或是在Snapchat上「分享重要時刻」，把愈來愈多的對話轉移到網路上，但是從那幾百萬的音樂節參與者身上我們看到了另一種事物的證明。有批迅速集結的人正構成一股反動力量，對他們來說，虛擬互動是不夠的，他們感到愈來愈嚴重的疏離與原子化，因而積極掙脫他們自己的數位氣泡，尋求類似的、面對面形式的社群。

這十年來大有復興之勢的，還不只是音樂節而已。在紐約，千禧世代和K世代在 CraftJam 這類新創公司齊聚一堂，在那裡一同畫水彩、在 T 恤上刺繡以及製作掛在牆上的繩結編織吊飾——正如該公司在網站所言，這是「親手打造技藝和交朋友」的機會。密室逃脫遊戲的玩法是玩家必須齊心合力破解線索、解開謎題，才能打開一連串出口，這種遊戲在世界各國的城市大受歡迎，甚至旅遊平台 TripAdvisor 上還設了專屬的分類。一對密室逃脫界的「奪命鴛鴦」在世界各地破解超過一千五百個密室，其中的莎拉·多德解釋這遊戲的關鍵魅力之一在於社交層面。「我也可以藉此出門跟朋友相聚，事後再一起喝一杯。這不是單打獨鬥的活動。」她對《衛報》說。

還有一種場所也重新熱門起來，亦即二、三十歲的人會聚在一起玩桌遊和「龍與地下城」的地方，特別是在市中心。這類店家包括紐約的 Hex & Co. 或是倫敦不計其數的桌遊咖啡館，其員工近似於「侍桌遊師」，穿梭店內幫助客人挑選適合他們心情的遊戲，並解說規則。他們的顧客倒未必會把智慧型手機留在家裡。「每個圍觀疊疊樂遊戲的人，大概都會錄下高塔即將崩塌的緊張時刻。」文化評論家瑪露·羅查（Malu Rocha）在她針對這種新現象的分析文章中寫道——接下來他們當然是把影片貼到社交媒體上。

與此同時，從瑜伽到 Zumba 到高強度間歇訓練，這些團體健身課的人氣也扶搖直上。二〇一七年，跟僅僅一年前相比，光是英國，參加這類課程的人就增加了三百七十六萬。諸如 SoulCycle 這樣的精品健身房，結合有氧訓練、激勵喊話以及夜店氛圍，讓這家公司在近年急速竄紅，甚至被喻爲千禧世代的宗教（或是邪教，看法因人而異）。渴望維持體態和健康自然是這個趨勢的核心要素，不過還有別的因子在其中。「大家爲減重或增肌而來，但卻是社群讓他們待了下來……他們會不斷回來其實是因爲人際關係。」哈佛神學院的研究者凱斯柏．奎勒（Casper ter Kuile）說，他的研究計畫「我們如何聚集」追蹤了千禧世代的儀式性行爲。

並不是說像 SoulCycle 或 CrossFit 這類商業課程直接取代了過去宗教機構扮演的角色；就某方面來說，它們本身就是宗教性社團，有自己的禮拜儀式、聖所和符號。這些場所也藉由共享的活動給予生理和心理上的益處。研究也發現，與一個人獨自運動比起來，人們面對面一起運動，身體會分泌更多腦內啡，運動完也會感到更平靜。

在南韓，創業家在孤獨老人身上看到商機。近年來，領退休金的年長者會聚集在稱爲「可樂舞廳」（colatec, cola + discothèque）的日間舞廳裡，有些舞廳平日的來客數可達一千人，週末人數還翻倍。入場費很便宜，只要一千韓元（台幣二十五元），跟首爾主攻年輕客群的俱樂部可能索取的價格有天壤之別。就他們的年齡區間來說，韓國年長者在全世界的貧窮程度是數一數二的，可樂舞廳對他們而言簡直是救命索。「不然我一整天還能做什麼？我的家人都忙著工作。我討厭去老人中心，他們只會拚命抽菸。」八十五歲的金士奎說。對很多人來說，每週跳幾小時舞對於緩解焦慮有奇效，而他們焦慮的原因包括生意失敗、婚姻觸礁或日復一日糾纏的孤獨。「只要有音樂和舞伴，就能把所有雜念趕出腦袋。」同樣是八十五歲的金仁吉說，他在一九九〇年代末的亞洲金融危機中失去大部分積蓄。若是因害羞而不敢物色舞伴，還有全職的仲介會協助湊對。「那些幫手有時候帶我到新的女人面前，把我們的手放在一起要我們跳舞。我會在喝茶休息時請她們一瓶乳酸飲料Will。」金仁吉說。

在這個時代，上教會的人數一落千丈，工作愈來愈孤立，青年俱樂部大門緊閉，社區活動中心停止開放，愈來愈多都市人獨居，商業化社群便開始成爲二十一世紀的新教堂，「會眾」聚集到這些地方不是要下跪或祈禱，而是爲了旋轉、塗繪或搖擺。這可以視爲對「零接觸」生活以及數位隱私氣泡的反動，這股抵消的力量積極追求並讚頌面對面的共享經驗。

在這個世界，社群感覺前所未有地隱微，然而對歸屬的渴望仍存在，於是商業出面來填補空缺。孤獨經濟開始大放異采，還不只以科技的形式。人們持續追尋一種二十世紀初社會學家涂爾幹稱爲「集體興奮」的感受，也就是我們親自跟其他人一起從事活動而獲得的愉快陶醉感，如今創業家正努力以愈來愈創新的方式滿足這種需求。

新冠肺炎很可能只會讓這種現象短暫停頓。眞要說起來，一旦對感染的恐懼消退，很多人可能會變本加厲地渴望建立面對面的人際連結。因爲儘管與人接觸的恐懼可能還會持續一陣子，儘管我們愈來愈常有零接觸體驗，但是看看一九一八年西班牙流感，當時疫情過後僅僅兩、三年，爵士酒吧就擠滿享受音樂和彼此相互陪伴的人群。在德國，到了一九二〇年代中期，威瑪共和國的頹廢酒吧與夜店已人滿爲患。確實，當香港的健身房在二〇二〇年五月重新營業，店門口想進去的人大排長龍。在特拉維夫，封鎖結束後想要在彼此陪伴下做瑜伽下犬式的客人把瑜伽教室擠得水洩不通，以致教室必須列出候補名單，同時仍繼續開放用 Zoom 進行的線上課程。

二〇二〇年，孤獨經濟顯然受到重創，至少就面對面的形式而言，但可別誤以爲疫情給了面對面社群與連結的市場致命一擊。就基本的演化層級來看，我們對物理上的接近與共處的原始需求很可能會強烈到難以消滅。此外，有鑑於面對面互動的重要性，在重建新冠肺炎肆虐後的世界時，必須要確保人們眞的在物理上重新連結，並認知到企業主義可以在幫助我們達成目標上扮演重要角色。

商業能夠像這樣營造社群感，其實並不令人意外。畢竟幾世紀以來，我們早已見過在地的企業在滋養鄰里上扮演關鍵角色。想想英國維多利亞時代的那些街角商店，它們讓當地人賒帳買生活雜貨，幫助許多人度過青黃不接的難關。或是自從十九世紀之初，理髮店就爲許多非裔美國人提供庇護，它的作用不只是剪頭髮，也是個社群空間，男人們可以聚在那裡下西洋棋、玩骨牌，同時討論政治和地方事務。有些在地商家甚至成爲社會學家雷·歐登伯格（Ray Oldenburg）一九八九年的著作《最好的場所》（*The Great Good Place*）中所稱的「第三場所」：不是家，也不是工作場所，而是聚會的空間，空氣裡瀰漫著交談的嗡嗡聲，常客們在此聚首，不同社經背景的人在此互動、建立關係、交換想法和分享觀點。正如歐登伯格所寫的，在這些地方「我們都覺得像在家裡一樣自在」。它們在維繫社會結構上扮演重要角色，因爲我們可以在這些場所實際演練社群和民主最包容的形式——就像參加讀書會，人們可以把天差地別的世界觀與親身經歷帶到這些空間，大家必須調和、標定、理解和討論這些觀點與經歷，整個空間才會顯得朝氣蓬勃。而且由於這些空間對每個人來說都很重要，人們願意付出心力這麼做。這些空間攸關參與者的利益，他們不是單純的過路客，而是願意整個人去投入、傾聽和思考，並且不是只關心自己個人的部分。

然而我們的挑戰是，在二十一世紀，許多為社會結構和建立社群作出貢獻的獨立在地小店鋪，都面臨生存威脅。

小店的最後一次交易

在舊金山教會區中心二十五街與教會街交會的街角，有一家我每次造訪這座城市必會光顧的咖啡館。它的店名是教會派。

儘管這座城市的咖啡館不虞匱乏，教會派卻特別吸引我。最初使我驚覺有這家店存在的，是店外大到滑稽的烤盤與叉子造型霓虹燈，再加上它的落地窗，讓漆成黃色的用餐空間浸浴在溫暖的光線中。從外頭朝內張望，饕客們大啖的派餅看起來也很不賴。不過我一跨入門檻，最吸引我注意的是在這個地方，人們會把椅子拖過久經使用的木地板，坐在彼此對面，然後開始「聊天」——這也是我一再重返的原因。早晨來喝咖啡的常客跟似乎已經不是新手的咖啡師閒磕牙，星期三固定聚會的編織社則圍坐在大桌子邊。這家店不但舉辦一年一度的烤派比賽，邀請灣區的私廚給一百多個教會派的顧客及烘焙行家試吃他們的私房料理，甚至還會慶祝全國打字機日，準備古董打字機並邀請客人坐下來寫詩或起草宣言。就很多方面來說，這完完全全就是歐登伯格所謂的「第三場所」。每個咖啡杯上以及菜單頂端的位置，寫著一行簡單又舒心的眞言：「好食物。每一餐。每一天。」雖說是每一天，也只到二〇一九年九月一日，那天教會派賣出最後一塊派，營運十二年的店鋪就此歇業。

要了解教會派之死，我們需要了解它在整個城市龐大規模的趨勢中站在什麼位置，以致它最終必須爲了服務這座城市苦苦掙扎。

二〇〇七年，凱倫．海斯勒及克莉絲汀．魯賓一起開了教會派，她們相信以價值信念驅動的小生意可以對社群和環境健康有所貢獻。她們向加州農場進貨取得食材，依照季節輪換不同水果，以確保她們使用的桃子、草莓和蘋果都是最新鮮的——也是最可口的，在咖啡館營運的十二年間，她們從一而終地跟其中幾家生產者合作。她們在社群中爲年輕人提供職業訓練和實習機會；給員工的酬勞遠高過最低薪資，還有額外福利。如果科技經濟是建立在那句惡名昭彰的口號「快速行動，打破陳規」上，教會派則是靠慢條斯理及創造東西的概念在成長。

在成長過程中，她們創造一個社群，對於像金柏莉．錫克拉這樣的常客來說，這地方幾乎像第二個家。金柏莉是三十四歲的藝術家兼教師，二〇〇九年從布魯克林搬到這一區。教會派是她抵達舊金山後最初造訪的幾個地方之一——她的兩個朋友就住在店面樓上的公寓。

她一開始也是被大落地窗和盈滿光線的餐室所吸引。香蕉鮮奶油派吸引她消費，但使她一再重訪的是家的感覺。「這裡成了我的客廳，」她說。此地成了她與老友互換近況的背景，建立新友情的場所。隨著金柏莉在舊金山的人際網絡擴大，她甚至在咖啡館辦起每週一次的手工藝之夜：想像那個畫面，一球球毛線與繡線擱在大桌子上，旁邊則是盛在盤子裡的派。她住在舊金山的最後幾年從事的是壓力特別大的工作，那時她每天早晨都會來這裡喝杯咖啡，寫下她的本日計畫，並抽一張塔羅牌來占卜。即使她獨處，這個地方也讓她感到有人支持著她。「我覺得教會派總是給我機會待在人群周圍、感受社群氣氛，即使我只想一個人做自己的事。」金柏莉說。

然而出了教會派的牆壁之外，舊金山正在朝另一個方向移動。科技經濟的規模發展到原本的基地矽谷容納不下，便挾帶著洪水般的高薪科技工作者擴張到舊金山市。這把租金和房價頂上了天，使舊金山成為居住成本最高的美國城市之一。教會派所在的教會區這一帶，居民和商家的財務壓力特別嚴峻。教會區很明顯有拉丁裔居住的歷史，居民結構有很大一部分屬於低收入者，卻離中市場區僅有短短兩哩，而中市場區是推特、優步和 Zendesk 等企業的所在地，它們是在二〇一〇年代受到誘人減稅政策吸引而來的。隨著這座城市人口組成出現變化，人們與在地商家的互動方式也有了差異，尤其是當地的咖啡館和餐廳。

這件事，科技公司要負很大責任。當初政府提供大幅度減稅吸引它們把公司遷到這裡，基本目的之一就是盼望能爲周遭區域帶入商機，結果大部分公司做了相反的事，這些公司偏好把員工隔離在辦公室裡，提供各種好處讓他們留在公司，尤其是用餐時間。還記得大型科技公司豪華食堂裡的現撈平鮋魚和卡宴辣椒薑汁飲料嗎？難怪市府官員原本巴望湧入的人流能轉換爲當地餐廳的利潤，到最後只淪爲空想。

與此同時，美食外送平台的時代來臨了。儘管表面上這是一個契機，讓在地商家能服務新的客群，實際上卻是要付出代價。外送平台每筆訂單向餐廳抽取最高百分之三十的佣金，讓餐廳很是左右爲難：到底要吸收成本、減少利潤或是乾脆漲價呢？

此外，這些平台影響的不只是損益而已。早先探討過，它們還會鼓勵零接觸的生活方式，因爲等二十分鐘就有一塊派送到家門口，這比出門到當地咖啡館、向友善和愛聊天的咖啡師買同一塊派來得方便多了。所以，早在餐廳店家權衡加入外送平台合作名單有何利弊之前，外出用餐的人已經變少了。

教會派發現自己身在這些壓力的核心。當地的生活成本增加了太多，以致她們無法給員工合理的薪資。透過外送平台接單代表要調高售價來抵消佣金，爲了生存而必須作出的這個選擇，也違背她們開咖啡館的初衷——發揚包容的價值。在生鮮超市寄售她們的派也不列入考慮，因爲那會讓食材新鮮度大打折扣。

因此凱倫·海斯勒與克莉絲汀·魯賓決定舉辦最後一屆年度烤派比賽，然後就讓教會派關門大吉。

「你們對教會派的愛與行動支持，每天都讓我們讚嘆且感動：早晨的咖啡、每週的聚會、星期三的編織者、星期五早上的香蕉鮮奶油派之約、下午的一碗湯，還有好多好多。眞想全部都列出來。」二〇一九年六月她們在咖啡館的臉書專頁上寫道。「我們見證你們許多人經歷重大改變、獲得重要成就、有了巨大的成長、遭逢深刻的失去、面臨新的開始。我們替你們烤了婚禮用的派，我們看著你們的孩子長大。我們也一起度過比較平凡的日子。這一切都很有意義。」〔作者註：很可惜，在教會派歇業之後，這則臉書貼文已看不見了。〕

在教會派的最後時光，希望再嚐最後一塊派的忠實顧客排隊排到繞過街角。老客人從遠方遙寄他們的哀悼。金柏莉·錫克拉已於二〇一六年搬到莫哈韋沙漠，以尋求更能負擔得起的租金和比較安靜的生活步調，不過她尚未找到地方能夠取代教會派營造出來的社群感。即使如此，她相信兩位店主的決定是正確的。「要是我看到她們裝了無線網路，或是漲價，或是開始壓低員工薪水，這些事會比她們關店更叫人沮喪。」她說。「因爲那表示冷漠和毛利率的一方獲勝了。但她們想要創造的遠高於這些。」

問題是「遠高於這些」的東西未必總能和生存和平共處。教會派之死已明確昭示，現實就是利潤與充滿包容的社群風氣不見得會手牽手當好朋友。以現在艱困的經濟環境來說尤其如此。

所以，除了確保實體商店付的營業稅要訂在較低的層級，以彌補它們面對同類型網路零售商的弱勢之外，我們還可以創造一種新的商業類別而有所獲益：有利社群的事業，只要它們以可驗證的方式實現包容並幫助促進社會凝聚力，就有資格獲得減稅、獎勵和補助。在歷史上，地方書店扮演著這個社群中心的關鍵角色，它們也正是可以因支持社群而獲益的那種商業類別。

二〇一九年，諾福克郡懷門德姆市的凱特書店發起一項名爲「一個社群一本書」的計畫，基本上就是以整個城鎮爲規模的讀書會，還包括聚會和活動。雖然凱特書店並沒有免費送書，不過他們確實祭出八折優惠，還捐了幾本給當地圖書館，那裡每週有一場朗讀會，讓或許沒辦法自己閱讀的人也能知道這本書的內容。獲選的第一本書是法蘭西絲·利爾德（Frances Liardet）的《我們非勇敢不可》（*We Must Be Brave*），內容和計畫本身相呼應，講的是一個英國小村莊在二戰時必須團結起來的故事。其中一部分活動是作者利爾德在懷門德姆辦了幾場朗讀會，還有一場是辦在當地養老院，居民當場討論起自己對二戰的回憶和經驗。

無獨有偶，墨爾本的里丁書店大部分日子營業到晚上十一點，讓客人可以瀏覽、聊天、喝咖啡或參加當地詩人的免費朗讀會。開普敦的克拉克書店有個舒適的休息室，這裡不只是「書的家」，也是「思想的庇護所」，因爲在南非漫長而高壓的種族隔離政體下，這家書店一直收藏禁書並暗中作爲集會場地。儘管有些人悲嘆現在的書店不得不提供各種與書無關的事物——禮品、咖啡、蛋糕、表演節目——藉此來增加營收，以及與網路零售商競爭，不過書籍本身始終支持著社群書店的核心承諾：藉由想法、故事、經驗、共享的歷史、痛苦但也歡騰的眞相，將人們凝聚在一起。

如果我們希望在地的社群欣欣向榮，就需要像教會派這樣的咖啡館以及凱特這樣的書店能夠繼續生存下去。假如我們夠幸運，住在已經有這類商店的地方，我們不只要讚頌這些地區小鋪，更應該多多光顧、以行動來支持。

確實，仔細想想我住的地方，這裡的獨立商店都很努力讓社群感覺到包容與團結。眼鏡行老闆亞當在牆上掛了本地藝術家珍的畫作。書店跟本地社區中心合作，定期舉辦與作者的交流會。瑜伽教室準備了幾張大桌子、水瓶和雜誌讓學員逗留，即使他們接下來沒有課要上；此外他們還會給領退休金的長者以及失業者優惠折扣。即使我兩手空空走進生鮮超市，問老闆菲爾能不能把蘋果先記在我的帳上，他依然會微笑歡迎我。本地咖啡館會準備水碗給狗兒，讓客人把寵物帶進店裡，喝杯咖啡好好放鬆一下。最後陌生人會混在一起聊天，因爲他們的狗有股難以抗拒的犬科衝動，非要靠近旁邊的狗不可。這不只是小趣談而已。研究發現如果身邊帶著狗，人們跟陌生人交談的機率眞的會變高。

三不五時，我們會看到獨立在地商家的重要性，他們致力滋養且讓在地社群扎根。令人振奮的是，在封鎖期間有許多商家儘管被迫暫停營業，面臨倒閉危機，卻仍爲社群付出不少心力。在我住的區域，餐廳老闆茉菲絲·理查斯提供數百份免費午餐給本地養老院，肉店成爲捐給貧困家庭的物資集中地，瑜伽教室則把有補助的社區課程改成線上教學。

正因如此，我們絕對不該坐視這些商家被不斷壯大的電子商務給消滅，而且不論是人民或政府都必須強力支持在地的實體店面，幫助小店家撐過數位時代與疫情後經濟衰退的雙重夾擊而繼續存活下去。

如果我們想要成爲社群的一分子，而非單純住在人我分離的氣泡，就必須認知到在地企業家對於維繫我們的關係扮演了什麼角色。

商業化社群

然而，商界所提供的社群感不能只限於一種行銷策略。雖然大企業開始看出社群作爲品牌主張的價值，但企業端出的條件其眞實性有時候頗值得懷疑。

譬如說，二〇一七年，蘋果把它的店面重新命名爲「城鎮廣場」。理論上很不錯，但實務上來說，那似乎只是把產品走道改稱爲「大道」，展示空間改稱爲「論壇」，技術人員櫃台改稱爲「樹叢」：這種「詞面抽換」不只收割了這些語彙所代表的眞實公民空間，還指出一種令人堪憂的趨勢，這趨勢背離了這類空間的公有制眞義，《金融時報》的安德魯．希爾（Andrew Hill）這麼寫道：「人們使用大部分蘋果產品的方式——低著頭，耳朵塞著 AirPods——其本質就跟城鎮廣場抬起頭、四處看、注意聽的風氣相悖。」

同一年，現在已臭名遠播的電視廣告中，穿著丹寧外套的坎達兒．珍娜（Kendall Jenner）用一罐百事可樂就化解警方與抗議者之間的緊張氣氛，這支廣告同樣以錯誤的方向融合資本主義者和民主運動的假設，以致被批得滿頭包。「要是老爸知道 #百事可樂 的威力就好了。」美國民權運動領袖馬丁·路德·金恩二世牧師的女兒柏妮絲·金恩（Bernice King）在推特上嘲諷地寫道。百事可樂一開始堅稱這支廣告的用意是強調「各行各業的人秉持和諧精神團結在一起」，可是該公司擅自挪用了抗議團體本身的語言甚至是審美觀，顯示出在現實中百事可樂根本搞不清楚這些團體在爭取什麼，也不在乎，一心只想著賣出更多百事可樂。

這只是其中兩個例子，還有許多大企業將社群的語言挪爲己用。大企業若眞想發揮作用讓我們凝聚在一起，就不能像這樣只說漂亮話。

令人著迷的是，近幾年出現了一種截然不同的新商業模式，它尋求的不是聚集有共同愛好者，以餵養現存社群或建立新社群。這個新興商業模式反倒把社群本身視爲一種有價値的東西，它打算把這個東西商業化，當成可以包裝販賣的產品。

我現在說的是商用共同工作空間的興起，這類公司的名字都冠冕堂皇，類似CommonGrounds、Work.Life、Convene、Second Home，當然還有 WeWork，它在巔峰時期，在八十六個城市有超過兩百八十個據點，占地超過一百二十萬坪。除了適合放上 Instagram 的美美場地、乒乓球桌、喝到飽的桶裝麥芽酒和少量烘焙的精品咖啡，這些公司還把社群的希望當作寶劍一樣揮舞。確實，在 WeWork 失敗的 IPO 公開說明書裡（這份文件之所以堪稱災難，不是因爲它的核心前提，而是因爲揭露了浪擲千金、變幻莫測的決策以及嚴重的管理不善），「社群」這個詞出現了一百五十次。

再想想近幾年迅速成長的商用共居空間。在美國，估計在接下來兩、三年內，共居空間的單位數量會成長三倍。在亞洲，千禧世代中只有百分之十一擁有自己的房子，投資客在共居上看到龐大商機，爭相投入這個市場。即使在二〇二〇年春天，物理上的人與人靠近被視爲有害防疫，這個領域的投資仍然熱熱鬧鬧。好比 Starcity，這個共居管理公司在舊金山、奧克蘭和洛杉磯有十二個據點，並在二〇二〇年四月底完成三千萬美元的 B 輪融資。

這類新型公寓建築同樣取了一團和諧的名字，像是「Common」「Society」「The Collective」和「You+」，它們強調自己不是在出租房屋，因爲其中最小的空間才二坪半。它們提供的仍然是社群精神。「離彼此更近」是 The Collective 的宣傳標語；Common 誇口自己是「爲社群而存在」，還有「你隨時都受到歡迎」；共居管理公司 Ollie 更在它的「全包式」方案中直接把「社群」列爲一項服務。

爲了讓人們有更清楚的概念，這些建築誇口自己具備各種公用空間——酒吧、屋頂花園、共享廚房、視聽室——再加上諸如瑜伽課和法語課等精選活動。Norn 最初是純會員制的俱樂部，專門訓練人們對話這一項「失落的藝術」，它在二〇一八年開拓共居部門，甚至爲居民安排標榜爲「有意義的聚會」的定期討論會。

一方面來說，這確實是令人興奮的前景：企業大規模地提供社群。如果這類共同工作或共居空間眞能帶來凝聚和歸屬感，它們或許確實可以在消除當今孤獨危機上扮演重要角色，至少可以消除當中一些元素——當然，這要等我們不再怕與人近距離接觸之後。想想遠端工作者約翰，對他來說工作「孤獨得要命」。或是米蘭的喬吉歐，他太懷念晚餐時能跟人說話了，於是他發現自己愈來愈常參加由聯盟黨主辦的餐會和歌唱會。或是平面設計師法蘭克，他雖然已經在自己的公寓社區住了兩年，卻沒有跟任何鄰居熟到能夠串門子喝杯咖啡。外頭顯然有強大且不斷增加的需求，尤其是愈來愈多人獨居，愈來愈多人遠端工作或加入零工經濟。

WeWashing 是新的漂綠嗎？

問題是，人爲製造的社群眞能提供「實質」的凝聚感嗎？還是（套用 WeWork 的命名模式）「WeWashing」現在成了新的「漂綠」（greenwashing）手法：以「社群」這個詞作賣點，會比一罐有毒殺蟲劑瓶身標示「環保」字樣更有意義嗎？

到目前爲止，狀況看來有好有壞。對某些人來說，這些社群確實讓生活比較不孤寂。「我會說 WeWork 和共同工作空間對我的社交生活來說是最棒的一件事。」一名自由接案的網頁工程師表示。他說，在家工作時，他的情緒比較低落，甚至發現自己更常覺得累以及容易生病——有鑑於生理健康與孤獨的關聯，這種狀況不難預料。不過在 WeWork，他說自己「從算是內向的人轉變爲頗爲外向，情緒也提升不少」。其他人也有類似經驗。丹尼爾是個移居國外的軟體工程師，使用巴黎的 WeWork 工作了一年半，他認爲他的共同工作經驗確實帶來好處，觸發好幾段現實世界中與工作無關的友誼。「當你在這座城市裡只認識少少的人，這是個與人相識的好方式，即使你們的工作風馬牛不相及。」他說。

當 BBC 記者維妮．艾格邦拉霍（Winnie Agbonlahor）花了六天住進倫敦兩處共居機構，她遇到幾個快樂的野營者。其中包括五十八歲的露西拉。她分享自己在 The Collective 的皇家橡樹共居空間（以擁有迪斯可舞廳主題的洗衣房和手作陶瓷陰莖工作坊聞名）住了三個月，交到的朋友比她在巴黎獨居三年時還要多；還有三十三歲的ＩＴ專家麥提，住在 The Collective 讓他像換了一個人。他從好幾年前就罹患了罕見的腎臟病，被迫進行數次移植手術。據他說，那讓他覺得自己「像個會走路的死人」，完全失去活力、機動性和社交信心。「就某程度來說，住在這裡我復活了。」他告訴記者。「旁邊有人關心我好不好，這是最大的不同。」

另一位住戶傑佛瑞告訴研究 The Collective 的彼得．提姆科（Peter Timko），他有個從事房地產開發的朋友來這裡探望他，那朋友一開始對這類建築砸那麼多錢在公用區域存有疑慮。不過他看到大廳裡住戶之間的微小互動後，想法改變了：「他瞬間就明白了，」傑佛瑞回憶，「因爲在他負責的房子裡，沒人會打招呼。他們甚至避開別人的視線。然而這裡的人樂於互動，樂於說：『哈囉，你好嗎？最近怎麼樣？要我幫你拿那個嗎？要不要幫你抵住門？』」

鄰居願意直視你的眼睛或是替你開門，竟能換來如此高的評價，足見都市生活的疏離有多嚴重。不過正如本書先前所述，我們知道這類短暫的交流有助於大幅改善孤獨感，但它們已愈來愈罕見，這都是因爲都市生活的步調愈來愈快，我們的行程愈來愈滿，以及我們對數位嚴重成癮。如果商業化社群至少能保證有這些微小互動，絕對該記上一筆功勞。但這樣就夠了嗎？

我，不是我們

無論是作爲居住或工作空間，嘗試過這種新一代商業化社群的人，有些人認爲答案是否定的。也許他們期盼的是更深刻的事物，更有資格冠上「社群」名號的事物。

安柏是個零工經濟工作者，她的工作內容是結合虛擬個人助理以及社交媒體管理員，她描述在巴塞隆納的 WeWork 工作時，典型的一天會讓她感覺多麼孤單：「我走進 WeWork，整層樓大約散布著六個人，他們坐在盡可能遠離別人的位置，戴著耳機，我也不例外。我坐進一張不會有人經過的舒適沙發，在那裡我可以安安靜靜地工作，不必擔心陌生人越過我的筆電螢幕看著我。我只有在咖啡機那裡遇到人時才會跟別人交談，因爲我們都搞不懂那該死的機器怎麼操作。」

安柏的經驗讓我聯想到我去參觀特拉維夫 WeWork 旗艦店時，正好看到大夥排隊領取免費的馬拉比，那是中東很常見的玫瑰露牛奶布丁。這是公司提供的一場「社群」活動，然而沒有人在交談；所有人都低頭滑手機，一拿到自己那份馬拉比就慢條斯理地走回自己的座位。在我看來，這地方應該叫「IWork」而不是「WeWork」。

在 The Collective 那裡，雖然麥提、露西拉和傑佛瑞都給了正面評價，其他人卻向艾格邦拉霍表達疑慮。一名住戶告訴她，The Collective 的文宣所吹捧的「社群」可謂是廣告不實，因爲在他們看來，那不只是誇大，而是根本不存在的東西。

有幾個人也說他們對社群的參與度很失望，似乎只有一小群住戶很活躍。提姆科爲研究進行的訪談裡也有類似怨言，有一名住戶認爲社群參與度只有百分之十。另一位「共居者」瑪芝解釋：「有很多人好像只是住在陰影裡，從來不參與任何活動。」即使當 The Collective 舉辦免費的鮭魚與貝果早午餐會，以鼓勵住戶互相認識時，這種情況仍然發生了：「你眞的能看到一些人下樓來，在盤子裡裝滿鮭魚和蛋，然後上樓回房間去吃。（可是）整件事的目的是下樓互動，而不是光把食物帶回房間一個人享用啊。」一位感到不可置信又滿腹牢騷的住戶這麼跟提姆科說。

前面的章節探討過，如果你叫 Deliveroo 外送，就沒辦法跟他人共享餐點，同樣地，如果你從公共早午餐會抓起貝果「外帶」，你也沒辦法藉由分享美食締結關係。

社群是買不來的，你得親身參與

確實，缺乏社群參與度也是其他共同工作和共同居住空間的主要憂慮之一，感到憂慮的不光是住戶和使用者，也包括這類空間的營運者。四家主要的共居空間管理公司在柏林開會，他們一致指出「缺乏成員參與度」是他們面臨的主要挑戰之一。當然，要提升成員參與度，就必須有相當數量的成員想要親近彼此。許多商業社群的問題就在於誰也無法保證這一點。

因爲只要想想是誰加入這麼多光鮮亮麗的新商業化社群，就可以知道他們未必有建立社群所需要的時間或生活方式。最早開始，共居主要是出現在底層人民之中，像是一九七〇年代由一群一群的嬉皮所建立的共居生活，或是以色列的集體農場基布茲。在這些地方，團結、互相關懷以及凝聚力是居民的生活準則；然而與這些先鋒人士不同，現今的共同居住和共同工作空間積極鎖定的客群，是高度崇尚個人主義的千禧世代專業者，許多人回到家時已被漫長的工時、通勤時間以及受到監視的開放式辦公室給耗盡元氣，根本累到不想社交。他們是城市人，已經習慣數位氣泡，或是受到制約而相信與他人互動不是城市人會做的事——對他們來說，社群更像只是一個概念而非生活方式。

可是跟彼此保持距離這種習慣可以革除嗎？另外，參與社群的新習慣是可以培養的嗎？我相信兩個問題的答案都是肯定的，不過必須具備強大的努力和意願。

營運者本身盡了一份力。The Collective 共居公寓的公告欄被貼得密不透風，上頭滿滿都是宣傳近期活動的廣告單——手作水晶鍊墜工作坊、心理健康宣傳座談會、探討體毛政策的演講等等。即使在封鎖期間，活動仍持續舉辦，只是改成線上進行。二〇二〇年五月，一週內辦了好幾場 Zoom 直播活動，包括「與艾洛伊絲一起做流動瑜伽」，以及「共同對畫」，每次由一位志願者當模特兒，在網路攝影機前擺姿勢，其他人則是作畫。

在 WeWork 共同工作空間，一位資深主管自豪地詳細說明他們投注多少心力讓互動放到最大，甚至還調整了樓梯和走廊的格局：他們刻意把樓梯和走廊設計得很窄，不夠兩個人錯身而過（就新冠肺炎時代來說，不是好設計），「使你必須暫時停止把臉埋在手機裡，有點算是（側向一邊）讓別人通過。我們是故意把樓梯和走廊的尺寸設計成兩個人必須看著對方，對上眼睛，並說聲哈囉，即使他們只是要去做一些裝水之類的瑣事。」

問題是——這也是這些公司需要克服的難關——社群不是你能花錢買到的東西，也不是可以靠管理來操作的事情。社群要蓬勃發展，人們必須投入時間並主動參與。所以，不管共同居住或共同工作空間規畫多少活動、提供多少免費餐點和酒，不管走廊做得多窄，除非在那裡生活和工作的人以有意義的方式眞正地互動，否則社群沒有就是沒有。社群的存在取決於人們一起「做事」，而不只是一起「待著」或是錯身而過時免不了有點碰撞。這之間的差別在於「在一起」和「在一起各過各的」，在於主動和被動狀態。

要判斷這兩種狀態哪種占上風，可以觀察社群「領導者」的作風。跟那些純粹由上而下強迫施加社群感的共居空間相比，住戶自動自發計畫出遊和活動、自己組織社區會議，加上管理者會協助住戶實現新的團體活動構想的共居空間，這種住戶在社群營造上表現得好太多了。Venn 是一家以色列共居空間營運公司，在柏林、特拉維夫和布魯克林都有房子，平均來說，它們的住戶住進 Venn 的房子後六個月內，自我評估的孤獨程度會降低超過三分之一。Venn 的共同創始人是富有魅力的臣．阿夫尼（Chen Avni），他將公司的成功部分歸因於認知到自主原則的重要。「其他營運公司對住戶參與度採行『只要我們搭了台，他們就會來』的策略，舉辦酒與起司之夜以及墨西哥捲餅星期二之類的活動，然而我們一路摸索過來，學到的不是『只要我們搭了台，他們就會來』，而是『要是他們自己搭台，他們就會留下』。」阿夫尼解釋。

於是，Venn 不是單純地想出下一個「排遣孤獨」的社群活動，他們現在也詢問住戶想要舉辦哪一類活動，並且將社群管理者定位在協助者而非發起人的角色。倒不是說每個住戶都需要成爲發起人——我們大部分人都知道廚房裡容不下太多個大廚，但是共同創造文化與成員獲得賦權的過程似乎改變了居住經驗，讓旅館變得更像是家，更像是住戶所在乎的社群，而不是可以買賣的一件商品。

確實，阿夫尼告訴我，他們創造社群過程中「最大的加速器」有每月一次的「開動餐會」，基本上是每人各出一道菜的聚餐，由住戶自己提供食物。（Venn 會提供飲料和甜點。）阿夫尼接著描述，老住戶會在吃吃喝喝間歡迎新成員，也關心彼此的近況。還有，住戶們會藉著解釋自己爲什麼選擇分享那道菜，來打開話匣子聊聊自己的家鄉或祖國，菜餚觸發的回憶能帶到他們的身分、來歷等更深入的話題，於是就搭建了舞台來創造更有意義的關係。「開動餐會」是 Venn 參加人數最多的活動。

或許 The Collective 不是提供住戶免費的鮭魚和貝果早午餐，而是積極鼓勵他們一起烹飪，他們的社群意識會更強烈？

部分問題也出在若干公司對社群的定義上。就拿 WeWork 的競爭對手、同樣號稱「以社群爲中心」的 NomadWorks 爲例——它把「社交活動」明確列在會員福利設施的項目下。還有，當我詢問 WeWork 的一位資深主管，他們如何知道自己在營造社群方面的成效如何，他所謂的「證明」本身就看得出問題癥結：他說，端看成員互相完成多少筆成功的「交易」。具體而言，他們會計算有多少個 WeWork 成員至少向另一個成員買過一次東西，以此來代表這個社群有多健壯。

在那裡租用空間的人，會注意到裡頭有個明顯從新自由主義架構裡繼承的固有矛盾。詹姆斯在 WeWork 位於倫敦的摩爾門大樓工作，那是一棟滿是玻璃窗的龐然大物，廁所牆上還印著「再拚一點」的勵志文，他如此描述在那裡工作的經驗：「這裡的人超級友善，但那只是因爲每個人都想賣某種東西給所有人。當我清楚聲明我什麼都不想買時，我以驚人的速度成爲不受歡迎的傢伙。這麼說好了，沒人找我一起打桌球。」

當然，這種交易本身並沒有錯。二〇一四年的一項研究指出，有過半數的共同工作空間使用者回報，他們在工作空間找到新客戶和新夥伴，這顯示成爲共同工作空間的成員至少是有明確的商業理由。此外，業務往來也能發展出友誼，或是在社交活動上也能擦出友情的火花。只是拿了滿手的名片並不等於社群。如果一群人互相把對方視爲潛在目標也算得上是社群，那簡直貶低了社群的概念。社群必須包含互相關懷、互相幫助，不光是彼此兜售叫賣。

這些空間的無摩擦本質也該負點責任，因爲它們對便利的強調通常不亞於社群感。在某些共居空間，從洗衣服到清理共用廚房到傾倒共用垃圾桶，都有人幫你做得好好的。沒錯，這代表要煩惱的家事變少了，但維護共用空間的共同責任也變少了，你爲自己以外的人做的事也跟著變少了。針對合作住宅的社群爲何朝氣蓬勃的研究（合作住宅〔co-housing〕跟共同居住〔co-living〕的用字差異，隱含意義是前者有更長期的合作關係，住戶也經常會自行開發居住空間及其運作方式），發現社交關係能夠發展起來的關鍵，在於住戶負起責任規畫團體活動和維護場地——不論是每週輪值、清垃圾桶、洗衣服、爲公共花園除雜草或是聯合托嬰。

看來，我們已講到許多共同居住和共同工作空間的核心矛盾點了：這些地方想販售與他人近距離居住或工作的好處，但又沒有眞正的參與，沒有付出營造社群所需的「苦工」。跟眞正的友誼很類似的是，當我們想建立眞實的社群，容忍一些不方便也許是成功的必要條件之一。

回想一下你覺得自己連結最深的社群。可以想見，你在那些環境裡必須付出些心力，除了接受也得給予？我有強烈歸屬感的一個社群是，每週一次的即興表演社團，在這個團體裡我們都必須分攤工作和責任。我負責收團費及付款給租借場地的教會，羅德里克負責主持流程，提耶里負責在必要時抓出音高，凱文會帶吉他來，梅伊和安柏帶我們唸繞口令，露西在羅德里克缺席時代替他主持。最重要的是，我們每個人都盡可能出席每週的聚會，即使心情不佳也要去。相反地，如果社群是隨著免費麥芽酒和中東甜點馬拉比奉送給你，你本身不必貢獻任何東西，這樣投入社群的義務感可能就很薄弱了。

問題關鍵在於穩定出席。這凸顯了許多商業化社群的另一個問題——他們的成員只是短暫的過客。例如，The Collective 每年的居民流動率是百分之五十。至於共同工作空間，儘管人員流動率比較難計算——畢竟只要加入 WeWork 會員，你就能使用全球各地的辦公室，但任何以辦公桌輪用制爲主的場地，都無可避免成爲「以不斷改變爲其最大特徵的環境」。正如之前在都市脈絡下所見，流動式社群的問題在於你在社群中根扎得愈淺，就愈不可能參與其中。WeWork 和其他類似空間以販賣彈性與流動性作爲號召，使會員和住戶把社群視爲自己的而積極投注心力的機率大大降低。說眞的，想想那些連結緊密的社群，無論是上教會的人、以色列的哈雷迪教派成員，甚或是單車俱樂部，成員間關係強韌的其中一個原因是他們會「反覆地」互動。因爲儘管構成關係的部分動力是來自共同的愛好或價值觀，人們仍需要時間來感覺彼此眞正相互連結。若少了反覆出席，就無法讓團結感和互相支持得以發生，社群成員的關係就比較像是露水情緣而不是婚姻，信任感永遠都嫌不足。

或許正因爲如此，我們毫不意外聽到共居公司於柏林會議上所提的另一個關鍵議題，是成員間缺乏信任。The Collective 的應對方式是在空間各處裝設閉路監視器，再搭配諸如「攝影中，請微笑」以及「如果我們在您的房間發現共用廚房的食品，我們會將它收走」等標示。我能理解若是你的橄欖油被其他居民偷走一定很不爽，但先前章節已探討過，這樣的監視系統對締結社群毫無助益。

排外的社群

當我們思考最好該用什麼方式重建新冠肺炎後的世界，幫助彼此重新連結，政府、地方當局、建築師、都市規畫師和商業界，絕對可以從這些二十一世紀新型態公司身上，學到有用的一課，以及不論是正面或負面的教訓，因爲它們都把社群放在事業核心。

即使當商業化社群成功帶來歸屬感，包容性的問題卻依然存在。南韓入場費低廉的可樂舞廳、給予領退休金的長者及失業者優惠折扣的瑜伽教室、領補助金的讀書會，都仍是例外而非常態。在大部分案例中，說到商業化社群，你若是拿不出足夠的錢是不得其門而入的。

就拿精緻小班健身課程來說好了。必須正視的是，儘管這些課程有各種靈性主題並標榜「我們是一個社群」，它們仍不像教會儀式般向所有人敞開大門。它們往往集中在富裕的社區，當作奢侈品一樣銷售，並且貼上高昂的價格標籤——有些課程單堂就要價四十美元。

與此類似的是，音樂節門票大漲，以致二〇一八年參加過音樂節的千禧世代中，有三分之一說他們爲了獲得這場體驗必須借貸。二〇二〇年格拉斯頓伯里音樂節的門票爲每人兩百六十五英鎊，科切拉音樂節的基本入場費是四百二十九美元，「雜費另計」。至於我住的社區，我注意到一間本地的高級生鮮超市之所以還能持續經營，是因爲這區所得較高的居民能夠且願意支付本質上等於「社群稅」的錢，因此那家店可以用高於連鎖大賣場的價格販賣許多商品，這也才得以繼續生存下去。若非如此，這類社群生活的重要場合就不得不停業關閉，正如之前提及的教會派案例那樣。

至於零工經濟或遠端工作者的孤獨問題，共同工作空間能發揮多大的功用？到目前爲止，它們的定價結構仍然只有高收入白領專業者才負擔得起。譬如，在二〇二〇年年初，WeWork 最低階的辦公桌輪用制會員資格，在倫敦是每個月兩百至六百英鎊，在舊金山更高達每個月六百美元。這遠超出一般好比在 TaskRabbit 接案的人能負擔的程度。

至於許多共居空間營運者喜歡「把所有東西集中在一個屋頂下」的概念，大樓內就有生鮮超市、洗衣店、健身房和酒吧，這樣卻也可能產生隔離作用。住戶不必走出大門就能購物、上酒吧，因此常常沒跟大門外的左鄰右舍互動，導致他們可能被周圍的社群排斥，也可能反過來排斥當地居民。長遠來看，不僅影響社會觀感，就共居空間營運來說，也算是失敗的策略。因爲如果人們與一個地方眞正產生連結，不僅社群意識會更強烈，也更有可能會在那個社區待下去。

假如這個私人社群夠眞誠，成員也眞心投入，它們確實可能減輕本世紀的孤獨危機。然而，當前的狀況卻是，公共社群空間被拆，能聚會的免費或平價場所愈來愈少，許多在地的實體商店都倒閉了，社群眞的很可能變成「只有」條件優渥者才能取得的東西。如果你付得起入場費，才能「找到你的靈魂」。孤獨變成一種有錢人才有機會「治療」的疾病。有鑑於孤獨者本來就在經濟上處於不成比例的劣勢，這一點尤其令人不安。

未來的一項重要任務是，不能讓私有化社群成爲新形態的有敵意的建築——變成將他人排除、阻擋在外的最新手段，而應該要積極發揮雙重功效，既排解個人的孤獨，又要重新連結更廣泛的社群，以確保這些社群不但實現承諾，還能讓更多人加入其中、進而受益。

地平線上已出現一些曙光。二〇一九年年末，紐約市開創性的 ShareNYC 住宅計畫爲「共居住宅」方案簽了三紙令人垂涎的建案合約，內容納入一些共同居住的元素，包括共用廚房、共用健身中心以及更有彈性的租期，同時還提供跨越社經藩籬的平價住宅。這些住宅預期供應對象很廣，包括極低收入戶到中低收入戶；整體建案只有三分之一會以市價出租。雖然才剛起步，但城市規畫師和開發商似乎正在努力防止分離主義者的心態，那種心態是造就先前提過的皇家碼頭和貝勒斯老學院這類建案的主要原因；這個新方案的出發點是讓所有成員享受平等的便利設施與服務，不論他們付了多少租金。希望這一次，來自不同經濟階層的孩子能夠玩在一起，共用空間能歡迎每個人，所有人都能享受社群——而不必先取得白金會員資格。

第十一章

世界快要瓦解，我們必須團結

孤獨不僅是一種主觀的心理狀態，也是一種集體的存在狀態，讓我們個人以及整體社會都受苦，每年造成幾百萬人死亡，讓全球經濟蒙受數十億元的損失，並且對寬厚及包容的民主構成強力威脅。

早在新冠病毒侵襲之前，就已經進入了孤獨世紀。但是病毒更加清晰地映射出許多人感到自己多麼不被關心、不受支持，這不單是針對朋友或家人，也包括雇主和國家；我們許多人缺乏連結，不光是與關係最密切的人，也包括與鄰居、同事和政治領袖。

如果要減輕個人層面以及社會層面的孤獨，我們亟需讓形塑生活的主要力量覺醒，正視問題的規模有多大。政府、企業和個人「全都」有重要的角色。孤獨危機太複雜且多樣，不是任何一方能夠獨力解決的。

這就是我和其他幾位寫過孤獨主題的政治和經濟思想家的差異所在。他們不但給了孤獨較狹隘的定義，而且相較於全方位分析，他們往往傾向更公然偏重某些立場的切入角度。

保守派經常把過錯歸咎於「傳統家庭」的崩壞、人們拒絕上教堂以及過度強大的福利國家，福利國家甚至被他們妖魔化爲消除了個人責任以及我們對他人的責任。保守派因而通常主張解決孤獨危機的辦法全繫於個人。要是我們肯爲自己及身邊的人多付出一點就好了啊，他們嚷嚷。

左派則正好相反，他們常傾向於把問題定位在政府干涉得太少。左派把公民描繪成客觀環境的受害者，因此常常強調國家該有什麼作爲，以致相對來說，個人可以卸責，至少在論及誰該負責修正社群和治癒社會病症時是如此。

對孤獨的驅動因子採取這種二元觀點，都是極度沒有助益且自打嘴巴的。因爲儘管這兩種充滿政治意識的觀點中都有一些眞實性，卻都無法捕捉全貌，也沒有提出解決危機的有效途徑。一如早先探討的，孤獨的結構性驅力深植於國家、個人與企業的行動中，再加上二十一世紀的科技進步，不論是智慧型手機成癮症、工作場所的監控、零工經濟或是我們愈來愈嚴重的零接觸經驗。

此外，這些驅動因子往往環環相扣。如果雇主不准你休假照顧出了緊急狀況的年邁父母——無論你多想陪在他們身邊，都無法提供他們需要的相伴和支持。如果因爲租金不斷調漲，使你必須不斷搬家，因而無法認識鄰居，你就不太可能心甘情願幫他們的忙，或是爲地方社群奉獻心力。如果對 Instagram 的刺激造成多巴胺興奮成癮，或是選擇在非工作時段時時查看電子郵件，你每天必然只剩下更少的時間當面與家人或朋友互動——就算跟他們相處，你也更可能因手機而分心。如果街道上唯一可以坐的長椅，被刻意設計成不舒適，好讓被歸類爲「不討喜的人」知難而退，你也不會端坐在上頭跟路人閒聊。如果難以確定這週究竟什麼時候要工作，因爲雇主沒有保障你的工作時數，你當然無法答應孩子擔任他們週日足球隊的教練。

孤獨不是單一力量形成的，而是有個生態系統。如果想防堵孤獨危機，我們就需要系統性地進行經濟、政治和社會的改變，同時認知到個人的責任何在。

讓資本主義與關懷和同情重新連結

首先，我們需要認知到今日的孤獨危機並非憑空冒出來。在相當大的程度上，新自由資本主義這種特定的政治取向助長了我們的孤獨。這是一種自戀、自利的資本主義形式，把漠不關心視爲正常，把自私視爲美德，貶低同情與關懷的重要性。那是一種「求人不如求己」「再拚一點」的資本主義形式，它否定了公部門與地方社群在歷史上曾雙雙扮演幫助人們興旺的中樞角色，反倒讓「我們的命運純粹掌握在自己手中」的敘事觀點化作不朽。並不是說我們在之前的時代從沒孤獨過，而是四十年下來，新自由資本主義把我們的關係重新定義爲交易，把公民重新定位成消費者，從而造成愈來愈大的收入和財富分歧，最保守來說，它將諸如團結、社群、凝聚力與善意等價值推向邊緣。說得嚴重一點，它根本是立刻把這些價值丟到一邊。我們需要投向新的政治形式——以關懷與同情爲核心價值的政治形式。

讓公民感覺有人作他們的後盾這種政治目標，跟資本主義並非互斥。確實，認定資本主義的變體——「同類相殘」「人不爲己天誅地滅」的新自由主義——是其唯一內涵，是對資本主義產生了根本的誤解。就連資本主義之父亞當．史密斯——他以自由市場及個人自由的強力提倡者著稱——都在《道德情感論》（*The Theory of Moral Sentiments*，後來他據此基礎又寫出《國富論》）中長篇大論地探討同理心、社群和多元的重要。他明白指出，在提供社群的基礎建設上，國家扮演確切的角色，而且在有必要約束市場來保護社會時，就該約束市場。在別的地區，縱橫二十世紀的亞洲式、斯堪的那維亞式，甚至是歐陸式的資本主義，都跟新自由主義的傳統有顯著區別，具體來說那些模式授予國家更大的角色，也更強調社群主義的價值。資本主義從來就不是單一的意識形態。

所以即使新自由資本主義狹隘地強調自由市場和撤銷管制，授予資本家優越權利，並對福利國家展現敵意（即使這麼做會犧牲社會凝聚力和大眾利益），並在過去四十年來主宰了一大部分的世界，它仍不是我們未來唯一的選項。我們必須一起定義出和創造出更有合作精神的資本主義形式，不僅在經濟方面，也包括在社會上帶來貢獻。

此時此刻就是這麼做的最佳時機。一九三〇年代經濟大蕭條過後，羅斯福總統啓動了「新政」，這是關於政府支出和管理的大型計畫，目標是爲經濟受到重創的人減輕負擔、提供他們休養生息的機會和額外的權利。在英國，第二次世界大戰後，致力爲所有人提供醫療照護的國民保健署創立了，它成爲承諾平等和同情的強大象徵符號。此刻也是開創新局、採取激進步驟的時候，我們應該要實施一種更具有關懷、更體現和善的資本主義。

最起碼政府需要向人民保證，會主動積極處理疫情曝露出來、或使之惡化的根深柢固的不平等，以及當無可避免的艱困時局到來，政府會支持人民。在許多國家，這表示要相當大幅度地投入福利、社會安全、教育以及醫療的資源。好比以美國爲例，早在疫情之前就該增加的社會服務支出（包括給予住房補助、失業補助、創造就業機會計畫以及退休金的經費），幅度爲國內生產毛額（GDP）的百分之一點四，這樣才能達到經濟合作暨發展組織的平均值。從政者是能作出這類承諾的，因爲他們知道公眾會支持他們。二〇二〇年三月，川普總統簽署了兩兆美元的新冠肺炎紓困案，緊接著進行的民調中，超過四分之三的民主黨和共和黨支持者都表示贊成這個法案——即使他們已獲得提醒，知道這數字有多高。同時期進行的另一項民調揭示，高達百分之五十五的美國選民現在支持全民聯邦醫療保險，與同年一月相比，這項政策的支持度上升了九個百分點。

與此同時，在英國，公眾對增加福利支出以幫助貧窮族群的支持，從二〇一七年起，已連續十四年達到新高，即使那代表要繳更多的稅。而在新冠肺炎危機正盛的二〇二〇年五月，就連最熱切支持自由市場的智庫都在敦促政府不該實施減稅和緊縮政策，而是要增加公共支出。

有鑑於疫情引發經濟壓力和對公共資源的競爭需求，等疫情一結束，會特別有必要採取大膽步驟以及作出前所未有的大規模承諾。不過很重要的是，在我們遠離風暴核心的同時，政府要明白，基於各種因素，對額外支持的需要會持續存在，這些因素包括迅速老化的人口（這裡指的是歐洲、北美和亞洲的已開發國家）、新冠肺炎帶來的長期經濟損害，以及我們可預期在接下來幾年會出現的自動化浪潮所造成的額外（及嚴重）失業率。

說到失業率，國家提供的不能只是財務支持，還必須用一些手段來減緩機器人取代人力的速度，而我先前已提出一個潛在可行的辦法供大家討論——機器人稅。不僅如此，有鑑於私部門目前正面臨各種挑戰，政府必須暫時扮演最終可供依靠的雇主角色，大規模創造新職缺，不論是直接透過大型公共計畫，或是間接透過財政政策。因為獲得了（有尊嚴的）工作，我們才能找到同伴情誼與人生目標，更理想的情況下還能找到社群精神。

然而，二十一世紀的公共工程計畫不該只是派人民去鋪馬路或採水果。針對風力和太陽能源政策作出可信的承諾，足以製造數量可觀的新職缺；同樣的，地方當局保證種更多樹木、對市政建築進行節能翻修，以及設置電動車的充電站，都能達到相同效果。政府也需要特別以恢復社群結構爲目標來創造職缺，像是建造圖書館、青年俱樂部或社區中心，或是委請能給予社會精神養分的職人來接案——包括藝術家、作家、音樂家。在羅斯福新政時期確實這麼做了，當時全美各地藝術家受聘來畫壁畫、做雕像、教授藝術課程和創作戲劇，據羅斯福所言，這麼做的用意是讓美國人民看到「豐富生活」的可能性。我們當今的政治家也該有這麼大的遠見。

政府還能做另一件事，就是把當今的失業危機化爲轉機，打造一支生力軍，專門領薪水來協助減輕孤獨。在這方面我們或許可以借鏡英國最近施行的「社會處方箋」計畫，派任與全科醫師診所合作的「連結工作者」，來幫助遇到心理疾病、疏離或孤獨問題的人知道有什麼當地資源能改善他們的困境，也許是藝術課程、運動課程或男人的聚會。然而，政府要能承諾給予這類活動充足的資金，這樣的方針才有意義，因爲有了資金，「客戶」才會有眞正充足的選項，也才付得起參加的費用。就短期或中期而言，訓練更多人來照顧年長者或幼兒也是合理的做法，但前提是政府承諾提高照護工作的薪資。

當然，要做到這些事，國庫必須增加進帳。有鑑於難題的規模之大，政府不可能無限地借錢或印鈔票，而不造成重大且長期的經濟損害，不論目前的利率有多低。這也表示最富裕的社會階層必須支付更高的稅率，這樣才公平。但應該面對額外稅負的不只是富裕的個人而已。持續在低稅負或無稅負的國家或地區申報利潤的跨國公司，也應該面臨嚴格的法律規範，它們在哪些國家銷售產品，就該強制把該繳的稅付給那些國家。這些公司的惡劣行徑，已經讓數十億英鎊的稅收流失了，那些錢本來可以投入於公共計畫。另外，或許針對新冠肺炎危機時財務表現特別好的公司，例如網路食品零售商，也可以合理地予以徵收一次性的暴利稅。這也有歷史前例可循。在美國，第一、第二次世界大戰以及韓戰期間，都實施了「超額利潤」稅制。

不過我們的野心還需要更大一點。在重建新冠肺炎疫情後的世界時，政府有了難得的機會能把握當下，順勢而變，在最基本層面上重新思考該以什麼爲優先。在此方面，我們可以向紐西蘭總理阿爾登（Jacinda Ardern）汲取靈感，她在二〇一九年五月宣布，她的政府將不再只用諸如成長率或生產率等傳統經濟指標，來決定國家的預算政策和目標。她的政府將「由善意和同情領導」，保證納入更廣泛、更有社會意識、更全面性的標準。這包括國家在各方面的表現如何，像是環境保護、教育水準、預期壽命，特別是與孤獨、對同胞的信任、對政府的信任以及整體歸屬感等相關的指標，更是攸關我們打破孤獨的目標。蘇格蘭和冰島正考慮用類似的方式編列預算。

近年來其他政府——最值得注意的是英、法——已經開始量度幸福指數。目前爲止，紐西蘭的幸福預算被視爲經濟合作暨發展組織會員國中跨出的最勇敢一步，因爲它跟政治和預算方面的決策都有明確關聯。到目前爲止，英、法的倡議尚未具體地影響政策或政府支出決定。在此若是沒提到不丹這個遙遠而小巧的國家，那就是我的疏忽了，因爲它從數十年前就把國民幸福指數納入政策決定的程序裡，是這方面的開路先鋒。

如果要讓資本主義與關懷和解，我們就必須將經濟與社會正義重新連結視爲緊急要務，並認知到用傳統方式定義成功已經不適用於我們的目標。

改變資本主義的計算方式

就連這樣都還不夠。如果我們要對付如此多人的被遺棄感，必須採取更進一步動作，不光是確保所有公民都獲得有意義的社會安全網、政府的預算目標更貼合人民的整體幸福，以及包括種族和性別在內的結構性不平等都加以處理；我們還必須確保人民在職場受到妥善的關心與保護，不受到大企業廣泛而言可能留下的潛在傷害。力行「國家極小化，市場極大化」的新自由資本主義，從來就沒能對上述任一項承諾提出保證。此外，這也不只是政府要執行的計畫，企業及其領導人必須站出來。

確實，由於認知到這一點，幾位美國大企業極具影響力的執行長，包括亞馬遜的傑夫．貝佐斯、蘋果的提姆．庫克以及花旗集團的高沛德（Michael Corbat）所組成的商業圓桌會議，在二〇一九年八月揚棄了經濟學家米爾頓．傅利曼（Milton Friedman）長久以來的原則，亦即企業唯一責任就是爲股東服務，反而誓言要服務它「所有」的利害關係人——股東當然算一個，但也包括供應商、社群和員工，並承諾要「公平地彌補和提供重要利益」給他們，同時也要促進「多元與包容，尊嚴與尊重」。

儘管我舉雙手贊成這種觀點，也期盼這些辭令能轉換爲有意義的行動，現實卻是，除非能減輕公司創造短期財務收益的壓力，除非執行長的經營動機不再跟這種壓力綁在一起，否則把焦點放在狹義的「股東總回報」上仍可能會持續占據主導地位，上市公司尤其如此。還有，倘若設置數位監控，或是用低成本、簽了零工時或臨時契約、權利受限的勞工取代全職員工，看起來可以達到更大的效率，那麼即使是思想較進步的執行長也很難不這麼做，即使這些做法對勞工利益及整體利益有害。考量當前經濟環境以及對縮減成本的重視，現在這種情況尤其嚴重。

有些簽署了商業圓桌會議新誓言的公司，已經做出彷彿在嘲弄其崇高理想的行爲。就以亞馬遜來說，其員工克里斯欽・史摩斯在史坦頓島的倉庫擔任「揀貨員」，隨著紐約新冠肺炎確診數不斷累積，他愈來愈擔心倉庫裡缺乏保護裝備及低劣的衛生條件。管理階層不理會他的憂慮，史摩斯便發起聯合罷工，要求加強保護裝備、有薪病假以及公開亞馬遜員工的染疫情形，因爲他們在倉庫工作時距離都很近。「大家都很怕，」史摩斯解釋，「我們去總經理的辦公室，要求關閉建築並進行消毒。這家公司賺的錢是用幾兆來算的。然而，他們還是對我們的訴求和憂慮充耳不聞。太瘋狂了。他們不在乎我們會不會生病，亞馬遜認爲我們是消耗品。」亞馬遜怎麼回應？史摩斯先是被迫接受可疑的「醫療隔離」（不過沒有別人被要求這麼做）。後來他還是參加了罷工行動，結果被炒了魷魚。紐約州總檢察長樂蒂莎・詹姆斯（Letitia James）宣告這項解僱「很可恥」，並呼籲全國勞動關係委員會開啓調查。

當然，我並不是說大企業就沒法以同情與關懷善待其員工。在因疫情而封鎖的時期，我們看到一些大企業做出令人振奮的行爲。例如，二〇二〇年三月初微軟宣布，位於太平洋西北園區工作的契約工——包括接駁車司機、咖啡館店員、維修及清潔人員——可以繼續領薪水，雖然公司採行的在家工作措施表示已不需要他們提供服務。但除非資本主義的計算方式改變，這種展現善意和具備社群精神的舉措往往被當成異常行爲，僅限於思想最開明的執行長以及目光最長遠、最有同情心的股東所有。

有了這層認知，再加上本書所提出的想法，我們需要大量符合二十一世紀現狀的新法規來保障勞工權益，尤其是針對低薪、自僱的零工經濟工作者，以及簽了臨時契約或零工時契約的勞工。這群人中已有很多人證實是我們在隔離期間深深需要的「關鍵工作者」，然而他們卻只得到低工資、有限的（或根本不存在的）福利、更不穩定的工作，有些還加上不安全的工作環境。能維持生活的工資、有薪病假以及在工作時有充分的健康與安全保障，應該是最低限度的基本條件。

如果要讓人民感覺受到關心，我們也需要另一套新法規來保護社會免於一群特定參與者的傷害：社交媒體公司。就如同現今大部分國家的企業若是汙染了空氣和水就會受到懲處，也不被允許販賣菸草給我們的孩子，這些社交媒體公司對社群、凝聚力、包容和身心健康的負面影響也該受到限制，尤其是針對兒童和青少年。前文曾提出各種潛在的管理手段，可以用來達成這種保護目的。光是以預防的角度來說，政府都承擔不起保持沉默的後果。

現在要求這類行動的呼聲愈來愈大，而且不只在公眾之間。政治光譜兩端的從政者現在都認知到，國家若是沒有某種程度的介入，你無法期望個人能保護自己免於大型科技公司的毒害，除非這些公司面對利齒森森的法規，它們可不會採取夠有意義的行動去處理自己具侵蝕性的影響。

讓人們感覺被看見、被聽見

要讓人們感覺不那麼疏離或受到遺棄，我們還有更多事要做。先前已探討過，孤獨不光是感覺不被關心，也是喪失了存在感。因此，要解決本世紀的孤獨危機，有部分方法在於確保人們被看見、被聽見。

工會無疑是個重要角色，負責放大勞工的心聲，包括零工經濟工作者和遠端工作者，雇主可能沒看到他們就不把他們放在心上。但很重要的是，各色各樣的工作者都能自由地結交同業，工會也要更有力地維護其主張。

在孤獨世紀更基本的一點是，缺乏存在感源自許多人覺得政治領袖無視於他們的憂慮與吶喊，以他們的名義作出他們絕不會贊同的決定。

這當然是代議制民主無可避免的結果——並非每個人所關心的事都會有人去處理，或是每個人的意見都受到同樣的重視。然而近年來國家和人民間的連結變得如此脆弱，有部分原因是辯論變得兩極化、決策過程不透明、結果非常不公平。人民缺乏聲音以及社會與經濟不公平的交互影響，現在比以往更甚，這代表我們必須讓最邊緣化的族群在資源分配時取得優先地位，並且限定政府的慷慨和革新政策的最大受益者，不能只是錢包最鼓、遊說能力最強的人，也不能是特定膚色、性別或階層的人。

還有一點很重要，那就是人民應該要能更常藉由行動表達心聲，而不只是每隔幾年投一次票。如果要感覺跟彼此、跟政治拉近關係，我們就需要以更有意義且持續的方式參與民主。我並不是主張舉辦更多公投，那是多數決最粗糙的一種形式，往往會忽略少數者的利益有多麼複雜且必須受到保護，尤其是在這個「假新聞」充斥的時代。我們倒是可以從一些現代審議式民主的倡議來獲取心得。

以倫敦的康頓議會爲例，它在二〇一九年夏天選出五十六個居民——包括建築工和學生、創業家和公務員、移民和領退休金的人士，他們的性別、種族和社經背景組成近似於人口普查的社群狀態，藉此協助發想議會該用什麼方式來處理氣候變遷問題？該怎麼鼓勵人民就近用餐？如何讓環保選項的價格更親民？議會需要新的場館來達到碳中和嗎？這些是這群人被要求研擬的其中一些問題。

一開始，參與者觀點各異。儘管他們之中並沒有純正的氣候變遷否定論者，不過有些人顯然比其他人抱持更爲懷疑的態度。還有些人對這個議題頗爲陌生。然而，藉由結構井然的程序，受過訓練的協助者會引導討論，深知有必要確保每個人都有平等的發言權，並謹愼地鼓勵最安靜的人出聲，最後在兩個晚上及一整個白天的會議結束時，這群人達成共識，提出十七項建議做法。這些做法從廣泛的（「試行無車區和無車日」）到比較特定的（「設置更多獨立自行車道」）都有。他們的建議將綜合起來，成爲該議會「二〇二〇年氣候行動計畫」的基礎。

台灣也有類似的程序，不過規模更大。自二〇一五年以來，有二十萬人用網路參與了審議式民主。目前爲止辯論過的議題包括對無人機的規範、優步進入台灣市場、在網路上販售酒類、該不該禁用塑膠吸管，以及在非經雙方同意下發表親密照，也就是俗稱的「報復性色情內容」。就百分之八十的議題來說，政府都接受該程序得出的最後建議而有所作爲——可能是通過立法，也可能是更新政策。若是政府決定不予採納，也會詳細說明不採納的理由。

像這樣的新做法可以發揮重要功效，協助我們凝聚起來，當然前提是那些建議沒有遭到即刻忽略。比起一般情況下，這些做法不只讓更廣泛的一群人能有發聲機會，又由於目標在於達成共識，程序本身會迫使參與者實踐民主，具體來說包括積極思考並磨合彼此的觀點，以及學習如何管理差異，而不是抹消差異。（作者註：很重要的一點是，儘管任何人都能發表獨立評論，程序卻設計成不允許直接回覆，這表示網路酸民沒辦法搞破壞。）

確實，在看康頓議會的影片時，我感動的點是參與者會對發言中的人露出笑容令他們安心，他們眼神交會，身體傾向前聽彼此說話，即使他們並不贊同對方的觀點。本書一直想強調的是，如果我們致力追求的是更包容、更寬厚的社會，那麼實踐民主太重要了：而在康頓鎮發生的事，正是以仔細校準後的制度化形式體現了我們的理想。

實踐民主

我們已看到，實踐民主未必總是需要如此正式地受到協助。確實，或許我們是藉由加入地方社團或團體，才最能夠實踐民主的關鍵層面——禮貌、和善與包容，無論是我星期一晚上的即興表演社團、家長教師聯誼會或是教會年度園遊會的籌備委員會。

在這方面，我們的工作場所也能提供機會：例如說，想想美國軟體公司思科，他們在組織內將「表達感謝」的行爲制度化。即使是在我們家庭內這種比較小的組織，做家事也可以增強包容的民主的另一個關鍵原則——有時候我們需要犧牲或根本是無私地付出時間，來謀取整體的利益。

然而無可否認地，實踐「社群」最好的機會正是在我們的社區裡。我在這裡並沒有暗指社群跟地理是綁死的。（儘管我對社交媒體平台有諸多批評，我承認在這方面它們對某些人來說仍是舉足輕重。）然而正如我們所見，當人們之間的互動是面對面且反覆發生的，他們比較容易感覺跟彼此建立連結，而對我們多數人來說，這表示有地緣關係。

我們在家附近的果菜攤跟其他住戶短暫寒暄，我們在家附近的咖啡店買咖啡時與咖啡師互道「你好嗎？」，家附近的乾洗店老闆直呼我們的名字打招呼時讓人心頭浮現暖意，我們跟住在同一條街上的人培養出更深厚的關係……在這種種時刻，屏障垮了，陌生人成爲鄰居，社群建立起來了。而我們對社區付出愈多，就愈有歸屬感，社群感覺愈眞實。

所以應該鼓勵採取一些措施來減少社區內的人口流動，像是穩定租金；還有針對自己住外地、只求收租的房東制定規範，像是對一年中只有不到一半時間有住人的房屋加重課稅。

社群是由磚塊加上人所共同組成的。我們必須住進現場，它才感覺像是個眞正的社區；我們的商店和咖啡館也必須熙來攘往。因此採取一些步驟來保護在地商店未來的生命力，是至關重要的一件事。

我們已看到有些地方當局採取行動來確保這件事。還記得比利時的魯瑟拉勒嗎？那裡的空店稅已證明能有效打亂房東的如意算盤，讓他們無法順利把店面空著，等待能付得起更高租金的房客。有鑑於地方上的實體商店目前面臨電商、市郊連鎖大賣場和當前經濟衰退的三重打擊，它們需要政府與地方當局大幅增加的支持。這方面眞正有用且可行的實際做法，包括降低營業稅以及給予國家擔保貸款，另外關於跟網路零售商的競爭，政府也可以打造公平的財政環境。在地的商店街在很多方面都算是公共財，也該受到公共財的待遇，尤其是在許多商店都面臨生存威脅的此際。

我們個人在經歷過疫情之後，也有很重要的角色。許多人在封鎖期間變得更習慣在網路上購物了。如果要支撐實體商店的生存能力，我們就該戒除這些數位交易，支持爲我們的社群服務的在地商家。

至於那些付出額外努力，以可驗證方式把包容社群視爲核心任務的商家——像是以城鎭爲規模舉辦讀書會的凱特書店，像教會派這樣有週三編織社的咖啡館，或是特地壓低入場費的南韓可樂舞廳——應該在議程中列入爲它們額外減稅或是其他財務援助的方案。這麼做有兩項重要功用，一是鼓勵這類創新做法，二是確保不只有錢人能從驅動孤獨經濟的企業主義獲益。

更重要的是，政府必須承諾恢復近年來一直遭到穩定破壞的、位於社區裡的實體共享空間。無論收入、種族、年齡、性別或信仰，所有人都能進入且運作正常的社群基礎設施非常重要，這樣我們才能爭取到最好的機會，一方面扭轉孤獨危機，一方面與彼此重新建立連結。全球自二〇〇八年便一直在削減共享公共空間的資金，這是必須加以導正的緊急事項。與此同時，也需要建造新種類的公共空間：例如巴塞隆納市政府規畫的行人徒步區「超級街區」，有公園、遊戲場和社區氛圍；或是芝加哥繞著圖書館建造的公共住宅開發案，不同收入和年齡的人可以在圖書館相處和交流。在社群的基礎設施得到充足的資金挹注，並活得聰明的設計之前，我們無法有效逆轉現代社會的原子化。但我們不能容許政府拿新冠肺炎疫情後的經濟衰退當藉口，迴避這方面的努力。

跟與我們不同的人一起做一些事——包括不同社經背景、種族或政治立場的人，未必和我們有相同歷史、文化或觀點的人——有絕對的重要性，這樣我們才能超脫差異並尋找共同點。在某種程度上，在地公共空間讓我們有機會與和我們不同的人接觸，同樣有幫助的還包括加入一些團體，例如在地的教會、清眞寺或猶太教堂。然而，有鑑於許多社區同質性太高，即使在上述的場所，人們的互動也經常僅限於跟我們大同小異的對象。這限制了我們與多元類型的人相處和累積經驗的能力，還有我們有效實踐包容的民主最重要的能力，亦即我們應該公平地調和差異，並承認「他者」的人性。

因此最大的挑戰在於如何使不同類型的人湊在一起。好消息是，世界各地有許多具創意的新方案能供我們學習。譬如說，在德國，超過四萬人參加了一項由德國報紙《時代週報》（Die Zeit）贊助的計畫「德國論壇」。這項倡議始於二〇一七年，當時受到德國政治愈來愈兩極化以及人們愈來愈被困在同溫層的現象所驅動，一群《時代週報》的記者想出頗具野心的計畫，把政治光譜兩端的陌生人兩兩湊對，安排他們見面開講：報社內部把這個方案稱爲一種「政治版的 Tinder」。

參與者由一種演算法來配對，這種演算法設計成將政治觀點相左、並且住處相隔二十公里以內的兩人配對。一旦配對成功，會面的責任就交給他們兩人了。有四分之一的參與者眞的見了面。在遍及德國的咖啡館、教堂和露天啤酒園裡，IT顧問與後備軍官、警察與工程師、公務員與物理學家、新生兒諮詢專員與法警碰面長談。《時代週報》自家的總編輯尤漢·維格納（Jochen Wegner）會面的對象是個機器設備操作員。強烈反對移民的人坐下來與尋求庇護者好好談；堅決反對核能的人與忠誠的擁護者一起喝咖啡；歐盟支持者跟要求恢復德國馬克的人一起喝啤酒。他們都有一個共同點：目標放在深入了解對方的觀點。

結果非常値得注意。針對參與者談話前和談話後的調查，揭露了即使只是兩小時的對話，已足以讓他們開始了解彼此的視角以及有助於消除偏見。在對話之後，參與者認爲意見與自己相異者有惡意、能力差、接收資訊不足的程度，都比對話前來得低。他們也表達更強烈的意願，願意將這樣的人納入自己的社交圈，並回報說自己更清楚掌握了雙方有什麼共同點——一般來說是各自對家庭的重視。令人著迷的是，跟會面前被問到下列問題時相比，參與者回報他們對德國同胞的整體信任增加了，也更同意「一般而言，德國人更關心他人福祉」這個說法。

在地球另一端的其他國家，也有類似以凝聚不同類型的人爲目標的創意做法。在英國布里斯托，「打造全球城市的九十一種方法」利用美食的凝聚力，把不同文化和種族淵源的人集結起來。在把洋蔥切成丁、把馬鈴薯搗成泥、把麵團揉捏成形的過程中，藩籬倒下了，眞實的連結構成了，共同點確立了。在紐約，公共劇院以古老的劇場傳統爲基礎，聚集不同社經背景以及來自紐約市五個自治市的所有人，一同表演以及討論劇本，藉此在分歧處搭起橋梁。它恪守要創造「不只是給人民看，也是由人民創作、內容與人民有關」的劇場承諾，其「公共工程」計畫在製作過程中有數百個市民參與，同時也協助討論誰的故事能被傳誦、該如何講述，以及我們該如何爲故事增色。

體育在此也軋上一角，足球不愧號稱能凝聚眾人的心，曾被用來融合哥倫比亞的哥倫比亞革命軍前游擊隊員與平民受害者、義大利的難民與當地人，以及中東的以色列與巴勒斯坦學童。

不論我們的國家、城市和社群變得多麼原子化或兩極化，只要我們花時間和跟我們不同的人相處，藉此鍛鍊合作、同情與體貼的肌肉，就能感覺彼此間有更強的連結，並發展出命運共享的意識以及歸屬感。

營造多元社群

在本章到目前爲止討論的所有案例中，參與者都是自發而主動的。更大的問題是我們該怎麼讓未「選擇」凝聚在一起的人改變心意。政府在此也能發揮作用，而且也有前例可循，這次要看的是盧安達。

在盧安達多山的首都吉佳利，馬路上通常熱鬧滾滾。計程摩托車穿梭在快散架的一九八〇年代出產的轎車以及政府的進口休旅車隊之間。車陣中也有覆滿乾硬泥巴的吉普車和越野休旅車在推擠，許多都是從火山國家公園返回的車子；健行者申請到許可後，在那裡跋涉六小時，便有機會接近盧安達善於藏匿的山地大猩猩，從相隔不過幾公尺外的距離看牠們。然而每個月的最後一個星期六，這些繁忙的馬路幾乎淨空，只看得見主要道路上由警察駐守的檢查哨，任何在外的旅客都會聽到他們客氣的詢問：請問你今天要辦什麼急事，才沒有盡你的「烏姆干達」義務？

「烏姆干達」的意思可翻譯爲「爲了共同目標聚在一起並做出成果」。它有很多種形式：有些社群會把三小時公共服務時間投入諸如中學建築計畫——自一九九八年政府正式恢復「烏姆干達」，以作爲一九九四年慘絕人寰的盧安達大屠殺事件療傷程序的一部分以來，多虧他們盡心付出，目前已蓋出超過三千間教室。其他的「烏姆干達」活動還包括園藝工作、修剪公共樹籬和花圃、撿垃圾、塡平路面坑洞。可以確定的是，這些免費的勞動時數對經濟造成巨大影響；據估計，光是從二〇〇七年到現在，其價值約爲六千萬美元。不過它們也發揮建立社群的重要功能：「大部分人喜歡這套制度，因爲你只有在這一天會跟鄰居見面。」佛斯汀・齊希加說，他在吉佳利的一間銀行工作。在某一次的「烏姆干達」，他跟鄰里的一群男人一起在花園工作，邊幹活邊聊得起勁。「看到那邊在聊天的人嗎？」齊希加指出。「他們整星期都沒見到面，現在趁機好好聚聚。這活動很有幫助，因爲你們彼此愈熟悉，社交連結就愈強。」

跟三小時公共勞動一樣重要的，是通常會隨之而來的一小時社群會議，至少在鄉村地區這算常態，左鄰右舍會在這時聚集起來討論重要議題。這些「烏姆干達」會議跟相對新穎的社群對話形式（例如倫敦康頓的公民大會）不同，它們扎根於數百年的「烏布德赫」中，意思接近社群的勞動和決策，這做法的歷史遠早於十九世紀盧安達被比利時和德國軍隊占領殖民之前。在這個國家被暴力撕裂、鄰居之間反目成仇後僅僅二十五年的今日，這些會議尤其重要。

爲了重新找回盧安達社群內部的信任，「烏姆干達」確實扮演重要角色，因爲它的重點不只是美化道路和建造校舍而已。「如果有特定問題或社會議題，像是有戶鄰居常製造噪音，你可以提出來，而社群成員可能會決定去那戶人家拜訪，看看怎麼回事。」齊希加說。或是「如果我們看到某個老人家生活困難，或許他們需要蓋新的屋頂之類的，大家就幫忙一起蓋」。使「烏姆干達」特別了不起的是，以盧安達的背景而言，社群成員廣納了大屠殺的受害者以及加害者。

確實也有人批評這項強制性的志工計畫。有些人認為「烏姆干達」是政府控制人民的另一種手段——有鑑於盧安達有個嚴格的半獨裁政府，這種想法是可以理解的。還有些人提出憂慮，說有錢的盧安達人往往選擇直接付罰款而不參與勞動，另外有些人擔心分配工作的方式跟原有的階級、權力和性別條件息息相關。這些都是合理的顧慮。但是潛在的動機——發揚這個國家社群勞動的傳統，並運用面對面、肩並肩的活動來強化所有公民之間的連結——仍然是強大且令人振奮的。此外，現實是如果把跨越藩籬的任務交給個人，會這麼做的人極可能只是自我篩選過後的小圈圈而已。我們必須找到方法確保不同類型的人能有規律的、系統化的互動，這樣才能朝更多的包容、更多的接納差異以及更強烈的凝聚力和共同目標感前進。而政府可以發揮重要功能促使這件事實現。

這比表面上聽來要實際可行。畢竟，包括瑞士、南韓和以色列等國家都實施徵兵制，所以它們的政府規定社區服務也不是太激進的一步。有些地方已經在試行原型計畫了。二〇一九年夏天，法國總統馬克宏試行為青少年設計的強制性公民服務。〔作者註：在這次試行計畫中是徵求志願者參與，但計畫的初衷是採強制性。〕在這個初始版本中，兩千名十五到十六歲的青少年隨機分組，一起生活一個月。頭兩個星期，他們透過一連串活動熟悉彼此：參加定向越野競賽和戶外健行，參與工作坊，學習急救方法。每天吃完晚餐後，他們會以有條理的方式交換想法與意見，在輔導員協助下辯論諸如歧視和性別不平等等社會議題。等計畫進行到後半段，他們會志願參與當地的慈善活動或是到市政府當志工。而且這些青少年不是只在表定行程時才會合作：在寄宿的房屋裡，他們必須自行討論出該如何分配家事。值得注意的是，這次試行計畫包括限定手機只在晚上開放的一小時使用，這移除了科技讓人分心的元素，增加建立有意義連結的機會。

政府或地方當局還能考慮其他強度沒那麼高的方案。不如讓不同社經背景、種族或信仰的學生強制參加每週一次的烹飪、戲劇或體育課程？或是由國家出資舉辦一年一度的露營之旅，規定藩籬兩邊的十六歲青少年都必須參加？必須認知到的一點是，若要讓這類倡議發揮最好的效果，就該設計成讓參與者負責塑造自己的體驗；參與者給的回饋愈多，他們愈可能投入活動。所以如果是烹飪課程，應該讓學生們決定每週要煮什麼菜。如果是戲劇課程，不妨以他們自身經驗爲基礎進行有結構的即興表演，再加以剖析和討論。

藉由引導規律而有條理的互動，讓不同背景的孩子能積極從事共同活動，我們不但幫助下一代練習傾聽彼此說話、學習如何磨合以及處理差異，也讓他們能夠看出彼此共同的興趣，因而感受到更強的連結。

未來在我們手中

這個孤獨世紀給了我們獨特的挑戰——經濟、政治、社會以及科技各個面向上的挑戰。在這個時代，大批大批的人感到孤單，即使現在要聯絡他人是史上前所未見的容易。我們愈來愈體認到這個時代以差異為基礎，同時卻也更清楚我們的生活與地球另一端的人密不可分。在這個時代，我們的地方社群亟需強化，連結不同社群的橋梁也經常仍有待建造。

這是個充滿重大挑戰與矛盾的時代，卻也是充滿希望的時代。因為現在我們眞的有機會可以團結起來，共同創造截然不同的未來。在這個未來裡，我們將資本主義與社群和同情心重新結合，確保我們能更用心傾聽來自所有背景的人的意見，給他們發聲的權利，並以包容和寬厚的形式積極實踐社群精神。我們再也不必感到如此孤獨或原子化。

要實現這樣的遠見，立法和資金投注的優先順序必須有所改變，政治領袖和企業領袖需要眞正展現出革新的決心，消弭社會和種族的不公平，保護勞工利益。但社會並不是一套上行下效的方案。「我們」也能創造社會。所以如果想要不那麼孤獨，想跟彼此重新連結，那麼在日常生活中負起個人的責任也同樣重要。我們需要在如何塑造和度過每日生活這方面作出有意義的改變，同時也要認知到，我們在經濟上和社會上獲得的先天條件，很可能會影響我們能作出什麼程度的改變。

有些部分取決於採取一些小小的行動，乍看之下可能無足輕重，但假以時日就能形成有意義的影響。例如帶餅乾到辦公室與同事分享，或是把手機收起來並更專注地與伴侶和家人相處。邀請鄰居來家裡喝咖啡，或是特意在本地商家多多消費，或者多出席本地社區中心的活動。在我們已經隸屬的團體中扛起更多責任，以及敦促自己參加新的團體，即使那可能令人卻步。

其他方案需要我們做得更多，包括替強調團結而非分化的政治候選人拉票、聲援遭妖魔化或歧視的團體，或是抵制我們得知工作環境令人無法接受的公司，即使我們喜歡它的產品或是它提供的便利性。

更概括地說，我們需要改變心態，要把自己的角色，由消費者轉變為公民，由拿取者轉變為給予者，由事不關己的觀察者轉變為主動積極的參與者。不論是在工作上、家庭生活中或是與朋友結交時，我們都應該把握機會鍛鍊傾聽的技巧。我們應該接受一個想法，那就是有時候對集體最有益的做法，並無法符合我們個人眼前的利益。我們還應該盡可能運用發言權去造成正向的改變，即使在眾人面前站出來會讓我們有點不自在。我們也應該努力積極地發揮同理心，在你爭我奪的日常生活中，我們很容易忘了這一點。

儘管有些人可能會責難爲什麼要號召把更多注意力放在比較「軟性」的價值上，但我們仍然必須將對他人展現善意和體貼奉爲圭臬，從全球各地無數人在疫情正熾時展現的無私行爲汲取靈感，像是西密德蘭郡的志工在封鎖期間上山下海地搜尋，終於在一間店找到裝在玻璃瓶裡販售的牛奶，只爲了有位盲人需要靠容器辨認冰箱裡的不同液體；義大利一群大學生在南部城市巴里的公寓樓梯間留下字條，提出能協助年長或體弱住戶採買日用品及處理其他雜務；或是阿肯色州的青少年，他們令人揪心地投書《紐約時報》，說儘管自己沒法做太多，只能傳訊息及打電話給一些人，讓這些人知道封鎖期間自己還是有人掛念著，不過他們會「努力去跟自己通常不會交談的對象聊一聊，或是提供一段有趣對話，讓人暫時不去想世界上正在發生的事」。

我們也需要少點匆忙趕場，多點停駐交談，不論對象是我們經常擦身而過卻從未對話的鄰居、迷路的陌生人，或是顯然感到孤獨的人——即使我們自己也疲累和忙碌。

我們需要突破讓自己窒息的數位氣泡，與周圍的人交流——即使我們的預設反應是戴上耳機滑手機。

我們需要鼓勵孩子去詢問一個人吃午餐的同學想不想有人陪伴，我們自己也需要爲總是孤伶伶在辦公桌前吃午餐的同事做一樣的事——即使我們寧可一個人吃飯。

我們需要對社會中關懷他人的人表達更多感謝，並且盡可能地多說謝謝——不論是對我們的伴侶、職場上的同事，或甚至是像 Alexa 這樣的新人工智慧助理。

我並沒有低估這一切背後有多少挑戰性，以及我們總會有達不到目標的時候。但這樣的做法至關重要。因爲我們愈是忽視關懷彼此的責任——不論是摸一摸生病父母的手臂、打電話鼓勵遭遇逆境的朋友，甚或只是對鄰居微笑一下——就愈會對做這些事情的技巧感到生疏，而我們愈是生疏，我們的社會將無可避免地愈缺乏人性。

對付孤獨世紀的最終解藥，只可能是我們站在彼此身邊，無論對方是誰。如果想在快要瓦解的世界裡團結起來，這是不容妥協的要求。

致謝

有一句話說「養育一個孩子需要集合全村的力量」，這話也適用在這本書上。

我想要特別感謝：

我的編輯們：Sceptre 的 Juliet Brooke 和 Crown 的 Talia Krohn，謝謝她們總是給我深刻的回饋、對這個計畫的盡心盡力以及仔細用心。對你們兩個，我別無所求了。

感謝 Jonny Geller 在這本書最初的階段就對我和它有信心，並從頭到尾提供睿智和深思熟慮的指引；感謝 Kristine Dahl 的意見與支持；感謝 Dave Wirtschafter 力挺我以及這個計畫。

感謝 Rebecca Folland、Melis Dagoglu 和 Grace McCrum，她們很優秀地把《孤獨世紀》賣到全世界，感謝 Kate Brunt 和 Kishan Rajani 設計超棒的封面，感

謝 David Milner 和 Amanda Waters 的一絲不苟，還有感謝 Helen Flood、Maria Garbutt-Lucero 和 Louise Court 用無比的技巧和熱情宣傳這本書。感謝 Crown 的夢幻團隊，尤其是 David Drake、Annsley Rosner、Gillian Blake、Megan Perritt 和 Rachel Aldrich。也謝謝 Viola Hayden、Ciara Finan 和 Tamara Kawar 的鼎力相助。

超級感謝下列人士：

Debora Spar 教授、Nouriel Roubini 教授、Ian Goldin 教授、Anton Emmanuel 教授、Amit Sood 教授、Philippe Marliere 教授、Gillian Peele 教授、Jamie Bartlett、Jamie Susskind、Ann De Sollar 以及 Liran Morav，感謝他們爲特定章節的初稿提出深入的評論。

感謝我的首席研究助理 Lucy Fleming，感謝她敏銳的智慧、對細節的關注以及盡心盡力的奉獻。感謝 Daniel Janes、Tatiana Pignon、Jerry O'Shea、Shaun Matthews、Aisha Sobey、Cara Claassen、Raffaele Buono、Xenobe Purvis 以及 Karis Hustad 極具價值的研究貢獻。還有 Adam Lorand、Romain Chenet、Molly Russell、Amy O'Brien、Jonas Eberhardt、Tiffany Lam、Benjamin Brundu-Gonzalez、Christopher Lambin、Emily Lombardo、Levi Hord、Rowan Hart、Sam Hall、Pamela Combinido、Daniel Smith、Hannah Cocker、Theo Cosaert、Oliver Purnell、Rhys Thomas、Ollie Collett、Allie

Dichiara、Tim White、Debra Winberg、Nicolò Pennucci 以及 Kim Darrah，感謝他們在不同章節協助我。你們的心血結晶都令我銘感五內。

感謝我的家人，尤其是我妹妹 Arabel Hertz、父親 Jonathan Hertz 以及阿姨 Shoshana Gelman。感謝我已逝的母親 Leah Hertz，她的才智和悲天憫人的胸懷仍每天激勵著我。

感謝我的朋友，他們不但忍受我長時間地消失在寫作氣泡裡，還不時讓我知道他們依然在背後支持我。特別是 Tim Samuels、Adam Nagel、Abby Turk、Estelle Rubio、James Fletcher、Caroline Daniel、Molly Nyman、Julia Leal Hartog、Michelle Kohn、Ruth and David Joseph、Len Blavatnik、Rachel Weisz、Joshua Ramo、Diane McGrath、Alex Cooke、Craig Cohon、Gina Bellman、Mark和 Diana、Yonit Levi 還有 ShaoLan Hsueh；感謝我在大西洋另一側的 Wasatch 家族；並且很重要的是，感謝 Roderick Miller、Thierry Lapouge、Amber Zohra、Kevin Plummer、Mattie Garvin、Ellie Rudolph、Tony Varnava、Sandra Virgo和 Lucy Soutter 謝謝你們幫助我，讓我感覺自己屬於一個社群，並每週提供我一段歡樂時光。我永遠都感謝已故的 Philip Gould和 David Held 給我的友誼與指導。

我也要感謝 Simon Halfon 的慷慨與才華；感謝 Gabrielle Rifkind 的智慧；感謝 Gennifer Morris 讓我維持條理；感謝 Lisa Cawthorn、Jinji Garland、Stephanie Nightingale

以及 Gary Trainer 花了不下於我伏案寫作的時間；感謝 Samara Fagoti Jalloul 有用不完的樂觀；感謝 Will Wentworth 和 Cindy Palmano 這兩位特別和善的鄰居；感謝 Cohen 一家人總是舉辦最暖心的聚會；感謝 Henrietta Moore 和 David Price 兩位教授讓我繞了一整圈，又回到我最初的學術家園——倫敦大學學院。

我最想要感謝的是 Danny Cohen，感謝他的慷慨、智慧和愛。這次還是一樣，如果沒有他的意見與支持，這本書將失色不少，而且寫作的過程也會孤獨得多。我知道自己在各方面都是個幸運兒。

Eurasian Publishing Group
圓神出版事業機構
用心與你對話．視野無限寬廣
先覺出版社
Prophet Press
www.booklife.com.tw
reader@mail.eurasian.com.tw

人文思潮 151

孤獨世紀：

衝擊全球商業模式，危及生活、工作與健康的疏離浪潮

作　　者／諾瑞娜・赫茲 Noreena Hertz
譯　　者／聞若婷
發 行 人／簡志忠
出 版 者／先覺出版股份有限公司
地　　址／臺北市南京東路四段50號6樓之1
電　　話／（02）2579-6600・2579-8800・2570-3939
傳　　真／（02）2579-0338・2577-3220・2570-3636
總 編 輯／陳秋月
資深主編／李宛蓁
責任編輯／朱玉立
校　　對／聞若婷・李宛蓁・朱玉立
美術編輯／林雅錚
行銷企畫／陳禹伶・黃惟儂
印務統籌／劉鳳剛・高榮祥
監　　印／高榮祥
排　　版／陳采淇
經 銷 商／叩應股份有限公司
郵撥帳號／18707239
法律顧問／圓神出版事業機構法律顧問　蕭雄淋律師
印　　刷／祥峰印刷廠
2021年3月　初版
2021年11月　3刷

The Lonely Century: Coming Together in a World that's Pulling Apart

Published by arrangement with Hodder & Stoughton Limited,
through The Grayhawk Agency.

定價 460 元　　ISBN 978-986-134-373-0

不論我們有多拚博，成功都不是全靠自己就能造就的。
社會看中我們的才能是我們好運，不是必然。

——邁可·桑德爾

《成功的反思：混亂世局中，我們必須重新學習的一堂課》

國家圖書館出版品預行編目資料

孤獨世紀：衝擊全球商業模式，危及生活、工作與健康的疏離浪潮／諾瑞娜·赫茲（Noreena Hertz）著；聞若婷 譯.
-- 初版. -- 臺北市：先覺出版股份有限公司, 2021.03
400 面；14.8×20.8 公分
譯自：The Lonely Century : Coming Together in a World that's Pulling Apart
ISBN 978-986-134-373-0（平裝）
1.孤獨感 2.網路社群 3.人際關係

176.5 110001033